Elizabeth Perle McKenna
Wenn Arbeit nur noch Arbeit ist

Elizabeth Perle McKenna

Wenn Arbeit nur noch Arbeit ist

Frauen, Beruf und Identität

Aus dem Amerikanischen
von Juliane Gräbener-Müller

Piper
München Zürich

Die Originalausgabe erschien 1997 unter dem Titel
»When Work Doesn't Work Anymore« bei Delacorte Press,
New York.

ISBN 3-492-03906-5
© 1997 by Elizabeth Perle McKenna
Deutsche Ausgabe:
© Piper Verlag GmbH, München 1998
Satz: Uwe Steffen, München
Druck und Bindung: Ebner Ulm
Printed in Germany

Inhalt

Einleitung			7
Kapitel	1	Große Erwartungen	29
Kapitel	2	Wenn Arbeit zur Identität wird	55
Kapitel	3	Der Preis des Erfolgs	81
Kapitel	4	Wenn Arbeit nicht mehr funktioniert	109
Kapitel	5	Widerstand am Wendepunkt	130
Kapitel	6	Die Bedeutung des Geldes	165
Kapitel	7	Veränderung	196
Kapitel	8	Arbeit, die funktioniert	222
Kapitel	9	Männer, Beruf und Identität	259
Kapitel	10	Balance und Sinn	296
Danksagung			327
Anmerkungen			331

Für Steve,
der Bescheid wußte

Einleitung

Das ist meine Geschichte, die Wunschvorstellung oder der schlimmste Alptraum einer Karrierefrau, höchstwahrscheinlich ein Quentchen von beidem. Nach Jahren hingebungsvoller Arbeit, in denen ich meine Tätigkeit genoß und entsprechende Leistungen vorzuweisen hatte, ging ich eines Tages in das Büro meines Chefs und reichte die Kündigung ein. So spontan diese Aktion auch war, die Entscheidung selbst fiel nicht aus heiterem Himmel. Sie war das Ergebnis eines langen Gärungsprozesses. Ich war müde, deprimiert und fand keinen Spaß mehr an einer Arbeit, die ich früher geliebt hatte. Um meine Position zu behalten, hatte ich einen immer höheren Preis in Form von zunehmendem Druck, Intrigenwirtschaft und Streß gezahlt. Ich verlor den Blick für das, was mir wichtig war. Meine Lebensqualität ließ nach, wurde andererseits aber immer wichtiger. Ich hatte eine Pause nötig, wollte meine Prioritäten überdenken. Nachdem ich jahrelang alles, was ich brauchte, aus der Arbeit bezogen hatte, fühlte ich mich nun, da meine Karriere nicht die Lösung, sondern das Problem selbst zu sein schien, verwirrt, verraten und verkauft. Mir war zwar klar, daß ich einiges verändern mußte, aber aufgeben wollte ich nichts. Am allerwenigsten meine Karriere: Sie war sakrosankt und stand für den Menschen, der ich war. Allerdings blieb immer weniger Raum für mein »Leben« – was immer das bedeutete. Wenn mir damals jemand hätte einreden wollen, die Aufgabe meiner beruflichen Identität würde meine Liebe zur Arbeit wiederherstellen und noch vieles mehr bewirken, hätte ich ihn wohl gefragt, welchem Irrenhaus er denn entsprungen sei. Doch genau das passierte. Allerdings dauerte es eine Weile, bis ich erkannte, wie sehr ich im Gegenzug davon profitieren würde.

Wenigstens war ich nicht allein in meinem Dilemma.

Kurz nachdem ich meine Stelle aufgegeben hatte, fiel mir eine Ausgabe der Zeitschrift *Fortune* in die Hände. Sie enthielt das Ergebnis einer Umfrage, mit der die Herausgeber ihre Beobachtung belegen wollten, daß immer mehr engagierte, erfolgreiche Karrierefrauen unzufrieden waren – Frauen wie ich, die auf der Straße ihrer Träume mit knirschendem Getriebe langsam zum Stehen gekommen waren und einiges verändern mußten. »Die Generation von Frauen, die sich neue Wege in die Chefetagen gebahnt hat, ist nun offensichtlich dabei, sich ihren Weg hinaus zu bahnen«, schloß *Fortune*[1]. Die Umfrage von Yankelovich Partners unter Managerinnen und weiblichen Führungskräften zwischen fünfunddreißig und neunundvierzig Jahren ergab, daß volle siebenundachtzig Prozent der befragten Frauen eine grundlegende Veränderung in ihrem Leben vornehmen wollten. Vierzig Prozent fühlten sich wie Gefangene, nahezu sechzig befanden sich in Therapie, und sechsundvierzig Prozent der über Vierzigjährigen unter ihnen kannten Frauen, die Antidepressiva einnahmen.

An Selbstvertrauen mangelte es ihnen nicht: Einundachtzig Prozent der Frauen gaben an, bei ihrer Arbeit besser zu sein als die meisten Männer. Auch die »Glasdecke« war nicht das Problem: Zwischen fünfundsechzig und achtundsiebzig Prozent der Frauen rechneten in naher Zukunft mit einem bedeutenden Aufstieg. Entgegen der Vermutung, Frauen gäben ihre berufliche Laufbahn für Heim und Herd auf, zeigte sich bei der Umfrage kein signifikanter Unterschied zwischen dem Lebensgefühl von Müttern und kinderlosen Frauen. Mit anderen Worten, für diese Gruppe hochqualifizierter Frauen war die Arbeit nicht mehr das gleiche wie früher. Wie dem begleitenden Artikel zu entnehmen war, verliehen offenbar genau die Eigenschaften, die die Frauen an die Spitze gebracht hatten, nämlich Mut und Können, ihnen auch die Fähigkeit, innezuhalten, ihr Leben zu überdenken und notfalls auch neu auszurichten.

Eine Krise in der Lebensmitte, so lautete die Schlußfolgerung des Artikels. Vielleicht. Doch mitten in dem Artikel schlummerte eine statistische Aussage, die der Deckel zur Büchse der Pandora zu sein schien: *Dreiviertel der Frauen erklärten, sie definierten sich über ihre berufliche Tätigkeit.* Es gab hier also eine Gruppe erfolgreicher Frauen, die den sehnlichsten Wunsch hatten, zu verändern, was sie taten oder wie sie es taten. Wenn sie sich jedoch über ihre Tätigkeit definierten, wie sollten sie dann jemals ihre Beziehung zu der Arbeit, die sie so unglücklich machte, verändern?

Genau das schälte sich als meine Frage heraus. Natürlich identifizierte ich mich mit meiner Arbeit. Was war daran falsch? Mein Beruf war über einen langen Zeitraum der wichtigste Teil meines Lebens gewesen. Außerdem tat ich das, was ich tat, gerne und mochte die Menschen, mit denen ich täglich zusammenkam. Zugegeben, das Arbeitsklima hatte sich verändert; es war mittlerweile durch und durch gewinnorientiert, stärker konkurrenzbetont und weniger loyal. Aber das hielt ich für den Lauf der Dinge. Ich war nun einmal eine Karrierefrau. Die Arbeit erfüllte meine finanziellen, emotionalen und intellektuellen Bedürfnisse und förderte meine Selbstachtung. Es gab noch andere Dinge in meinem Leben, aber die Arbeit kam an erster Stelle. Jedenfalls für eine lange Zeit.

Ich gehörte zu jenen (vermutlich unangenehmen, aber allenthalben anzutreffenden) Leuten, die schon immer gewußt hatten, was sie wollten. Ich wollte Karriere machen, und zwar erfolgreich. Genauso wie mein Vater. In rasantem Tempo absolvierte ich das College, diese erste Sprosse der Erfolgsleiter. Mein Ehrgeiz und später meine berufliche Position waren mein Schlüssel zur Welt. Die finanzielle Unabhängigkeit hatte zu emotionaler Unabhängigkeit geführt. Zwischen zwanzig und dreißig war ich ganz auf meinen Beruf konzentriert. Ich arbeitete bei der Arbeit. Ich flirtete bei der Arbeit. Gelegentlich verabredete ich mich bei der Arbeit. Ich arbeitete gern, und wenn ich einen Samstag im Büro verbringen mußte, tat ich das mit stolzgeschwellter Brust; es verlieh mir Bedeutung. In meinen Augen jedenfalls.

Die Jagd nach der nächsten großen Beförderung hatte etwas Prickelndes. Um an mein Ziel zu gelangen, mußte ich Kraft und Zielstrebigkeit aufwenden. Und ich war beschäftigt: Ich brauchte nicht innezuhalten und nachzudenken; ich mußte es zu etwas bringen, mußte »jemand« werden.

Als ich Mitte Dreißig war, begann die Straße sich ein wenig zu verengen. Die früher so glanzvollen und aufregenden Verkaufskonferenzen im sonnigen Florida erschienen mir mittlerweile unbequem weit weg. Geschäftsreisen, bei denen ich nachts unterwegs war, hatten den Reiz der Straße verloren. Mir unterstanden Menschen, für die ich abwechselnd Gruppenleiterin, Anwältin und in zunehmendem Maße auch Märtyrerin im Dienst ihrer Angelegenheiten war. Und mit fünfunddreißig kam mir endgültig und unwiderruflich zu Bewußtsein, daß meine Gebärfähigkeit nicht ewig währen würde. Schließlich wurde ich ungefähr zu einer Zeit fünfunddreißig, als in einer Studie zu lesen war, meine Chancen, einen Mann zu finden, seien ebenso groß wie die, von einem Terroristen in die Luft gejagt zu werden.

Ich hatte es nie eilig gehabt, eine Familie zu gründen. Plötzlich saßen meine Freundinnen, die zwischen zwanzig und dreißig ihre Kinder bekommen hatten, wieder fest im Karrieresattel. Sie schienen eine weitaus bessere Wahl getroffen zu haben als ich. Ich hatte mir immer Kinder gewünscht. Meine Mutter war gestorben, als ich noch sehr jung war, und ich stellte mir als Entschädigung für eine einsame Kindheit immer ein Haus voll tobender Kinder vor. Allerdings schien die Liste meiner täglichen Aufgaben nie Platz für die Gründung einer Familie zu lassen. Wenn ein besonders schlechter Tag mich herunterzog, sang ich oft: »Knock me up and drop me out«, »Mach mir ein Kind und schmeiß mich raus«. Sogar im Spaß bedeutete Kinder zu haben für mich so etwas wie eine vorübergehende Freistellung von der Arbeit. Alles drehte sich um meine Karriere. Sie war mein kreativer Freiraum, der Ausdruck meiner Persönlichkeit; sie war gleichbedeutend mit mir selbst.

Als ich Ende Dreißig war, heiratete ich einen Mann mit einem Bombenjob und Kindern im Teenageralter. Eine unserer großen Gemeinsamkeiten war unser Stolz auf die Erfolge des anderen. Wir hatten beide verantwortungsvolle Posten inne und konnten auf Verständnis für die damit verbundenen Belastungen rechnen. Wir waren nicht nur Lebensgefährten, sondern auch einander ebenbürtige

Kollegen. Um die Wahrheit zu sagen, unsere Beziehung begann, kurz nachdem ich ihn aufgesucht hatte, um von ihm zu erfahren, wie man Leute entläßt. Wir verstanden uns auf beruflicher Ebene.

In bezug auf Kinder trafen wir eine Vereinbarung: nicht mehr als eins. Und kurz vor meinem achtunddreißigsten Geburtstag, nach siebzehn Berufsjahren, bekam ich einen Sohn. Seine Geburt fiel etwa in die Zeit, als ich mich bereit erklärte, eine der größten Herausforderungen meiner beruflichen Laufbahn anzunehmen. Ich würde das alles schon schaffen. Andere taten es ja auch. Ich würde einfach einen Teil meines Berufslebens beiseite schieben und durch das Kind ersetzen. Und so machte ich es eine Zeitlang. Ich verließ das Büro einfach ein bißchen früher. Reisen, die nicht unbedingt notwendig waren, machte ich nicht. Angebote überflog ich schneller. Mein Haus war kein Renommierobjekt. Ich kochte weniger, schlief weniger, aber ich schaffte es.

Jetzt war ich nicht mehr nur leitende Verlagsangestellte, sondern auch Ehefrau und Mutter. Obwohl sich das, was meiner Meinung nach von mir erwartet wurde, dadurch schwieriger gestaltete, veränderte ich an meinen alltäglichen Abläufen im Grunde nichts. Ich klammerte mich höchstens noch ein bißchen fester an meine Arbeit, um mich nicht in all diesen anderen Rollen zu verlieren. Von einer Identitätskrise wollte ich nichts hören; ich hatte lediglich zuviel zu tun.

Da ich mich so lange auf meinen Beruf konzentriert hatte, war mir etwas sehr Wesentliches entgangen: Der Zeitplan, den ich mit Anfang Zwanzig für mich aufgestellt hatte, war nie überprüft und der Realität angepaßt worden. Statt dessen fügte ich nach und nach, wenn die Umstände sich veränderten, meiner ursprünglichen Liste von Dingen, die im Laufe meines Lebens zu erledigen waren, einfach noch weitere hinzu. Das Problem bestand darin, daß ich mich selbst und den Wert meines Lebens daran maß, wie weit ich auf meiner Liste schon gediehen war. Sie umfaßte die Punkte: College – abgehakt; Beruf – abgehakt; Ehemann – abgehakt; Kind – abgehakt. Als ich sie aufstellte, war ich jedoch noch jung und unsterblich, und das Leben hatte keinerlei Konsequenzen. Hindernisse warteten nur darauf, überwunden zu werden. Nicht bedacht hatte ich allerdings, daß in dieser Aufgabenliste sehr unterschiedliche Wertordnungen verankert waren und das heiß ersehnte perfekte Leben unmöglich zu erreichen war. Je weiter ich mich auf meiner Checkliste nach unten bewegte, desto größer wurde das Unbehagen an meinen Leistungen, denn sie waren zunehmend mit Kompromissen innerhalb eines tief in mir verborgenen Bewertungssystems verbunden.

Als Sehnsucht nach Ruhe und Sonnenschein begannen diese tieferen Werte plötzlich mitten in Sitzungen hochzukommen. Sie machten mich mürrisch, wenn ich zu Geschäftsessen gehen sollte, die ich früher genossen hätte. Ich wollte meinen Sohn ins Bett bringen. Wegen eines Anrufs von meinem Mann, der viel unterwegs war, raste ich aus Besprechungszimmern, und ganze Gespräche gingen an mir vorbei, während ich mir ausmalte, wie es wohl wäre, bei Tageslicht draußen zu sein. Da diese Phantasien etwas in Gefahr brachten, was mich so lange aufrechterhalten hatte, steckte ich den Kopf in den Sand und widerstand ihrem Ruf. Daß dadurch die Zufriedenheit, mit der mich meine Arbeit erfüllte, untergraben wurde, konnte ich allerdings nicht ignorieren. Ohne Zweifel vollzog sich ein Wandel – ob ich dem, was in mir vorging, nun Beachtung schenkte oder nicht.

Nach außen hin sah alles gut aus. In meinem Inneren beschlich mich jedoch ein Gefühl des Versagens. Ich verglich mich ständig mit anderen Verlagsleitern, die sich achtundzwanzig Stunden am Tag ihrer Arbeit zu widmen schienen. Es war nur noch eine Frage der Zeit, so fürchtete ich, bis man mich als Betrügerin entlarvte. Im Vergleich zu mir schienen andere berufstätige Mütter das Dilemma zwischen Beruf und Familie viel besser zu lösen. Sie brachten im Gespräch ganze Sätze – ja sogar Abschnitte – zustande, ohne die neueste Großtat ihres Kindes erwähnen zu müssen. Ich sah mir die Nurhausfrauen und Mütter an, von denen ich den Eindruck hatte, sie stellten allesamt pestizidfreie Babykost her, läsen sämtliche Bücher über Kinderpsychologie und brächten ihre Kinder dazu, ohne Boxkämpfe ihren Spinat zu essen. Wenn ich Kinderfrauen begegnete, die Babys spazierenfuhren, zuckte ich zusammen, denn ich wußte, daß eins davon meins war, und glaubte, was viele Leute, denen berufstätige Frauen ein Dorn im Auge sind, mir suggerierten: daß das Kind ein besseres Leben hätte, wenn ich rund um die Uhr für es da wäre. Außerdem hatten *alle anderen* ein besseres Sexualleben als ich. Ich hatte den Eindruck, daß bei mir einfach nichts richtig klappte, und meine Selbstachtung war auf ihrem Tiefpunkt angelangt, denn vor lauter Bemühen, jedem alles zu sein, war ich mir schließlich selbst nichts mehr.

Jede meiner Vorgaben darüber, wer ich sein sollte, schien richtig zu sein. Alles erschien gleichermaßen und außerordentlich bedeutend. Doch diese Vorgaben konnten nicht nebeneinander existieren. Etwas mußte weichen, und das war mein Seelenfrieden.

Ich hatte ein Arbeitsleben. Und ich hatte ein Privatleben. Zusammen ergaben sie jedoch nicht eins, sondern zwei getrennte Leben. Jedes verlangte hundert Prozent von mir. Und ich verlangte von jedem einzelnen hundert Prozent. Was noch wichtiger ist, beide bestimmten mich zu hundert Prozent. Unglücklicherweise hing meine Selbstachtung davon ab, daß ich im einen wie im anderen Leben gleich erfolgreich war. Länger als irgend etwas anderes war ich eine berufstätige Frau gewesen. Ich verfügte über Maßstäbe, um zu beurteilen, ob ich gut oder schlecht abschnitt. Ich wußte jederzeit, wie meine eigenen Aktien und die meiner Umgebung in etwa standen. Ich wußte, was ich tun mußte, um mich vollkommen zu fühlen. Auch für mein Privatleben hatte ich Maßstäbe. Meine Ehe erschien mir solide (durch Schlafentzug beeinträchtigt, aber solide), und meinem Sohn schadete es offenbar nicht, daß ich jeden Tag aus dem Haus ging. Zugegeben, unter Aufgabe einiger meiner Prinzipien hatte ich einen vorläufigen Waffenstillstand zwischen Beruf und Privatleben ausgehandelt. Aus all den Büchern, die über die Phantasievorstellung, »alles unter einen Hut zu kriegen«, geschrieben worden sind, wußte ich jedoch, daß ich nicht die einzige Mutter war, deren hehre Vorsätze, keine faulen Kompromisse einzugehen, ohne weiteres über den Haufen geworfen wurden, um in einer geschenkten halben Stunde meine Kontaktlinsen einsetzen und eine Strumpfhose ohne Laufmaschen anziehen zu können.

Ohne es zu merken, beurteilte ich jedoch mein Leben nach Kriterien, die nicht meine waren, und schnitt dabei jämmerlich schlecht ab. Im Laufe der Jahre hatte ich diese Wertordnungen unbewußt verinnerlicht; nun erwiesen sie sich als völlig unterschiedliche und sich gegenseitig ausschließende Maßstäbe für ein und dieselbe Struktur (mein Leben). Da gab es zunächst den Arbeitsmaßstab, dem zufolge alles, was unterhalb der völligen Hingabe an meinen Beruf lag, mit Scheitern gleichzusetzen war. Dann hörte ich die Stimmen der Frauenbewegung, die sagten: »Laß uns nicht im Stich. Du kannst nicht aussteigen. Du bist ein leuchtendes Vorbild. Knie dich rein, bleib am Ball und verändere etwas.« Schließlich gab es noch den gesellschaftlichen Maßstab für Weiblichkeit, dem zufolge der Haushalt meine oberste Pflicht war und mein Kind ein Massenmörder würde, wenn ich ihm nicht höchste Priorität zuerkannte. Überall las ich, daß meine Ehe darunter leiden würde, wenn ich zuviel arbeitete. Auf dem Papier mögen diese Vorstellungen überholt sein; in meiner Kindheit und Jugend waren sie es jedoch nicht: Sie waren die maßgeblichen Wertsysteme, die ich, während ich meine Vorstellung von einer erfolgreichen Frau entwickelte, ganz und gar verinnerlichte.

Die Folge waren seelische Verdauungsstörungen.

Natürlich machte sich keine davon direkt bemerkbar. Ich dachte, mein Problem bestünde darin, daß ich relativ spät ein Kind bekommen und viel mehr zu verlieren hatte als eine Zwanzigjährige. Außerdem dachte ich, ich sei eben einfach eine berufstätige Mutter, die sich mit dem Versuch herumquälte, alles unter einen Hut zu bringen. Obwohl all das stimmte, war es noch keine Erklärung für die eigentlichen Ursachen meiner Unzufriedenheit.

Ich war nicht etwa zerrissen zwischen zwei Dingen, die ich liebte, sondern verspürte einen tiefen Verlust in der Beziehung zu meiner Arbeit. Wie in einer Ehe, die unerklärlicherweise, aber unaufhaltsam in die Brüche geht, beklagte ich den Verlust der Liebe zu meinem Beruf. Nicht zu meiner Arbeit. Die Arbeit liebte ich. Aber auf emotionaler und mentaler Ebene war es einfach zu anstrengend geworden, ständig unter Bedingungen zu arbeiten, die immer weniger meine eigenen waren. Es machte mich unendlich traurig, zu sehen, daß meine stärkste und dauerhafteste Beziehung – die zwischen meinem Beruf und mir – sich verändert hatte und möglicherweise in den letzten Zügen lag. Daraus zu folgern, daß mein Muttersein die Ursache oder die Lösung des Problems darstellte, wäre allerdings ein schwerwiegender Fehler gewesen. Das Muttersein hatte damit überhaupt nichts zu tun. Es brachte das Problem lediglich auf den Punkt: daß ich in einer Berufswelt arbeitete, die nicht für eine Frau wie mich geschaffen war. Eine Frau, die mehr wollte als nur konventionellen Erfolg. Eine Frau, die auch ein eigenes Leben haben wollte.

Als ich sah, daß meine unverheirateten oder kinderlosen Freundinnen unter der gleichen Unsicherheit litten wie ich, wurde mir klar, daß hier etwas Grundlegendes vor sich ging. Wie es schien, verspürten *alle* diese starken, klugen Frauen einen großen Mangel in ihrem Leben, und zwar unabhängig davon, ob sie Kinder hatten oder nicht und ob sie verheiratet waren oder nicht. Sie verstanden sich durchweg als Profis, als Schafferinnen. Doch auch ihnen war die Arbeit nicht mehr genug. Es verging kein Mittagessen, ohne daß die eine oder andere Frau ihre Serviette auf den Tisch warf und seufzte: »Ich wünschte, ich fände etwas anderes, was ich machen könnte.« Dieser Aussage folgte regelmäßig eine lange Liste von Gründen, warum eine Veränderung unmöglich, unpraktisch und unverantwortlich war.

Wir hatten also eine Gruppe unglaublich begabter Frauen. Sie gehörten zum größten Teil einer Generation an, die die Hauptnutznießerinnen der Frauenbewegung stellte[2]. Sie waren an männlich dominierten Universitäten zugelassen worden. Sie wurden Partnerinnen in Anwaltspraxen, Vizepräsidentinnen von Banken. Die Kinderlosen unter ihnen waren innerhalb einer Generation von fünfzig auf fünfundneunzig Prozent der Verdienstmöglichkeiten ihrer männlichen Kollegen aufgestiegen. Sie arbeiteten in einer Welt, in der Frauen in Führungspositionen die gleiche Leistung erbringen mußten wie Männer und in der erfolgreich zu sein bedeutete, als Frau unter den Bedingungen von Männern zu arbeiten. Statt klein beizugeben, ergänzte die männliche Berufswelt ihre Pokerrunde einfach um weibliche Mitspieler. Das bedeutete, daß Frauen, die am Spieltisch der Chancen und Leistungen Platz nahmen, nach Regeln spielten, die bereits lange vor ihrem Einstieg gegolten hatten.

Frauen bauten sich ihr Leben zusammen, indem sie die von Männern definierte Identität des Erfolgsmenschen auf ihre weibliche Identität aufpfropften. Wenn Frauen Erfolg haben wollten, mußten sie lernen, sich so einzuschätzen, wie Männer es taten. Sie mußten sich mit Männern vergleichen, während sie mit ihnen konkurrierten. Auf diese Weise verlieren langsam, aber sicher andere Aspekte im Leben der Frauen an Bedeutung. Um es mit den Worten einer Immobilienmaklerin zu formulieren: »Alles, was nach ›Heimchen am Herd‹ riecht, schwächt meine Position in meiner Branche. Ich muß mit den Männern unter deren Bedingungen konkurrieren.«

Was am Leben nicht auf Anhieb quantifizierbar und weniger erfolgsorientiert ist, läßt sich leicht begraben. Dafür gibt es keinen unmittelbaren Gegenwert. Die anderen Rollen im Leben einer Frau können ihrem Erfolg sogar im Weg stehen. Die Frauen sind dem zweischneidigen Schwert zum Opfer gefallen: Indem sie sich damit einverstanden erklärten, nach denselben Regeln beurteilt zu werden wie die Männer, brachten sie sich in eine Position, in der sie ganze Anteile ihrer selbst verleugnen oder hintanstellen. Frauen warnen ihre Geschlechtsgenossinnen davor, »weibliche« Belange zu erwähnen. Eine leitende

Verlagsangestellte erfuhr, daß ihr neuer Chef jeden Tag um acht Uhr dreißig eine Mitarbeiterbesprechung ansetzen wollte. »Ich kann unmöglich meine Tochter zur Schule bringen und pünktlich dort sein«, sorgte sie sich. »Ich weiß, das ist nicht der richtige Zeitpunkt für derlei Bedenken. Es wird aussehen, als nähme ich meine Arbeit nicht ernst.« Schlimmer noch, die Frauen werfen sich selbst vor, nicht genug von etwas zu sein, was sie eigentlich gar nicht sein wollen. Das bedeutet eine enorme emotionale Belastung.

Es kommt jedoch eine Zeit, wo die vernachlässigten Anteile unseres Lebens einen Preis für dieses Ungleichgewicht fordern. Die Symptome reichen von ganz normaler Erschöpfung bis hin zu Langeweile, einem zunehmenden Gefühl der Ungerechtigkeit oder einfach altbekannter Depression. Der aus der Arbeit gezogene Gewinn ist keine Entschädigung mehr für den subjektiven Eindruck von Leere und vertaner Zeit und den immer schmerzlicher empfundenen Mangel an Sinn und Bedeutung. Diese Gefühle verstärken sich zusehends und müssen zur Kenntnis genommen und berücksichtigt werden; andernfalls können sie die Leistung von Jahren zunichte machen. Stellt sich erst einmal Unzufriedenheit ein, hilft nur noch eins: ein Gleichgewicht zwischen dem Beruf und dem übrigen Leben zu finden. Nachdem das Pendel im Laufe der letzten vierzig Jahre von dem Stereotyp einer Donna Reed zu dem einer Superpowerfrau ausschlug, sucht es jetzt einen Ruhepunkt.

Was die Notwendigkeit eines Gleichgewichts noch verstärkt, ist die Tatsache, daß die Frauen sehr hart gearbeitet haben, um auf Managerposten zu gelangen, und in der Zwischenzeit gereift, aber auch müde geworden sind. Die Generation jener Frauen, die davon ausgingen, Karriere zu machen, hat inzwischen ein mittleres Alter erreicht. Die umtriebigen achtziger Jahre haben tatsächlich ihren Tribut verlangt. Zum erstenmal wird dem Gleichgewicht zwischen Beruf und übrigem Leben ein Wert beigemessen. Die Arbeitswelt ist in ihren Einstellungen jedoch bemerkenswert starr geblieben. Stereotype haben noch immer ihre Gültigkeit. In den meisten Büros gilt Mutterschaft nach wie vor als Nachteil. Und das ist nicht nur für verheiratete Frauen mit oder ohne Kinder ein Problem; wenn eine Frau ihr »Leben« an erste Stelle setzt – sei es nun das Bergsteigen oder der Besuch von Filmkursen –, gilt sie nicht als »Kämpferin«. Die Mehrzahl der Frauen und nicht der Männer geben schließlich ihren Job auf, wenn sie einen Kollegen heiraten. Und bei einer unverheirateten Frau geht man davon aus, daß sie mit ihrem Beruf verheiratet ist.

Der Kampf zwischen dem perfekten Lebenslauf und einem ausgeglichenen Leben wird auch im Unterbewußtsein geführt. In den meisten Frauen schlummern verschüttete Erwartungen und Dogmen darüber, wie das Frausein auszusehen hat. Wir alle hatten Mütter, deren Vorbildern wir nacheifern oder entgegenarbeiten wollten. Jahrzehntelang hat das Fernsehen uns gesagt, was wir auf welche Weise tun sollten. Noch immer legen Frauen an sich selbst als Partnerinnen und Mütter Maßstäbe an, die sich gegenüber denen ihrer Großmütter nicht sonderlich weiterentwickelt haben. Gleichgültig, welche Gestalt das Leben einer Karrierefrau annimmt, irgendwann muß jeder dieser Werte bewußtgemacht und einer kritischen Prüfung unterzogen werden. Nicht selten findet der Kampf zwischen den Wertordnungen seinen Ausdruck in beruflicher Unzufriedenheit.

Ob Frauen heiraten wollen oder nicht, ob sie sich für oder gegen Kinder entscheiden, in jedem Fall müssen sie der Tatsache ins Auge sehen, daß ihre Fruchtbarkeit nicht ewig währt. Es ist kein Zufall, daß die Karrierekrise häufig mit dem Ende der Fruchtbarkeit zusammenfällt. Diese Erkenntnis stellt sich bei vielen etwa Mitte Dreißig ein und ist das erste Anzeichen dafür, daß das Leben auf der Überholspur seinem Ende zugeht. Vielen wird dabei zum erstenmal bewußt, daß sie nicht ewig leben und nicht alles Menschenmögliche tun können. Da die Arbeitswelt keinen angemessenen Weg gefunden hat, »weibliche« Entscheidungen zu integrieren, hat die Frage der Fruchtbarkeit oft einen regelrechten Schwarzweißcharakter, was einen subtilen, aber starken Druck erzeugt.

Meine Antwort auf diese zunehmende innere Reibung bestand darin, sie so lange wie möglich zu ignorieren. Als sich an meiner Arbeitsstelle schließlich ein großer Umschwung vollzog, konnte ich auf nichts anderes als meine Verdrängungstaktik zurückgreifen. Jetzt war es Zeit, etwas zu unternehmen; ich mußte einiges verändern, ob ich wollte oder nicht, und aufgrund der Arbeitsstrukturen hatte ich das Gefühl, vor die Wahl zwischen zwei Extremen gestellt zu sein – eine sinnvolle Arbeit auf der einen oder eine Heim-und-Herd-Phantasie aus den Fünfzigern auf der anderen Seite –, von denen mir keine passend oder realistisch erschien.

Eines Morgens um vier Uhr saß ich in meinem verdunkelten Wohnzimmer und knabberte an zerbrochenen Tierkeksen herum. Da ich über eine Entscheidung nachdachte, die weitreichende Konsequenzen für meine Karriere haben würde, war ich viel zu unruhig, um zu schlafen. In meinem Kopf hörte ich die Stimme meines Vaters, die mich davor warnte, meine Karriere wegzuwerfen. Das entsprach seinem Wertsystem. Die Stimme meines Mannes drängte mich, diese Qual zu beenden und etwas zu tun, irgend etwas, aber mich nicht länger zu zerreißen. Und ganz aus der Tiefe hörte ich die Stimme meiner Mutter, die mich aufforderte, es nicht so schwer zu nehmen. »Ich bin nicht dazu gekommen, mein Leben zu leben«, sagte sie. »Vergeude deines also nicht mit Sorgen!« Ich wüßte nicht, was wichtiger sei, die Arbeit oder die Familie, erwiderte ich in diesem imaginären Gespräch. »Denk daran, wie du mich vermißt hast. Warum solltest du deinem Sohn die gleichen Gefühle zumuten?«

Diese Träumerei führte mir vor Augen, welche grundlegenden Werte mit jenen Löchern in meinem Leben verbunden waren, die zu ignorieren ich mich so bemüht hatte. Sie nicht zu berücksichtigen bedeutete, mir ein Leben aufzubauen, das mir einen permanenten inneren Zwiespalt garantierte. Diese Erkenntnis gefiel mir überhaupt nicht. Sie widersprach allem, was ich glaubte sein zu müssen. Ich empfand sie als schreckliche Bedrohung. Sie bedeutete eine Verschiebung meiner Prioritäten. Vermutlich bedeutete sie auch eine Veränderung meiner Karriere, denn das, was ich immer getan hatte, konnte ich auf sinnvolle Weise nicht in Teilzeit oder von zu Hause aus tun. Das kam für mich nicht in Frage. Mir war aber ganz klar, daß ich eine Zeitlang ein flexibleres Leben führen wollte. Ich wollte nicht genötigt werden, meinen beruflichen Status und alles, was ich mir erarbeitet hatte, aufzugeben. Die Wahl gefiel mir nicht. Aber sie stand im Raum.

Glauben Sie mir, als ich meine Stelle aufgab, hatte ich keine Ahnung davon, daß sich dieses verborgene Drama unmittelbar unter der Oberfläche abgespielt und meine Unzufriedenheit geschürt hatte. Ich dachte, ich sei unglücklich, weil die Geschäftsführung gewechselt hatte oder weil tausend andere Dinge passiert waren. Einen völligen Zusammenbruch meiner Identität und eine Krise meines Wertsystems hatte ich nicht erwartet, als ich zur Tür hinausging. Ich dachte, meine Probleme würden sich lösen, sobald ich eine neue Stelle angenommen und ein paar Monate lang mit Topfdeckeln geklappert und »The wheels on the bus go round and round« geträllert hätte. Ich ahnte nicht, daß unter der Oberfläche meines aktiven Lebens meine Seele in Stücke gerissen worden war bei dem Versuch, all die Frauen zu sein, die ich sein zu müssen glaubte. Ich wußte immer noch nicht, ob es richtig gewesen war, meine Stelle aufzugeben. Für mein Empfinden hatte ich die Frauenbewegung verraten, meinem Mann eine schwere Last aufgebürdet, meinen Vater enttäuscht, das Richtige für mein Kind getan und die Zahlungen für die neue Wohnung, die wir zwei Monate zuvor gekauft hatten, gefährdet. Und die unmittelbare Quittung war, daß ich mir völlig unbedeutend vorkam.

Gleich zu Anfang lernte ich, daß ich, um glücklich sein zu können, auseinanderhalten mußte, was ich tat und wer ich war. Ich brauchte eine unabhängige Identität. Mein Selbstwertgefühl war zu sehr von meiner Karriere abhängig gewesen. In der ersten Woche ohne Gehaltsscheck wurde ich augenblicklich zu einem Muster ohne Wert. Ich war gewissermaßen ein dreibeiniger Stuhl, und ohne die tägliche Ausübung meines Berufs kippte ich um.

Wie ich wußte, waren viele Frauen über den gleichen steinigen Weg von einer berufsbezogenen Identität zu einer Identität auf der Basis ihrer eigenen Wertvorstellungen geholpert. Ich bin von Natur aus neugierig und begann, Frauen, die ich traf, zu fragen, wie es ihnen mit der Veränderung in ihrem Leben erging. So saß ich in Cafés und lauschte, während mein Sohn an einem Brötchen knabberte, der Palette ihrer Erfahrungen. Manche Frauen bereuten die Entscheidung, zu Hause zu bleiben, und vermißten ihren Beruf ungeheuer. Andere weinten, wenn sie morgens ihr Baby abgaben. Es waren auch Frauen darunter, die diese Mischung aus Arbeit und Familie genossen. Es gab kinderlose Frauen, die sich durch meine Erfahrung magisch angezogen fühlten; sie wollten ganz genau wissen, wie es sich »draußen« lebte. »Wie gerne würde ich es genauso machen wie Sie«, seufzte eine leitende Verlagsangestellte, »aber ich habe keine Entschuldigung (wie etwa ein Kind).« Darauf hielt ich ihr entgegen, daß eine gute gemeinsame Freundin soeben ihren Spitzenjob gekündigt und sich mit ihrem Mann auf eine Reise quer durch die Vereinigten Staaten begeben hatte. Sie brauchte keinen zahnenden Zweijährigen, um ihr Leben zu ändern. Nur ein bißchen finanzielle Planung und Mut. Jede Menge Mut sogar und die Zuversicht, daß das Leben ohne Visitenkarte und alles, was damit zusammenhängt, nicht weniger lebenswert ist.

Jede Frau, die den magischen Wandel von der Identifikation über ihren Beruf zum »Einfach ich selbst«-Sein vollzogen hatte, erzählte mehr oder minder die gleiche Geschichte wie ich. Dennoch handelt dieses Buch keineswegs davon, daß die Frau zu Hause bei ihrem Kind bleiben soll. Hier kommen Frauen zu Wort, für die diese Alternative die Hölle wäre. Es wäre absurd und abwegig, über Richtig oder Falsch zu befinden. Es gibt kein Richtig oder Falsch. Das ist der springende Punkt. Das eigentliche Thema ist der Konflikt selbst, die Diskrepanz zwischen der Vorstellung, wer wir unserer Meinung nach als Karrierefrauen zu sein haben, und den Frauen, die wir im Verlauf unseres Lebens geworden sind. Jede der in diesem Buch interviewten Frauen befand sich an einem Punkt, wo die Kluft zwischen dem, was sie tat, und dem, was sie als Mensch ausmachte, unüberbrückbar geworden war. Jede einzelne hatte sich in einer zermürbenden Gewissensprüfung gefragt, was ihr wichtig war und ob sie den Mut oder die Mittel hatte, etwas zu verändern. Viele hatten neben ihrer beruflichen Stellung auch materielle Dinge aufgegeben. Andere hatten es gewagt, die Aufstiegsleiter zu verlassen. Wieder andere schwelgten in der Ungebundenheit und geistigen Unabhängigkeit, die der Ausstieg aus dem aggressiven Firmenmilieu ihnen gebracht hatte. Die Wege waren so unterschiedlich wie die Frauen, die sie beschritten. Manche fanden wieder zu ihrer bisherigen Arbeit zurück. Andere machten sich selbständig. Dann gab es welche, die erst einmal Pause machten oder ihre Arbeitszeit reduzierten, je nachdem, was sie sich leisten konnten. Und solche, die, wie ich, umsattelten und schließlich langgehegte Träume verfolgten. Und manche mußten aus finanziellen Gründen eine ungeliebte Situation aufrechterhalten, fanden jedoch eine Möglichkeit, die Dinge gelassener anzugehen, nachdem sie ihre Ziele neu gesteckt hatten.

Und diese Bewegung ist keineswegs klein. Tausende von Frauen, die eine Menge zu verlieren haben, träumen davon, planen oder schicken sich bereits an, ihre alte Haut abzustreifen, um in eine neue zu schlüpfen. Tausende haben diesen Prozeß schon durchlaufen. Es sind Frauen, die gerne arbeiten, die immer gearbeitet haben. Die Frauen in diesem Buch haben allesamt eine Karriere verfolgt und tun das immer noch. Die meisten von ihnen sahen sich jedoch an einem Punkt angelangt, wo sie das Gefühl hatten, vor die gleiche Wahl gestellt zu werden wie ich: ihre Karriere oder ihr Seelenfrieden, ihr kreativer Freiraum und ihre Unabhängigkeit oder ihr Leben. Da aber die meisten von uns aus wirtschaftlichen wie aus psychischen Gründen arbeiten müssen, ist diese Wahl im Grunde gar keine echte, sondern teuflischerweise immer nur eine theoretische Wahl.

Genau wie ich verspüren die über zweihundert für dieses Buch befragten Frauen und weitere tausend, die dafür statistisch erfaßt worden sind, eine zunehmende Diskrepanz zwischen ihrem äußeren Arbeitsleben und ihren inneren Werten. Dieser Konflikt führt zwangsläufig zu einer immer gespannteren Beziehung zwischen unserem beruflichen und unserem privaten Selbst. Wir wollen uns ebensowenig zwischen verschiedenen Teilen unserer Persönlichkeit entscheiden müssen wie zwischen unzeitgemäßen, altmodischen Lebensstilen einerseits und geschlechtsspezifischen andererseits. Das wirklich Tragische bei alldem ist, daß die tiefempfundene Liebe zum Beruf bei diesen Frauen und mir verkümmert ist; der Grund dafür ist das schlechte Arbeitsklima, Folge des zunehmenden Leistungs- und Konkurrenzdrucks in den Unternehmen und eines mit Sanktionen verbundenen Erfolgs- und Wertsystems, das in seiner engen Struktur der Mehrheit von uns viel zuwenig Spielraum läßt.

Als ich meine Stelle aufgab, beschloß ich, ein Buch zu schreiben über das, was im Arbeitsleben vieler Frauen wirklich passiert. Das soll nicht heißen, daß es nicht viele Frauen gibt, die mit uneingeschränktem Vergnügen arbeiten. Die gibt es. Und es gibt Tage, an denen das jede Frau in diesem Buch auch tut. Viele von ihnen beschleicht jedoch immer häufiger das Gefühl, daß ihre Arbeit mit faulen Kompromissen verbunden ist. Dieses Buch wendet sich an Frauen, die meinen, ihre Arbeitsbedingungen paßten besser zu einem Mann, der für das Leben zu Hause eine Ehefrau hat. Es ist ein Buch für Frauen, die sich bemühen, ihre Lebensgeschichte von der Mitte an neu zu schreiben, damit sie am Ende von Ausgeglichenheit und Freude erzählt. Jede Frau, mit der ich gesprochen habe, lechzt nach der richtigen Mischung aus Anregung und Ruhe, Arbeit und Spiel, Zeit mit anderen und Zeit für sich allein. Am allerwichtigsten ist ihnen jedoch die Harmonie zwischen der Person, die sie tief im Inneren sind, und der Art, wie sie leben und ihre Zeit verbringen.

Wie die meisten Frauen möchte ich nicht warten, bis ich sechzig oder älter bin, um mein Leben zu genießen. Hier, am Schnittpunkt von höchster Leistungsfähigkeit und verwirrender Unzufriedenheit, will ich die Entscheidungen treffen, die aus meinem Leben einen Spiegel dessen machen, wer ich bin und woran ich glaube. Ich weiß nicht, welche Form meine Geschichte letztlich annehmen wird. Wie für die anderen Frauen in diesem Buch ist es jedoch auch für mich an der Zeit, Risiken auf mich zu nehmen und die Identität auf meiner Visitenkarte, die mich so lange getragen hat, hinter mir zu lassen. Mittlerweile ist mir nämlich klar, daß diese Identität mein Leben und meine Möglichkeiten auf unnatürliche Weise eingeschränkt hat. Die Frage: »Wer war ich?« beschäftigte mich so sehr, daß es mir ausgesprochen schwerfiel, Raum zu schaffen für die Frage: »Wer bin ich?«

Um mein Leben anzunehmen und zu genießen, mußte ich die Kräfte, die in mir und um mich herum wirksam waren, besser verstehen lernen. Ich mußte mich offen mit dem konfrontieren, woran ich glaube, was mir wertvoll erscheint und was der Grund dafür war, daß ich so lange ohne nennenswerten Protest in einer Umgebung gearbeitet habe, die eher für meinen Vater gemacht ist. Da ich zutiefst hoffe und beabsichtige, bis ans Ende meines Lebens zu arbeiten, habe ich eine Menge in den Versuch investiert, mich selbst und die Arbeitswelt klar zu sehen. Es ist meine einzige Chance, Selbstakzeptanz, Ganzheitlichkeit, Kreativität, Unabhängigkeit und Erfüllung in mein Leben zu bringen. Es ist meine einzige Hoffnung auf eine tiefergehende Veränderung.

Kapitel 1

Große Erwartungen

Ich bin zur Leistung erzogen worden, was mich zu einer Frau meiner Zeit macht. Im Babyboom geboren, verbrachte ich meine Jugend als Hippie, erzielte meine beruflichen und finanziellen Erfolge als Yuppie, pflanzte mich zwischen dreißig und vierzig fort und finde mich jetzt, in der Mitte meiner Karriere, der Mitte meines Lebens als Mitglied der »beunruhigten Klasse« wieder. Mein unglaublich langer Prozeß des Erwachsenwerdens kam von überallher als Echo zu mir zurück, vor allem durch wissenschaftliche Untersuchungen, Zeitschriften und das allgegenwärtige Fernsehen. Ich konnte jederzeit auf Bilder zurückgreifen, die mir sagten, was ich wann zu tun hatte, welches Outfit ich dafür wählen mußte und wie ich erkennen konnte, ob ich erfolgreich war oder nicht. An entscheidenden Meilensteinen in meinem Leben standen mir sehr ausführliche und präzise Anweisungen und Erwartungen zur Verfügung. Dazu brauchte ich nur eine Zeitschrift oder Zeitung in die Hand zu nehmen oder den kleinen Kasten in der Ecke meines Wohnzimmers anzustellen.

Als nach dem Zweiten Weltkrieg geborene Mädchen aus der Mittelklasse wuchsen meine Freundinnen und ich als Erbinnen eines in hohem Maße vorweggenommenen

Wohlstands auf, des großen »Gewinns«, der das Ergebnis der Opfer und energischen Anstrengungen unserer Väter und Mütter sein würde. Unserer Generation wurde immer wieder versichert, daß nicht nur jeder ein Stück vom Kuchen abbekommen, sondern daß es unendlich viele Kuchen geben würde. Diese Aussicht auf Reichtum prägte zutiefst mein Gefühl für das, was möglich war. 1956, als ich im Lenox Hill Hospital zur Welt kam, wurden mehr Kinder geboren als je zuvor in der Geschichte. Die Wirtschaft boomte, die Welt war im Wandel begriffen, bald würden Raumschiffe die Erde umkreisen. Ich hatte einen Vater, der spät von der Arbeit kam, und eine Mutter, die zu Hause blieb und Geburtstagskuchen in Form von Eisenbahnen und Elefanten backte. Ich wuchs auf mit der Weltausstellung und ihrer Vision von der technologischen Zukunft, begleitet vom Sound der Beatles und der Rolling Stones.

Ich führte ein Leben, das von Besitz und äußerem Schein bestimmt war; ich hatte mein eigenes Zimmer, meinen Plattenspieler, mein Fahrrad, Taschengeld. Zu keiner Zeit habe ich ohne Fernseher, Telephone oder Polaroidkameras gelebt. Meine Freundinnen und ich lernten, uns ähnlich anzuziehen, überall im Land in den gleichen Geschäften und Einkaufszentren einzukaufen und Sachen zu essen, die in Boise genauso schmeckten wie in Bangor. In der Kleinstadt, in der ich lebte, galten geschiedene Frauen immer noch als gebrandmarkt (und vermutlich unglücklich); von Krebs wurde nur hinter vorgehaltener Hand gesprochen, und jede hatte Geschwister, einen Hund, eine Geschirrspülmaschine und in der asphaltierten Einfahrt einen V-8 Vista Cruiser mit einem Armaturenbrett aus Holzimitat (oder war jedenfalls gehalten, sie sich zu wünschen).

Ich wuchs im Bewußtsein der Verbindung zwischen Protest und Veränderung auf. Mein Fernseher berichtete über Demonstrationen und Entmilitarisierung, meine Lehrer versicherten mir, ich könnte genau die gleichen Jobs haben wie ein Mann. Und 1972 wurde ein Gesetz verabschiedet, das mir das verfassungsmäßige Recht zusicherte, jedes gewünschte College besuchen zu dürfen. Im Laufe meines kurzen Lebens sah ich, wie Mauern fielen und Rollen vertauscht wurden. Die Botschaft kam an: Alles gehörte mir, ich brauchte nur zu fragen.

Obwohl ich von meinem Geburtsdatum her zur zweiten Hälfte der Babyboom-Generation zähle, trug ich doch zum rein numerischen Gewicht bei, unter dessen Last die Konvention sich zunächst beugte und dann zerbrach und das die Erwartungen von Frauen in der westlichen Kultur nachhaltig veränderte. Die Idealisten der Sechziger waren ebenso meine Vorbilder wie meine Eltern. Ihre Träume wurden meine Träume und die der ganzen Generation. Wir würden weder wie unsere Eltern aussehen noch uns so verhalten. Wir würden mit Sicherheit nicht leben wie sie. Wir würden nicht in der Sackgasse eines stumpfsinnigen Jobs landen, nicht zu Hause hocken und Thunfischkasserollen kochen. Die Männer würden keinen Herzinfarkt und keine Midlife-Crisis bekommen, die Frauen nicht allein zu Hause sitzen und in wirtschaftlicher Abhängigkeit oder einer unglücklichen Ehe gefangen sein.

Für mich und meine Altersgenossinnen würde sich alles von selbst regeln. In unserem Leben würde der Erfolg nicht enden. Solchermaßen bestärkt, übersah ich die Stoppschilder und Warnhinweise, an denen ich auf dem Weg zu meinem Leben vorbeistürmte. Ich übersah sie, bis ich mein Ziel erreicht, unterwegs aber eine ganze Menge von mir verloren hatte.

Große Erwartungen

Ballerina zu werden war 1961, als ich fünf Jahre alt war, ein durchaus akzeptabler Berufswunsch (genau wie Prinzessin oder, etwas praktischer, Lehrerin und Krankenschwester). Im Grunde spielte es keine Rolle, da man davon ausging, daß ich sowieso heiraten und den Rest meines Lebens damit zubringen würde, meine Kinder großzuziehen und meinem Ehemann den Rücken freizuhalten. Doch zwanzig Jahre später erwies sich keine dieser Annahmen als richtig. Innerhalb einer kürzeren Zeitspanne, als für Kauf, Gebrauch, Instandhaltung und Verkauf eines Fünfundsechziger Ford Mustang nötig ist, änderten sich alle Erwartungen und Chancen der Mädchen. Als Kind standen mir bestimmte Möglichkeiten offen, als junger Frau ganz andere. Bis meine Freundinnen und ich unsere ersten Sport-BHs kauften und Zahnspangen angepaßt bekamen, hatte eine Revolution stattgefunden. Mit der beschränkteren Welt unserer Mütter nicht mehr zufrieden, konnten wir jetzt die bedeutenden Dinge tun, die auch unsere Väter taten. Wir würden Ärztinnen, Rechtsanwältinnen, Professorinnen, Enthüllungsjournalistinnen und Rockstars werden. Nur Janine Gold sagte, sie würde Ehefrau und Mutter sein und ein richtig großes Haus in einem der Vororte haben. Aber Janine Gold kam im Twinset und mit einer echten Gucci-Handtasche in die Schule. Sie war verrückt, und wir ließen sie völlig links liegen. Wir, die wir in ausgestellten Hüfthosen mit Flicken auf dem Po und ohne BH herumliefen, hatten immer noch die Ehefrau-und-Mutter-Erwartung, konzentrierten uns aber einfach nicht darauf. Eine Familie war etwas Selbstverständliches, aber kein Ziel.

Als ich gegen Ende der High School vor der Bewerbung zum College stand, fragte ich meinen Vater, was ich seiner

Meinung nach mit meinem Leben anfangen sollte. »Du kannst tun, was dich glücklich macht«, sagte er strahlend. »Du kannst sein, was du willst.« Es war die gleiche Botschaft, die ich in der Schule und von der Frauenbewegung gehört hatte. Ich selbst hatte zwar keine Mutter mehr, aber alle meine Freundinnen hatten ihre noch und wurden von ihnen zu einem bedeutenderen, besseren Leben gedrängt, als sie selbst es geführt hatten. Folglich enthielt unser Lebensentwurf sowohl die Leistungen unserer Väter als auch die soziale Kompetenz und Fürsorge unserer Mütter. Im Laufe unserer Erziehung nahmen unsere Erwartungen Gestalt an – nichts konnte uns aufhalten. Wir würden es bestimmt alles schaffen.

Und über einen langen Zeitraum hinweg taten wir das auch. Schließlich genossen wir als Gruppe die längste Jugendzeit in der Geschichte. Während unsere Mütter bis fünfundzwanzig bereits geheiratet und Kinder geboren hatten, nahmen wir die Pille, lebten mit unserem Freund zusammen, wurden zum erstenmal befördert oder schlossen unser Jurastudium ab. Wir hatten die gleichen Jobs mit der gleichen Unabhängigkeit und den gleichen Möglichkeiten wie unsere Brüder. Unsere Arbeit war interessant und anspruchsvoll. Und wir lernten die kleineren Privilegien eines erfolgreichen Lebens kennen. Ich erinnere mich noch an das prickelnde Gefühl, als ich mit meiner ersten Firmenkreditkarte bezahlte und endlich jemanden in ein Büro mit einer verschließbaren Tür bitten konnte. (Zugegeben, es war ein besserer Wandschrank ohne Fenster gewesen, der unmittelbar hinter dem Trinkbrunnen lag, so daß ich zum Summen des Kühlers arbeitete, der den ganzen Tag an und aus ging. Aber es war ein Büro, und es gehörte mir.) Es war aufregend, im Rahmen unserer Arbeit Entscheidungen zu treffen, uns gegenseitig zu helfen,

Dinge zu entwerfen und herzustellen, die die Menschen brauchten oder sich wünschten. Wir unternahmen Reisen, eröffneten unsere eigenen Konten, kleideten uns immer nach unseren eigenen Vorstellungen. Wir lebten in unseren eigenen vier Wänden, die in unserem ganz persönlichen Stil eingerichtet waren. Wir heirateten später, bekamen unsere Kinder später, schoben bestimmte Verpflichtungen auf. Wir erlebten einen in früheren Generationen unvorstellbaren Wohlstand, zum einen aufgrund der damaligen Konjunktur, zum anderen, weil wir, wenn wir verheiratet waren, in aller Regel sogar über zwei Einkommen verfügten. Dieser Reichtum versetzte uns in die Lage, Probleme mit Geld zu überdecken. Aufgrund unserer demographischen Masse verschoben wir sogar den Punkt, an dem man von mittlerem Alter spricht, um ein Jahrzehnt. Unsere frühen Erfolge verstärkten unser Gefühl der Unverwundbarkeit. Wir arbeiteten hart. Wir spielten hart. Wir identifizierten uns mit unserer Tätigkeit. Wir beurteilten uns selbst nach dem, was wir zum Ganzen beitrugen, nach unseren Beförderungen, unserem Potential. Für den Familienkram blieb noch jede Menge Zeit. Später.

Obwohl ich es heute nur ungern zugebe, habe ich wirklich geglaubt, der Rest meines Lebens würde genauso verlaufen wie diese Tage der Unsterblichkeit, und ich würde einfach immer mehr Wohlstand anhäufen. Ich war auch der Meinung, es würde mir möglich sein, zu arbeiten, wenn ich wollte, und nicht zu arbeiten, wenn ich nicht wollte. Ich glaubte, ich könnte immer einen tollen Job haben, Dinge tun, die die Welt verbessern, und trotzdem noch viel Geld verdienen und Kinder haben. Ich kümmerte mich nicht um die Konsequenzen von Entscheidungen, die ich traf oder nicht traf; Konsequenzen gehörten zur Welt meiner Eltern, nicht zu meiner eigenen.

Gloria Steinem lacht bei meinem Geständnis und denkt laut darüber nach, was wohl die Frauen meiner Generation zu der Annahme veranlaßte, sie könnten alles auf einmal haben: »Hätte ich jedesmal, wenn wir euch sagten, ihr könnt nicht alles auf einmal machen, einen Dollar bekommen, wäre ich jetzt reich.« Sie schüttelt den Kopf. »Schau mich an, ich habe nicht alles; ich habe keine Kinder und wollte nie welche. Und ich weiß, daß ich das, was ich mit meinem Leben angefangen habe, mit Kindern nie hätte machen können.« Sie und die anderen Gründerinnen der Frauenbewegung wiederholten immer wieder eine Botschaft, die wir partout nicht hören wollten, da sie unserem Gefühl von Unendlichkeit zuwiderlief: Eine Frau könne niemals in den Genuß aller Privilegien sowohl der privaten wie auch der Berufswelt kommen. Nicht angesichts der Art und Weise, wie diese Welten strukturiert seien. Die Wirtschaft beruhe auf einer strikten Trennung der Kategorien von bezahlter und unbezahlter Arbeit. Darauf baue auch die Familie auf. Es gebe zwei verschiedene Kulturen, zwei verschiedene Welten. Zwei Identitäten. Die Erfahrung von Frauen, so Gloria Steinem, sei der von Immigrantinnen vergleichbar. Wenn wir in die männliche Geschäfts- und Erfolgskultur passen wollten, müßten wir einen Großteil unserer eigenen aufgeben. Ziel müsse es deshalb sein, diese Kultur so zu verändern, daß Frauen wie Männer ein Familien- beziehungsweise Privatleben und einen Beruf haben könnten.

Das ist jedoch ganz bestimmt nicht die Botschaft, die ich hörte, als ich noch jünger war und Erwartungen an mein Leben entwickelte. Wie viele meiner Freundinnen spürte ich deutlich, daß ich nicht nur alles tun konnte, sondern alles tun mußte. Es war fast ein moralischer Imperativ: in allem erfolgreich zu sein, weil uns diese nie dagewesenen

Möglichkeiten eröffnet worden waren. Möglichkeiten, für die Weltkriege und Musterprozesse geführt worden waren. Möglichkeiten, die unsere Mütter gerne gehabt hätten. Und wir konnten es schaffen. Wenn wir nur hart genug arbeiteten. Wenn wir gut genug waren. Doch als wir in unseren Dreißigern und Vierzigern waren, machte sich auf verwirrende und beängstigende Weise Enttäuschung darüber breit, daß sich diese Welt der Zufriedenheit und Erfüllung, in der die intellektuelle Herausforderung ebenso ihren Platz hat wie ein warmes, behagliches Zuhause, nicht eingestellt hatte. Statt dessen waren wir zermürbt, verschuldet, mitten in einer miesen Art von Pokerspiel, in dem wir dauernd gezwungen waren, ein Stück Leben für ein anderes herzugeben. Wir stellten fest, daß der Traum als Ganzes nur für eine gewisse Zeit möglich war, und diese Zeit wurde immer kürzer, je mehr unsere Verpflichtungen zu Hause und am Arbeitsplatz zunahmen. Und es wurde noch schlimmer, als das, was wir dafür herausbekamen, uns nicht mehr für die entgangenen Möglichkeiten entschädigte. Wir strengten uns noch mehr an, bezogen noch mehr Variablen mit ein, damit sich am Ende alles so schön säuberlich und geordnet fügte, wie wir es erträumt und erwartet hatten. Eine Zeitlang hatten wir ein perfektes Leben geführt. Doch als langsam klar wurde, daß wir letztlich doch nicht alles auf einmal haben würden, konnten wir unsere Träume und Erwartungen nicht mehr verändern, ohne dabei das Gefühl zu haben, daß wir etwas für uns sehr Wertvolles verlieren würden.

Der Augenblick der Wahrheit: Die Babyboom-Generation in der Lebensmitte

An einem guten Tag, wenn alle Rechnungen bezahlt sind, wenn ich weiß, daß ich im Marketing-Meeting um elf Uhr glänzend argumentiert habe, wenn ich meine Unruhe nicht mit Essen bekämpft habe und mein Sohn nachts durchgeschlafen hat, bin ich der glücklichste Mensch der Welt, weil ich es schaffe, all die verschiedenen Dinge zu tun, die mein Leben ausmachen. Dann fühle ich mich vital und kraftvoll. Und bin unbesiegbar. An einem schlechten Tag, an dem jeder winzige Teil meines Lebens den Namen irgendeiner Person oder Sache trägt, weiß ich genau, daß ich in die Luft gehen und mit einer Maschinenpistole auf einem Wassertank landen werde, wenn jemand mir nur die simple Frage stellt: »Hast du meinen grünen Schlips gesehen, Liebling?« Bei dem Versuch, mein Lebensschiff zu steuern, komme ich mir vor, als würde ich durch einen Hallraum segeln, in dem ich Navigationsanweisungen aus einer sehr realen Gegenwart, gleichzeitig aber auch aus einer traumhaften Vergangenheit empfange, die ich mir zwanzig Jahre zuvor nach dem Collegeabschluß ausgemalt hatte. Ich schreite nach den unangenehmen Mißtönen dieses Duetts voran und versuche herauszufinden, was ich »realistischerweise« von mir, meiner Arbeit und anderen erwarten kann.

Die Einsicht, daß das Wort »realistisch« bedeutet, die Konsequenzen der Entscheidungen, die wir in unserem Leben getroffen haben, zu akzeptieren, gehört zur Weisheit der Ermüdeten. Sie beruht auf einer instinktiven Wertschätzung des Kompromisses, der Akzeptanz realer (innerer wie äußerer) Grenzen und einem Sichausliefern an die Uhr. Drei wichtige Umstände brachten uns dazu, den Weg zum perfekten Leben zu verlassen und auf den zum »realistischen« einzuschwenken: Wir wurden reifer, und langsam änderten sich unsere Prioritäten; wir machten die Erfahrung, daß die Sache mit dem Erfolg immer noch am besten funktioniert, wenn man ein Mann mit einer Nurhausfrau ist oder arbeitet, als wäre man einer; und schließlich wurde uns klar, daß die Arbeitswelt selbst nicht mehr dieselbe ist wie zu Beginn unserer Karriere. Wir sind auch verzweifelt. Die meisten von uns lieben ihre Arbeit, und keine würde ihr Recht darauf eintauschen wollen. Was wir aber nicht mögen, ist die Art, wie es im Geschäftsleben zugeht. Wir haben die kleinlichen Intrigen, die kaum noch zu bewältigende Arbeitsbelastung allmählich satt. Wir haben keine Lust mehr auf immer härtere Arbeit, die uns immer weniger befriedigt. Wir möchten menschlicher arbeiten, mit mehr Respekt, Anerkennung und Flexibilität. Wir wollen nicht dafür bestraft werden, daß wir uns ein Privatleben wünschen, und wir wollen nicht aufgefordert werden, nach dem Alles-oder-nichts-Prinzip über unsere Zukunft zu entscheiden.

Auch unser Privatleben entspricht nicht ganz unseren Jugendträumen. Nicht nur, daß wir selbst nicht so viel hätten arbeiten sollen, auch unsere Ehemänner (falls vorhanden) hätten eigentlich nicht ins Räderwerk der Rationalisierung geraten sollen. Selbst wenn wir uns einen Märchenprinzen gewünscht hatten und dieser auch tatsächlich erschienen war, brauchte er unser Einkommen wahrscheinlich ebenso dringend wie sein eigenes. Uns wurde bald klar, daß berufstätig zu sein auch bedeutete, berufstätig sein zu müssen. Völlig unabhängig davon, ob wir es sein wollten oder nicht – und die meisten wollten es –, stellten wir mit Bestürzung fest, wie schnell eine getroffene Wahl zu einem Zwang wurde. Da viele von uns ihren Beruf an erste Stelle gesetzt hatten, hielten nicht wenige in der Mitte ihres Lebens und ihrer Karriere inne, um zu konstatieren, daß wir keine Zeit gehabt hatten, zu heiraten oder Kinder zu bekommen, und daß wir unser eigenes Sicherheitsnetz geworden waren. Und die Frauen, die eine Familie gegründet hatten, mußten nicht nur sämtliche Aufgaben ihrer Mütter, sondern auch noch die ihrer Väter erfüllen. Das entsprach nicht ganz dem Bild, das wir im Kopf gehabt hatten.

Uns Frauen fällt es sehr schwer, diese Enttäuschungen zu thematisieren. Wir fürchten, man könnte uns für Heulsusen, politische Ketzerinnen, Verfechterinnen der Gegenreaktion oder einer Rückkehr zur Generation unserer Mütter halten. Als dieser Punkt aber in einem meiner Interviews zur Sprache kam, räumte eine Frau, nachdem sie sich zunächst dafür entschuldigt hatte, ein, sie habe im Grunde nie damit gerechnet, für alles in ihrem Leben voll verantwortlich zu sein, wenngleich sie es für möglich gehalten habe, das meiste davon zu schaffen. Und es zehrte an ihren Kräften. Selbst wenn ihr Einkommen nicht den Hauptverdienst darstellte oder für die soziale Absicherung sorgte – bei über der Hälfte der befragten Frauen traf das allerdings nicht zu (was dem Ergebnis anderer landesweiter Erhebungen entspricht[1]) –, betrachteten viele Frauen wegen des Hauses, in dem sie wohnten, des Autos, das sie fuhren, oder des Wunsches nach einer guten Erziehung ihrer Kinder ihren Beruf als entscheidenden Faktor für ein gutes Leben gemäß ihren Erwartungen. Keine dieser Frauen gab an, sich nach dem Leben ihrer Mutter zu sehnen; keine wollte zu den Tagen der Abhängigkeit zurückkehren. Alle sagten, ihre Arbeit habe ihre Persönlichkeit im Kern geformt und den Grundstein für ihre Selbstachtung gelegt. Auch wenn sie nicht aufhören wollten zu arbeiten, vermittelte der bloße Gedanke, arbeiten zu müssen, ihnen das Gefühl, in einer Falle zu sitzen.

Sara Ann Friedman, die Autorin von *Work Matters: Women Talk about Their Jobs and Their Lives*, beobachtete, wie ihre Tochter Diana versucht, ihre Erwartungen miteinander in Einklang zu bringen [2]: »Ja, meine Tochter und die Frauen ihrer Generation jonglieren und kämpfen. Ja, sie ist zornig und frustriert und sehnt sich nach mehr Zeit. Ja, sie gehört einer desillusionierten Generation an, der sowohl der Mythos der glorreichen, ganz und gar erfüllenden Mutterschaft als auch der Mythos der Supermutter, die alles hat, verwehrt wird. Ja, sie arbeitet, weil sie muß. Aber diese Notwendigkeit ist ebenso psychischer wie finanzieller Natur; ihre Arbeit ist ein integraler und fortdauernder Bestandteil ihres Lebens. Ihre Welt, deren Chancen, Wünsche und Möglichkeiten vor Jahren selbst für gebildete Frauen noch unvorstellbar waren, ist Lichtjahre von der meinen, als ich in ihrem Alter war, entfernt. Und für Diana und die Frauen ihrer Generation ist das Spiel der Selbsttäuschung ausgespielt. Sie wissen nämlich, im Gegensatz zu uns damals, daß ihre Entscheidungsmöglichkeiten eher Illusion als Realität sind. Sie wissen auch, daß ein Ausgleich zwischen Beruf und Familie zwar ihr eigenes Problem sein mag, daß aber die Schuld dafür, daß sie sich in einer fast unhaltbaren Situation befinden, nicht bei ihnen zu suchen ist; der Fehler liegt weder in ihrer Unzulänglichkeit oder ihrem Egoismus noch darin, daß sie für eine Frau unangemessene Wünsche und Ambitionen hätten. Obwohl sich alles verändert hat, hat sich nichts verändert.«

Das ist die Realität, der die Generation des Babybooms in der Mitte ihres Lebens gegenübersteht. Alles hat sich verändert, nichts hat sich verändert. Wir haben vielleicht so manchen Wandel in der Welt bewirkt, aber die Arbeitskultur haben wir nicht einmal angekratzt. Die Jugendkultur ist mittlerweile drei Jahrzehnte weiter als die Trauniemand-über-dreißig-Maxime, und wir erreichen die Mitte unseres Lebens und gleichzeitig die unserer Karriere. Die Spielregeln der Arbeitswelt fangen an, uns aufzureiben, und die Werte – die für die Art, wie unsere Eltern lebten, vielleicht noch sinnvoll waren – geben nicht mehr das wieder, was für uns heute wichtig ist. Während wir uns dem Punkt nähern, an dem die Wachstumskurve unserer Karriere zu einem begrenzten Horizont abflacht, stellen wir fest, daß auch unser Leben Kanten hat. Mit dem an unserer Erfahrung geschulten Blick erkennen wir, daß wir nicht auf Dauer alles haben werden, daß Gloria Steinem völlig recht hatte. Diesen Punkt erreichen wir nach einem Leben voll subtiler Kompromisse, die uns in ihrer Summe nicht dahin gebracht haben, wohin wir wollten. Wir sind erfolgreich geworden, ohne jedoch das Vergnügen zu verspüren, das wir als selbstverständliche Begleiterscheinung des Erfolgs betrachtet hatten. Mit der Klarheit, die aus der Erfahrung kommt, erkennen wir, daß wir einige gravierende Veränderungen in unserem Leben und den Systemen um uns herum vornehmen müssen, wenn wir Erfüllung finden wollen. Bevor es zu spät ist.

Wir sehen, daß unser Leben sich zwar erheblich von dem unserer Eltern unterscheidet, die Institutionen um uns herum sich jedoch nicht im gleichen Maße verändert haben wie wir. Wir haben ein paar Jahrzehnte gebraucht, um zu der Einsicht zu gelangen, daß etwas so Harmloses wie die Tatsache, daß Kiefernorthopäden und Banker die gleiche Arbeitszeit haben, ein Aufeinanderprallen von Erwartungen, Rollen und Werten signalisiert – denen, die uns als jungen Frauen eingepflanzt wurden, und denen, die wir nach und nach selbst entwickelt haben. Auf einer gewissen Ebene erwartet und wünscht sich die Gesellschaft von einer Bankerin immer noch, daß sie zu Hause ist und ihre Kinder zum Anpassen der Zahnspangen zum Kieferorthopäden begleitet. Und auf einer gewissen Ebene entspricht das auch ihren eigenen Erwartungen und Wünschen. Auf einer anderen Ebene erwartet die Gesellschaft von ihr, daß sie bei dem Marketing-Meeting um fünfzehn Uhr anwesend ist. Und sie selbst ebenso. Nimmt sie nun den Nachmittag frei und geht zum Kiefernorthopäden, kommt ihre Arbeit zu kurz. Kann sie nicht hingehen, kommen die Kinder zu kurz. Wahrscheinlich fühlt sie sich in jedem Fall schuldig, ganz gleich, wie sie sich entscheidet. Oder sie ist wütend, weil sie eine Möglichkeit verschenkt hat, für ihre Kinder dazusein, obwohl sie die erhoffte Beförderung ohnehin nicht bekommen wird. Und selbst wenn sie befördert würde, wäre das nur ein Anlaß, noch mehr zu arbeiten.

Die Realität dieser Konflikte wurde uns nicht gleich bei Antritt unserer ersten Stelle, sondern erst mit wachsender Erfahrung bewußt. Bis wir an diesem Punkt ankommen, haben die meisten von uns eine ganze Menge in ihr Leben investiert; wir haben ein zehn-, fünfzehn-, vielleicht zwanzigjähriges Berufsleben hinter uns. Für eine Veränderung sind wir zu stark belastet, zu ängstlich. Wenn unser Horizont sich zusammenzieht und unser Zahnfleisch im Verein mit dem Haaransatz langsam, aber sicher zurückzuweichen beginnt, ist auch der Gipfel unserer Karriere erreicht. Die Alternativen – oder der Mangel daran – werden uns schmerzlich bewußt. Bei dem Versuch, sich über ihre Möglichkeiten klar zu werden, verspüren manche Frauen die starke Neigung, in rosarotem Rückblick jene einfachere Lebensform wiederauferstehen zu lassen, bei der die Männer für die Arbeit und die Frauen für den zwischenmenschlichen Bereich zuständig waren. Nachdem sie aber das Recht zu arbeiten erlangt und bewiesen haben, daß sie erfolgreich sein können, und nachdem sie die intellektuelle Herausforderung, die freie Meinungsäußerung, die Spesenkonten und die Stärkung des Selbstgefühls genossen haben, würden die meisten Frauen nicht im Traum daran denken, ihre Arbeit aufzugeben. Schließlich beruht ja unsere ganze Identität auf dem, was wir tun. Doch jetzt, in der Mitte unserer beruflichen Laufbahn, verbringen wir viel Zeit damit, uns zu fragen, womit wir noch viel Zeit verbringen könnten. Und das veranlaßt uns dazu, das, was wir schätzen, und die Art, wie wir leben, genau unter die Lupe zu nehmen.

Wir stellen fest, daß unser Wertekatalog im Wandel begriffen ist. Wenn wir älter werden, brauchen wir die Identität unserer Visitenkarten oder die angenehmen Begleiterscheinungen des Erfolgs nicht mehr so dringend wie die dauerhaften (wenn auch nicht so repräsentativen) Werte Freundschaft, Familie, Gelassenheit und Freizeit. Ob sie nun durch äußere Umstände oder inneren Aufruhr dazu gebracht wurden, Frauen halten inne und wägen neu ab, was ihnen wichtig ist und was sie dafür tun können, bevor es zu spät ist. Die Geschichte jeder Frau ist eine Version dieses Sachverhalts, aber keine war deutlicher als die von Jane.

Wenn unser Wertekatalog sich ändert

Wer Jane kennt, zählt sie zu den vernünftigsten Menschen, denen er je begegnet ist. Sie gehört zu den Leuten, die man aufsucht, wenn man einen wirklich guten Tip für ein Restaurant oder einen Arzt haben will oder einen echten Rat braucht. Sie macht einem selten etwas vor, lacht und ißt gerne und liebt nette Gesellschaft. Ihren zwei Stiefkindern ist sie eine fabelhafte Stiefmutter, ihren alternden Eltern eine aufmerksame Tochter. Sie schafft Dinge spielend leicht, ohne sich abzuhetzen, und meistens zu ihren eigenen Bedingungen. Und mit fünfundvierzig Jahren kennt sie sich selbst sehr gut.

»Ich bin vielleicht einer der risikoscheuesten Menschen, die ich kenne«, gibt sie zu. »Und Sicherheit ist mir sehr wichtig. Sicherheit für die Zukunft, daß das Geld da ist, daß es uns gutgeht, auch wenn es eine neue Wirtschaftskrise gibt. Ich war nie mein eigener Promoter, das entspricht nicht meiner Natur.«

Jane liebt auch die Lektoratsarbeit, die zweiundzwanzig Jahre lang ihr Beruf war. »Es begann als Ferienjob – mit zweiundzwanzig ist alles ein Ferienjob!« Auf die Frage, wann aus diesem Ferienjob ein Beruf wurde, muß sie lachen. »Am Ende der Sommerferien wurde ein Beruf daraus. Ich wußte, daß ich nirgendwo anders hingehen würde. Das war das Beste, was ich je gemacht hatte. Ich hatte einen tollen Boß, einen richtigen Mentor im klassischen Sinn. Er hielt mir immer Dinge unter die Nase und fragte: ›Weißt du, was das ist? Weißt du, was das bedeutet?‹ Es machte viel mehr Spaß, als zur Schule zu gehen, das einzige, was ich bis dahin konnte. Es war anregend. Es gab eine richtige Gemeinschaft intelligenter Leute in meinem Alter, und wir zogen alle an einem Strang.«

Der Beruf gab Jane eine Aufgabe. Sie arbeitete ununterbrochen. Ihrem Vater, der sich darüber mehr Sorgen machte als über die Tatsache, daß sie noch keinen Ehemann hatte, mußte sie versichern, daß alle Leute, die sie kannte, ununterbrochen arbeiteten. Sie liebte es. Sie hatte weder einen Fernseher noch einen Videorecorder, und mit Männern verabredete sie sich nur, wenn sie für eine Heirat nicht in Frage kamen. Erst als sie mit vierunddreißig ihr eigenes Haus kaufte (»Natürlich hatte ich das Geld; ich arbeitete ohne Unterbrechung und gab nie Geld aus«), fing ihr Leben an, allmählich offener zu werden. Sie wurde Sporttaucherin und begann, ihr Haus einzurichten. So kam es, daß diese Zeit auch die glücklichste in ihrer ganzen Berufslaufbahn war. »Ich brachte nicht nur Bücher heraus, sondern schrieb Artikel, die überall im Land veröffentlicht wurden. Immer wieder bekam ich von dieser oder jener Zeitung Belegbögen mit meinen Artikeln, was mir jedesmal ein richtiges Prickeln verursachte. Außerdem drängte ich meinen Verlag, Kochbücher herauszugeben, und da wir mit den Umschlagentwürfen, die wir dafür bekamen, nicht zufrieden waren, übernahm ich auch die künstlerische Gestaltung der Photos. Es war eine wunderbare Zeit in meinem Leben. Ich hatte lauter verschiedene Dinge unter meiner Regie. Es war eine Phase der Kreativität und Erfüllung. Zudem war es eine Zeit, in der ich fast vollkommen mit dem identifiziert wurde, was ich zu meinem Lebensunterhalt tat.«

Janes Karriere war geprägt von einem geordneten, stetigen Aufstieg zu mehr Verantwortung, größeren Aufgaben und neuen Verlagshäusern. Es war in den späten achtziger Jahren, und die Branche unterlag einem raschen Wandel: In einer nicht enden wollenden Serie von Firmenübernahmen wurden unabhängige Verlage von immer größeren Medienkonzernen aufgekauft. »Diese Geschichte erzähle ich gern«, seufzt Jane. »Als ich zweiundzwanzig war, arbeitete ich für den Cheflektor, der seinerseits für den Verlagsleiter arbeitete. Zweiundzwanzig Jahre später war ich stellvertretende Leiterin und Cheflektorin einer Abteilung mit einem Jahresumsatz von neunundsiebzig Millionen Dollar. Ich arbeitete für einen Direktor und Verleger, der seinerseits einem Konzerndirektor unterstand, der wiederum für einen Generaldirektor des Konzerns arbeitete, der für einen stellvertretenden Vorstandsvorsitzenden der Gesellschaft arbeitete, der ... Sie wissen, was ich meine.«

Für Jane bedeutete dies das Ende der Gemeinschaft und damit das Ende der gemeinschaftlichen Intention. »Die Arbeit wurde immer zielloser«, sagte sie traurig. »Ich wollte nicht auf die nächste Ebene aufsteigen. Das, was ich tat, tat ich gerne und war glücklich dabei, aber ich wollte es einfach nicht auf eine immer sinnlosere Weise tun. Ich konnte mich nicht mit der nötigen Aufmerksamkeit der Herausgabe von dreihundert Titeln pro Jahr und der Akquisition von siebenhundert weiteren Büchern widmen. Ich nahm an drei Lektoratsbesprechungen pro Woche teil und schien nur noch in Besprechungen zu leben. Ich hatte wirklich das Gefühl, es keineswegs besser, sondern einfach oberflächlicher zu machen. Ich verzettelte mich eher.«

Jane bekam das Gefühl, daß sie die Dinge nur noch mechanisch tat und sich immer mehr abstrampelte, nur um ihren Arbeitsplatz zu behalten. Sie erlebte, wie Lektoren, die Jahr für Jahr phantastische Bestseller für ihren Verlag produzierten, kaum mehr ernteten als ein Schulterklopfen und die prompte Frage: »Und was kommt jetzt?« Sie beobachtete, wie ihre Firma innerhalb eines Jahres eine andere schluckte und selbst von einer dritten, größeren geschluckt wurde. In ihr keimte der Wunsch nach mehr Ruhezeiten auf. Sie und ihr Mann nahmen sich immer häufiger Urlaub von allem, weit draußen in der Natur. Langsam wurde ihr klar, daß ihr ganzer Lebensinhalt darin bestand, ihren Lebensstil aufrechtzuerhalten. Das erschien ihr völlig sinnlos. »Es hatte keine Substanz und war wie eine Katze, die sich in den Schwanz beißt. Es führte nirgendwohin und brachte uns nicht weiter. Nach einer Weile steigerte es auch den Intelligenzquotienten nicht mehr. Es machte uns nicht schlauer, aber mit Sicherheit verrückt. Die ganze Woche arbeiteten wir wie wahnsinnig, um dann in unser Wochenendhaus zu fahren, für das wir ein Vermögen bezahlten, und uns wie zwei Mehlsäcke einfach nur noch fallenzulassen. Wir waren so abgestumpft, daß wir nicht einmal miteinander reden konnten. Das Ganze geriet außer Kontrolle. Wir arbeiteten härter und genossen es weniger.«

Ein gewaltiger Teil von Janes zunehmender Enttäuschung hatte mit dem Wachstum des Unternehmens zu tun. Sie sah eine unmittelbare Wechselwirkung zwischen der Größe der Firmen, für die sie arbeitete, und ihrer schwindenden Zufriedenheit. »Der menschliche Faktor«, konstatiert sie in Anlehnung an Graham Greene. »Vergessen Sie den menschlichen Faktor nicht.« Was als muntere Gemeinschaft wunderbarer Menschen mit einem gemeinsamen Ziel begonnen hatte, war ein riesiger Dinosaurier geworden, mit einem winzigen Gehirn ganz oben an der Spitze, das dem linken Zeh befahl, was er zu tun hatte. »Sehen Sie sich die Programme an, für die ich zuständig war«, entrüstete sie sich. »Innerhalb von vier Jahren hatten wir eine Steigerung von dreiundvierzig Millionen auf neunundsiebzig Millionen Dollar. Hat das irgend jemanden vom Hocker gerissen? Einmal im Jahr bei einer Verkaufsbesprechung erhob sich dann jemand, um ein paar Worte zu sagen.« Als die Anerkennung und die Ausrichtung auf ein gemeinsames Ziel nachließen, begannen Janes Motivation und Freude an der Arbeit abzuflachen.

Sie fing an, sich unterschätzt und verkannt zu fühlen. Da die Zahl der Hierarchieebenen zunahm, fand sie sich mit immer mehr Verantwortung und immer weniger Autorität wieder. Ohne daß man sie auch nur zu Rate zog, wurde ihr jemand zugeteilt, den sie dann nach einem Jahr zeitraubender, aber letztlich fruchtloser Ausbildung wieder entlassen mußte. Sie trug die Verantwortung für die Entlassung des Angestellten, hatte aber nicht die Befugnis, zu entscheiden, ob er in ihre Abteilung gehörte. Sie stellte fest, daß sie die einfachsten Probleme nicht lösen konnte, ohne einen bestimmten Instanzenweg zu durchlaufen. Jede Beförderung oder personelle Umstrukturierung wurde zur Qual. Budgets standen unverrückbar fest, und sie erkannte, daß sie die Arbeitsbedingungen ihrer Mitarbeiter nicht mehr nachhaltig verbessern konnte. Sie wurde zynisch, und obwohl sie immer noch auf »das Team« schwor, begann sie, sich zurückzuziehen und zu resignieren.

Jane erlebte nicht etwa einen Augenblick der Erleuchtung. Ihre Entscheidung, eine größere Veränderung in ihrem Leben herbeizuführen, zog sich über mehrere Monate hin und hatte viel mit dem Tod von Menschen in ihrer Umgebung zu tun. In einem Herbst verlor sie eine Freundin durch Dickdarm-, eine andere durch Magenkrebs. Ihre Nachbarin starb an Aids, die Exfrau ihres Mannes erlag einem Eierstocktumor. Eine Vertreterin starb, ebenso wie eine befreundete Literaturagentin, an einer Gehirnblutung. Alle Frauen waren unter fünfunddreißig gewesen, und das erschreckte Jane. »In diesem Herbst war ich vom Tod umgeben und selbst an einer Lungenentzündung erkrankt. Ich spürte langsam, daß es in meinem Leben noch mehr geben mußte. Ich wünschte mir mehr Sinn, mehr Substanz. Überdies beschlich mich der Verdacht, daß ich trotz des Jobs, des Titels und des Geldes zum erstenmal weniger leistete als erwartet.«

Als wäre das nicht schon genug gewesen, mußte Jane mitansehen, wie ihr Mann nach fünfundzwanzig Jahren in seiner Firma erst ganz an den Rand und dann vollends hinausgedrängt wurde. »Er hatte dieses Unternehmen mit aufgebaut«, sagte sie, immer noch voller Groll. »Dann ein neues Management: aus und vorbei. Es war widerwärtig, und ich fragte mich völlig verstört, was mit diesem Mann passieren würde, der diesem Unternehmen so lange so viel von sich gegeben hatte. Es brach mir das Herz, so schrecklich war es. Und es machte mich krank.«

Sie und ihr Mann begannen darüber nachzudenken, ob sie einen eigenen Verlag oder ein Redaktionsbüro aufmachen oder kaufen sollten. »Irgend etwas, wo wir wieder einen neuen Anfang machen könnten. Wo unsere Arbeit Sinn und Ziel hätte und wir zum Ganzen beitragen könnten.« Der Keim war gelegt, und sie fingen an, sich vorzustellen, wie es wohl wäre, New York und ihr jetziges Leben hinter sich zu lassen. »Die ganze Angelegenheit nahm eine fast spielerische Qualität an«, sagte sie. »Wenn dies passiert, dann tun wir das. Oft saßen wir über einer Landkarte und fragten uns, wo wir leben wollten und wie wir das bewerkstelligen könnten.«

Nach einer sorgfältigen Finanzplanung kündigte Jane sechs Monate später ihre Stelle und machte sich gemeinsam mit ihrem Mann auf den Weg; hinter ihnen lagen zusammen zweiundfünfzig Jahre in großen Firmen. »Einerseits bedeutete es, etwas zu verlassen«, erklärte sie, »und andererseits, auf etwas zuzugehen. Was ich vorhabe, ist nichts grundsätzlich anderes. Aber ich wünsche mir ein reicheres Leben, eins mit stärker verwobenen Fäden. Das alte Gewebe ist mit der Zeit sehr dünn geworden und verblichen. Ich hatte gedacht, ich würde einen riesigen Wandteppich aus verschiedenen interessanten Leuten und interessanten Büchern weben. Was ich jedoch am Ende des Tages wirklich tat, war, die Maschine zu beschicken. Ich möchte wieder das Gefühl haben, an einem Wandteppich zu arbeiten. Nach und nach war ich so nah herangekommen, daß ich nur noch das Rot und nichts anderes mehr sehen konnte. Jetzt werde ich vielleicht etwas Neues lernen, etwas Neues ausprobieren.«

Als Jane ging, organisierte man ihr eine wunderbare Party. Für sie war es ein tolles Gefühl zu gehen. »Ich hatte ein großes Spiel«, sagte sie lächelnd, »und habe es mit Würde beendet.«

Viele meiner Interviewpartnerinnen haben mir Janes Geschichte in abgewandelter Form erzählt. Jane wußte genau, was in ihrem Leben vor sich ging, und sie sah zu, wie es sie über einen langen Zeitraum hinweg langsam zermürbte. Die Liebe zu ihrem Beruf war vielleicht gleich geblieben, aber ihr Arbeitsumfeld hatte sich so grundlegend verändert, daß Janes Selbstachtung darunter gelitten hätte, wäre sie in der Firma geblieben. Unternehmenskonzentration, mehr Verantwortung und weniger Kompetenzen, und das alles bei mehr Arbeit mit weniger Qualität in einer unmenschlich gewordenen Atmosphäre. Als für Jane andere Dinge wichtiger wurden, fiel es ihr zunehmend schwerer, sich mit der Interessenpolitik und den Zwängen der Arbeitswelt abzufinden.

Für Jane wäre es eine außerordentliche Erleichterung, zu wissen, daß ihre Gefühle sie zu einer Kandidatin für die Modellfrau ihrer Generation machten. Im Februar 1996 widmete die *New York Times* dem schwindenden Vertrauen amerikanischer Arbeitnehmer in ihre Firmen sechsmal in Folge einen Artikel auf der Titelseite. Eine 1993 von Roper Starch weltweit durchgeführte Umfrage ergab, daß sich bei zwei Dritteln der Akademikerinnen die Vorstellung von Erfolg verändert hatte, und wiederum zwei Drittel von ihnen räumten ein, daß das Geldverdienen für sie nicht mehr die gleiche Bedeutung hatte wie fünf Jahre zuvor.

Eine statistische Erhebung, die 1995 für Deloitte Touche, LLP, durchgeführt wurde, zeigte, daß nur zwei Prozent der Akademikerinnen und leitenden Angestellten mit ihrer Arbeit sehr zufrieden waren[3]. Lediglich sieben Prozent dieser Frauen gaben an, sie wegen des Geldes zu machen. Wenn die Umstände gute Arbeit erschweren, stellt sich bei Frauen wie Jane in zunehmendem Maße ein Gefühl der Entmutigung ein. Sogar ihre Leidenschaft für die Arbeit ebbt langsam ab. Ihre Leistungen sinken oft auf ein niedrigeres Niveau, was wiederum ihre Selbstachtung untergräbt. Kurzum, nichts entschädigt sie dafür, weder Geld noch Beförderungen. Die einzige Lösung heißt, anders und unter ganz anderen Bedingungen zu arbeiten. Das Problem besteht jedoch darin, daß diese anderen Bedingungen normalerweise nicht so gut bezahlt werden wie die Arbeit in Großunternehmen. Am Ende stehen die Frauen vor der Wahl zwischen ihrem Leben und ihrem *Leben*.

Im Schnitt haben diese Frauen noch zwanzig Jahre zu arbeiten. Viele von ihnen würden bei diesem Gedanken am liebsten aus dem Bürofenster springen – wenn sie es nur aufbekämen. Für sie ist das prickelnde Gefühl, mit dem sie ihrem Ziel nachjagten, oft in der alltäglichen Schufterei untergegangen. Die Karriereleiter ist schmaler geworden, die Aufstiegsmöglichkeiten werden weniger. Wir sehen, wie die, die es noch gibt, allzuoft weniger qualifizierten Männern zugute kommen. Langsam fragen wir uns, ob »es das wert ist«. Wir fangen an, neu zu bewerten, was uns wichtig ist, und versuchen herauszufinden, was wir in der zweiten Hälfte unseres Lebens vorhaben. All die Jahre über hatten wir, genau wie Jane, hohe Ansprüche an uns selbst und unsere Arbeit. Wenn aber das Betriebsklima gute Arbeit behindert oder unmöglich macht, sind Leere, Enttäuschung und Depression die Folge.

An diesem Punkt arrangieren sich viele Frauen nach dem Motto: »So ist das Leben.« Andere beschließen, ihre Beziehung und ihre Einstellung zu der Art und Weise, wie sie arbeiten, zu ändern. Manche, zu denen auch Jane gehört, beschließen sogar, die Arbeitsbedingungen selbst zu ändern. Alle müssen herausfinden, wer sie sind und wie ihre eigenen Definitionen von Erfolg (über die rein beruflichen Leistungen hinaus) aussehen, um den gefühlsmäßigen Vertrag, den sie mit ihrer Karriere geschlossen haben, neu auszuhandeln. Und unabhängig von der Entscheidung wird es Kompromisse geben.

Wenn uns aber langsam bewußt wird, daß wir nicht unsterblich sind, schraubt sich der Einsatz um eine Windung höher. Die Soziologin und preisgekrönte Autorin Barbara Ehrenreich schreibt: »Es gibt einen für diese Generation bezeichnenden Grund dafür, daß immer mehr Frauen dem herkömmlichen Bild des Erfolgs feindselig gegenüberstehen: Amerikas vielversprechende Pionierinnen in der Geschäftswelt gehen auf ihre Lebensmitte und ihre eigene Version der berühmten Midlife-Crisis zu.« Und weiter: »Sinnvolle Arbeit und ein ausgeglichenes Leben sind tief verwurzelte und natürliche Bedürfnisse des Menschen. Wie jedes Bedürfnis können sie über Jahre hinweg unterdrückt oder ignoriert werden, doch früher oder später werden sie zum Vorschein kommen.«[4]

Als Jane zu spüren begann, wie anfällig das Dasein ist, änderten sich ihre Prioritäten. Was für sie von Bedeutung war, änderte sich. Der Wert, den sie ihrer Zeit, ihrem Leben und ihren Beziehungen beimaß, änderte sich. Dabei blieb ihr äußeres Leben mehr oder weniger dasselbe. Jane, diese Meisterin der Stagnation, wie sie selbst zugab, stellte fest, daß sie sich mehr vor den Folgen der Untätigkeit als vor denen einer Veränderung fürchtete.

Janes Geschichte lenkte meinen Blick auf die entscheidenden Werte der Balance und der Ganzheit. Sie half mir, herauszuarbeiten, in welche Schieflage unser Leben geraten kann, wenn wir als Frauen nach den Maßstäben der Männer in einer männlichen Welt arbeiten. Die Arbeitswelt hat uns zwar hereingelassen, aber trotz all unseres Idealismus haben wir nichts daran geändert, wie sie funktioniert oder welche Gegenleistungen sie zu bieten hat. Die Welt der Arbeit ist nach wie vor ein Ort der Geschlechtertrennung, ein Ort für Männer, deren Vollzeitehefrauen zu Hause den Rest des Lebens managen. Ihre Struktur entspricht dem Bedürfnis der Männer, anhand dessen, was sie tun, und nicht, was sie als Menschen ausmacht, definiert und beurteilt zu werden. Die Möglichkeit, Seite an Seite mit Männern zu arbeiten, ist verbunden mit ihrem Wertsystem und einer bestimmten Art, uns selbst zu sehen und dabei zu beurteilen, ob wir richtig funktionieren oder nicht. Aus diesem Grund berichten viele Frauen, daß sie sich, wenn sie bestimmte Aufgaben erledigt haben, nach außen hin erfolgreich, innerlich dagegen leer fühlen.

Aber so weit sind wir nun schon gekommen, und wir haben keine Lust, wieder in die Welt unserer Mütter zurückzukehren. Arbeit ist lebenswichtig für uns. Wir brauchen und wollen die Unabhängigkeit und Erfüllung, die sie uns bietet. Die meisten von uns haben inhaltlich an ihrer Arbeit gar nichts auszusetzen. In ihrem Kontext und ihrer Form muß sie jedoch von Grund auf erneuert werden, wenn sie, ohne ein Ungleichgewicht zu erzeugen, in unser heutiges Leben passen soll. Wir sind nicht unsere Mütter. Die wohlhabende Nachkriegsgeneration, ein Schluckauf in der Geschichte, hat in der Arbeitswelt eine unrealistische Struktur geschaffen, die nur auf einen winzigen Teil der Weltbevölkerung zugeschnitten ist.

Wir haben eine Menge Zeit, in der Mitte unserer Reise Dinge zu verändern. Wir können unser Leben in die Hand nehmen. Die Mitte des Lebens und der Karriere sind keine exakt zu bestimmenden räumlichen Punkte, sondern Einstellungen und Gefühle. Mitten in unserer gegenwärtigen Tätigkeit können wir die Beziehung zu unserem Job neu gestalten und ganz von neuem bestimmen, wie wir arbeiten wollen. Der Prozeß, in dem wir uns selbst und unser Leben verändern, ist allerdings weder schmerzlos noch wohlgeordnet. Wir wandern zwischen Grenzenlosigkeit und Begrenzung, wobei wir uns mal groß und mal winzig klein fühlen. Es ist nicht einfach, von der Unsterblichkeit zu lassen.

So setzt denn unsere Generation von Frauen die Segel, um ohne Seekarte oder andere Anhaltspunkte in stürmischer See die Freiheit zu finden, zu arbeiten und, ohne daß uns daraus ein Nachteil erwächst, mit unseren Freunden und Familien zusammen zu sein. Unsere Schiffe sind jedoch aus altem Holz; an der Tatsache, daß wir sie mit den Werten und Einstellungen unserer Mädchenzeit gebaut haben, können wir nichts ändern. Als stille Lotsen versuchen diese Werte und Einstellungen nun, unbemerkt unser Schiff zu steuern und unsere jeweilige Position zu beurteilen. Um klar zu sehen, müssen wir verstehen, welche verschlüsselten Anweisungen sie für uns bereithalten.

Kapitel 2

Wenn Arbeit zur Identität wird

Zu dem Zeitpunkt, als ich meine Zahnspange loswurde, war die Botschaft schon tief in meinen grauen Zellen verwurzelt: Das gute Leben gab es entweder, wenn ich selbst erfolgreich Karriere machte oder – die zweitbeste Möglichkeit – wenn ich einen Mann heiratete, der es tat. Als ich zu arbeiten begann, sprach niemand von den Fertigkeiten einer potentiellen Ehefrau, obwohl sie gleichsam als Rückversicherung für alle Fälle das Ende meiner Jugend überschattet hatten. Diese vielfältigen Signale erzeugten in mir so manches schiefe Bild. Meine Tante und meine Großmutter zeigten meiner Cousine Ginger und mir, wie man Kreuzstich stickte und mit Nadel und Faden Spitze fertigte. Mein Onkel konzentrierte sich darauf, uns das Skifahren und Angeln beizubringen. Mein Vater half mir, einen Golfschläger und ein Tennisracket zu schwingen. Mir wurde klar, wie wichtig es war, eine verständnisvolle Zuhörerin zu sein, sich hübsch zu kleiden und erlesen zu kochen. Genau solche Frauen zogen die Aufmerksamkeit meines Vaters auf sich, und er war, wie ich erfuhr, etwas sehr Wertvolles, nämlich ein erfolgreicher Mann.

Es wurde offensichtlich, daß mein Aussehen eine Menge mit meiner Zukunft (oder ihrem Ausbleiben) in den Hallen des Erfolgs zu tun hatte. Die zusätzlichen zwanzig Pfund, die ich nach meinem zweiten Studienjahr – in dem ich mich durch akademische und soziale Ängste hindurchgefressen hatte – mit nach Hause brachte, erzeugten bei meinem Vater so etwas wie einen Panikanfall. Denn noch so viele Einser nützten nicht viel, wenn sie in Rettungsringe eingepackt daherkamen. Obwohl man mir erzählte, ich könne werden und tun, was ich wolle, schwang in diesen ermutigenden Worten die Überzeugung mit, daß die Gesellschaft mich ungeachtet beruflicher Erfolge danach beurteilen würde, wie weit ich in der Lage wäre, einen Mann für mich einzunehmen, und wie ich mich als Ehefrau und Mutter bewähren würde.

Obgleich wir uns Gedanken über unser Gewicht, unsere Kleidung und unsere Modetänze machten, konzentrierten sich die Mädchen des Abschlußjahrgangs 1974 doch zum größten Teil darauf, Leistungsnachweise zu sammeln und beim Eignungstest für Studenten gute Ergebnisse zu erzielen. Wir fanden schnell heraus, daß jegliche Hoffnung auf bessere Chancen am ehesten auf dem fruchtbaren Boden persönlicher Leistungsfähigkeit gedieh. Wir waren dazu erzogen worden, uns selbst nach unseren Leistungen zu beurteilen. Ob wir unser Potential ausgeschöpft hatten, so erfuhren wir, sei einfach und objektiv meßbar, und zwar erstens an den Noten, die wir heimbrachten, dann am akademischen Grad, der uns verliehen wurde, an der Attraktivität und den finanziellen Aussichten der Männer, die uns zum Thanksgiving-Dinner begleiteten, und schließlich an dem Titel auf unserer Visitenkarte und dem Prestige und den finanziellen Gegenleistungen für die Arbeit, die wir taten.

Wir wußten, wie der Erfolg aussah – wir mußten heiraten wie unsere Mütter und Karriere machen wie unsere

Väter. Als wir das Studium abschlossen, waren meine Freundinnen und ich ganz sicher, daß unser Glück, unser Erfolg und unsere ganze Identität von unseren eigenen Bemühungen in unserem Leben und nicht von denen unserer Ehemänner abhingen. Wir wußten auch, daß ohne Privilegien oder eine gute Bezahlung Arbeit nichts als Arbeit war. Wir wollten mehr als das. Wir wollten sinnvolle und wichtige Arbeit – Arbeit, die einen Beitrag darstellte. Und wir wollten erfolgreich sein, genau wie unsere Väter. *Das* war unsere Definition von Arbeit, die funktionierte.

Weder mir noch irgendeiner Frau, die ich kannte, kam es in den Sinn, das innige Verwobensein unserer Kultur mit dieser recht engen und extrem materialistischen Vorstellung von einem klassischen, erfolgreichen Leben zu hinterfragen. Natürlich hatten auch wir die typischen Ideale der sechziger Jahre gehabt, aber als ich die Abschlußprüfung am College machte, arbeitete sogar Jerry Rubin an der Wall Street. Geld zu haben, nahm ich an, würde mir den Weg zu einem glücklichen Leben ebnen und eine Welt der Unabhängigkeit und Freiheit zu Füßen legen. Ein »guter Job« war gleichbedeutend mit Reisen, dem Posten einer stellvertretenden Direktorin und genug Geld, um nie von einem Ehemann abhängig sein zu müssen, selbst wenn er es sich leisten könnte, für mich zu sorgen. Ein Kennzeichen des Erfolgs wäre ein Eckbüro zweiunddreißig Stockwerke über der Sixth Avenue und Fiftieth Street in Manhattan mit einer rostroten Veloursledercouch und dazu passendem Sessel. So wie mein Vater, umgeben von seinen Zeugnissen, nach einem harten Tag mit einem Glas Whisky an seinem Schreibtisch saß, wurde mir klar, daß Erfolg die schönste Frucht vom Baum der Möglichkeiten war. Er verlieh ihm eine besondere Identität und Stellung. Für mich strahlte der Erfolg meines Vaters so hell, daß ich im Widerschein seines Lichtes lebte. Ich konnte den Eltern meiner Freundinnen erzählen, was mein Vater machte, und in ihren Augen Anerkennung nicht nur für ihn, sondern auch für mich entdecken. Es war offensichtlich, daß sein Erfolg ihn bestimmte und mir ein sorgenfreies Leben ermöglichte. Im Gegenzug gab er alles für seine Karriere.

Mein Vater erläuterte mir die Werte des Erfolgs. Erfolgreich zu sein garantierte Stabilität, gesellschaftliche Akzeptabilität, Sicherheit. Erfolg war eine seltsame Mischung aus Macht, Pflichterfüllung und Selbstaufopferung. Ich sah meinen Vater durchhalten, selbst wenn ihm seine Arbeit und seine Verantwortung über den Kopf wuchsen. Statt aber die Situation dafür verantwortlich zu machen, lernte ich, den Charakter eines Mannes zu bewundern, der am Ball blieb und manchmal unter Streß triumphierte. Mir wurde klar, daß die Nächte fern von zu Hause und lange Abende im Büro der Einsatz für Identität und Sicherheit waren. Ein Preis, den mein Vater offenbar bereitwillig zahlte, den er für selbstverständlich nahm. Für meinen Vater war seine Arbeit eine Form der Liebe – um mir ein besseres Leben zu ermöglichen, als er es gehabt hatte, um mir alles geben zu können, was ich wollte oder brauchte. Ich wußte den Handel zu schätzen: Die physische Präsenz meines Vaters wurde mir aus dem edelsten aller Gründe vorenthalten, nämlich um mein Glück und Wohlbefinden zu sichern. Ich war der Meinung, sein Erfolg und die Qualität meines Lebens seien eng miteinander verknüpft. Ich sah, daß Arbeit wichtig sein durfte. Genauso wichtig wie ich.

Weit davon entfernt, dieses Vorbild in Frage zu stellen, wollte ich es, wie viele andere junge Frauen, erfolgreich nachahmen, um so seine Exklusivität zu durchbrechen, die mit ihm verbundenen Privilegien zu genießen und seine Früchte selbst zu ernten. Zu Beginn unserer beruflichen

Laufbahn, als wir nur für uns selbst verantwortlich waren, stürzten wir uns mit der gleichen Leidenschaft in unsere Arbeit wie in unsere Liebesabenteuer. Es war aufregend, jeden Tag ins Büro zu gehen. Wir wurden von Leuten ausgebildet, die wir zufriedenstellen wollten. Wir wurden mit neuen Aufgaben, zunehmender Verantwortung und Selbständigkeit belohnt. Wir begannen, Einfluß auszuüben, und fühlten uns als Teil von etwas, das größer war als wir selbst. Solange wir voller Faszination diese Phase des Schwärmens durchlebten, bestand kein Grund, irgend etwas in Frage zu stellen. Die Arbeit war ja gerade unser Versuchsgelände für das Erwachsenwerden. Und solange wir an uns und unsere Fortschritte die herkömmlichen Erfolgsmaßstäbe – Gehaltserhöhungen, Beförderungen, höhere Ebenen der Verantwortung – anlegten, bestand kein Grund, uns von dem zu distanzieren, was wir taten. Eine Schattenseite schien es nicht zu geben; wir hatten nur das Bild des Erfolgs vor Augen. »Der größte Fehler, den die Frauenbewegung gemacht hat«, sagte Jane, »bestand darin, das männliche Erfolgssystem nicht in Frage zu stellen. Wir gingen zur Arbeit und jagten Zielen nach, ohne uns über die Werte Gedanken zu machen. Sogar diese lächerlichen kleinen Kostüme haben wir getragen.« Wir ignorierten die Tatsache, daß es immer schwieriger sein würde, diesen Erfolg aufrechtzuerhalten, wenn wir unserem Leben außerhalb der Arbeit mehr Platz einräumten. Wir waren jung, unsterblich und in unsere Berufe verliebt; deshalb fiel uns gar nicht auf, daß das Arbeitsleben und die Anforderungen einer erfolgreichen Karriere sich nicht geändert hatten, sondern lediglich »koedukativ« geworden waren.

Gleichzeitig mit dem massiven Eintritt der Babyboom-Generation ins Berufsleben trat die Frauenbewegung selbst in ein neues Stadium. »Die Beziehung von Frauen zur Arbeit nahm in den frühen siebziger Jahren eine besondere Wendung«, erklärt Idelisse Malavé, die frühere Vizepräsidentin der Ms. Foundation und heutige Vorsitzende der Tides Foundation. »Die Hauptströmung innerhalb des Feminismus wurde zu einem Feminismus der Gleichberechtigung. ›Wir sind alle gleich‹, hieß es, ›und das bedeutet, wenn du X hast, kann ich auch X haben.‹ Was durchaus richtig war. Schief wurde es allerdings an der Stelle, wo es hieß, alles, was die herrschende Klasse habe, sei erstrebenswert; das ist nämlich das Kennzeichen der Unterdrückung. Es war ungefähr so, als hätten wir uns bis zu einem gewissen Grad alle in die Unterdrückung eingekauft. An dem Argument, daß berufstätigen Frauen die gleichen Möglichkeiten offenstehen sollten wie berufstätigen Männern, ist nichts auszusetzen. Wir brachten es nur ziemlich unüberlegt vor, nämlich ohne zu fragen: ›Ist das wirklich das, was ich will? Ist das wirklich erstrebenswert?‹ Als würde man bei reichen Leuten davon ausgehen, daß alles, was sie haben, großartig ist. Sicher, vieles von dem, was sie haben, ist großartig. Vieles aber auch nicht.«

So gingen wir also zur Arbeit und strebten nach Erfolg. Und vieles davon war großartig. Vieles aber auch nicht.

Leistung

Niemand weiß das besser als Ellie Daniels. Ellies Job als stellvertretende Direktorin eines großen Börsenmaklerbüros hat sie in der ganzen Welt herumgeführt. Er hat ihr ein eigenes Haus eingebracht und ihre Altersversorgung sichergestellt, ihre Winterurlaube und Sommerhäuser finanziert und ihr ermöglicht, ein paar Wohltätigkeitsorganisationen, die ihr viel bedeuten, zu unterstützen. Wenn sie danach gefragt wird, was Erfolg ihr bedeutet, lacht sie. »Ich habe ihn gekauft. Die ganze Geschichte mit der Karriere habe ich gekauft. Ich fühlte mich von meinem Vater klein gemacht, der so nette Dinge zu sagen pflegte wie: ›Falls uns je das Geld ausgeht, werden nur die Jungen aufs College gehen. Für euch Mädchen ist das nicht so wichtig, ihr könnt ja jederzeit heiraten.‹ Ich denke, in meiner Karriere ging es bis zu einem gewissen Grad darum, meinem Vater zu beweisen, daß er unrecht und ich recht hatte. Deshalb versuchte ich mich im größten, miesesten Gewerbe in der größten, miesesten Stadt und trug den Sieg davon. Darauf bin ich zwar ziemlich stolz, weiß aber auch, daß ich um des Erfolges willen auf dem Zahnfleisch gekrochen bin. Und das ist die Wahrheit.«

Ellie hat, genau wie viele der Frauen, die ich interviewt habe, ihre Erwartungen in bezug auf Erfüllung, Anerkennung und Selbstverständnis weitgehend auf ihren Beruf konzentriert. Wie so viele Frauen, die in den späten siebziger und frühen achtziger Jahren ins Arbeitsleben eintraten, hatte sie nur männliche Mentoren und Rollenbilder. Deren Erfolgsmodell gefiel Ellie, und sie wollte es auch für sich haben.

Nicht daß Ellie vorgehabt hätte, Effektenhändlerin an der Wall Street zu werden. Im Mittelwesten aufgewachsen, hatte sie nicht einmal gewußt, was das war. Statt dessen begab sie sich in eine der beiden Domänen, die, so hatte man ihr gesagt, für Frauen geeignet waren: Krankenpflege und Schuldienst. Da sie den Anblick von Blut haßte und gerne mit Achtjährigen zelten ging, wurde Ellie Grundschullehrerin. »Ich war eine Zufallskarrieristin«, gibt sie zu. »Wenn ich es nicht gründlich satt gehabt hätte, unaufhörlich Bilder von Baseballspielern zu malen, würde ich, wahrscheinlich dick und glücklich, immer noch in Montana leben.«

Doch Ellie wurde von Überdruß ebenso geplagt wie von der Sorge um ihre Zukunft – eine schlechte Kombination, die natürlich nach einer ernsthaften Veränderung verlangte. »Ich konnte mir nicht vorstellen, mich noch weitere fünf Jahre mit Baseballhandschuhen zu beschäftigen«, erinnert sie sich. »Und mir wurde klar, daß kein weißer Ritter vorbeikommen würde. Ich wollte mehr Geld und Sicherheit haben und dachte, ich bräuchte nur hinzugehen und sie mir zu holen. Ich nehme an, wenn ich fünf Jahre älter gewesen wäre, hätte ich Jura studiert, weil das damals offenbar alle taten. Doch ich sah alle um mich herum Betriebswirtschaft studieren, also tat ich das auch.«

Ellies Timing hätte nicht besser sein können. Als sie Anfang der achtziger Jahre ihr Examen in Finanzwissenschaft ablegte, stellte sie sich vor, in irgendein öffentliches Dienstleistungsunternehmen einzutreten. »Aber dann tauchten diese wirklich tollen Kerle mit ihren Hosenträgern, blauen Hemden mit weißem Kragen und wunderschönen Krawatten bei uns auf. Sie kamen aus New York und waren Börsenmakler. Ich hatte keine Ahnung, was ein Börsenmakler tat, aber es klang gut. Sie versuchten, Frauen anzuwerben, darunter auch mich, und ich genügte ihren Ansprüchen.« Ellie machte sich auf den Weg nach Chicago, wo etwas begann, was fünfzehn Jahre dauern sollte.

»Es war einfach perfekt für mich!« begeisterte sie sich. »Ich war leistungsorientiert und perfektionistisch, ein Workaholic, und hatte eine sehr geringe Selbstachtung. Und plötzlich ›gehörte ich zum Rudel‹. Ich brachte mich fast um und bekam sagenhafte Beurteilungen. Man zahlte mir eine Menge Geld, und ich genoß es. Es war, als würde ich durch dieses Firmenmilieu erst richtig anerkannt. Das Geld war mir allerdings weniger wichtig als die Beurteilungen. Entscheidend war die Bestätigung, das kribbelnde Gefühl, auf demselben Feld zu spielen wie die großen Jungs.« Ellies Erfolg vermittelte ihr Vertrauen und den Eindruck, ihr Leben selbst in der Hand zu haben. Im übrigen schien es, als wären dem, was sie sich erhoffen konnte, keine Grenzen gesetzt.

Die ungeschriebenen Regeln des Erfolgs

Als wir uns zu Beginn unserer beruflichen Laufbahn den Erfolg wünschten, den Ellie sich auch wünschte (und tatsächlich erreichte), sahen wir keine Grenzen, sondern nur Möglichkeiten, Leistung und Enthusiasmus. Wir wollten Neues lernen, Freunde gewinnen und im Beruf tüchtig sein. Wir wollten etwas erreichen in unserem Leben. Auf dem Weg zum beruflichen Erfolg erfuhren wir aber auch noch etwas anderes. Wir sahen nicht, daß wir, wenn wir ebenso erfolgreich sein wollten wie unsere Mentoren, allmählich gewisse Verhaltensmuster, die einen großen Teil des Geschäftslebens bestimmen, übernehmen mußten. Genau wie Ellie mußten wir uns dieses komplizierte verborgene Regelwerk aneignen, wenn wir interessante Aufgaben, gute Gehälter oder einfach nur einen sicheren Job haben wollten.

Dieses Regelwerk ist ein Spiegelbild der männlichen Kultur, die es geschaffen hat, und es ist sehr schwer, wirklich erfolgreich zu sein, ohne sich daran zu halten. Während unseres Aufstiegs in den Unternehmen war uns vielleicht nicht bewußt, daß im Arbeitsleben ein kultureller Unterschied besteht; nachdem wir aber eine Weile gearbeitet hatten, merkten wir, daß wir mit manchen dieser Regeln nicht einverstanden waren. Uns wurde langsam klar, daß, hätten wir selbst unsere Abteilungen geleitet, unsere Definition von geschäftlichem Erfolg vermutlich ein paar andere Kriterien enthalten hätte. Nach Meinung von Frauen, die eine gewisse Stufe auf der Karriereleiter erreicht haben, würde das Arbeitsleben ganz anders aussehen, wenn sie *wirklich* zuständig wären und die Dinge *wirklich* in der Hand hätten. Sie würden Zusammenarbeit und nicht Konkurrenz zwischen Kollegen belohnen. Sie würden Informationen weitergeben, und ihre Definition von Erfolg hätte mehr mit der Qualität dessen zu tun, was produziert wird, als mit dem System, in dem es produziert wird. Herkömmlicher Geschäftserfolg, gemessen in Macht und Hierarchie, müßte Job-sharing und Teamwork weichen. So formuliert es Anna Quindlen: »Wenn Frauen verantwortlich wären, würden wir die Art, wie die Dinge laufen, feminisieren. Nicht bloß, weil wir recht haben, sondern weil es die Verhältnisse für alle verbessern würde.«

Diese Art zu arbeiten wird uns jedoch nicht honoriert. Und wenn wir wollen, daß unsere Karriere weiterhin gedeiht, stellen wir allmählich fest, daß unser Handeln und Fühlen nicht immer eins sind. Wir machen schnell die Erfahrung, daß wir uns, wenn wir im Wettbewerb um die guten Jobs auch nur die geringste Chance haben sollen, nach den an unserer Arbeitsstelle herrschenden Gepflogenheiten richten, auch wenn sie uns gegen den Strich gehen. Wir stellen fest, daß es nicht unbedingt von Vorteil ist, zu sagen, was wir denken, oder zu tun, was wir für richtig halten. Wenn eine Frau Erfolg haben will, hat sie bis zu ihrer ersten Leistungsbeurteilung zwei Dinge gelernt: 1. Ihre oberste Pflicht ist das richtige Verhalten – richtig im Sinne der vorherrschenden Kultur –, und 2. Wenn sie vorwärtskommen will, ist es wichtiger, richtig zu handeln, als recht zu haben.

Einer der größten Irrtümer, denen ich zu Beginn meiner beruflichen Laufbahn aufsaß, lag in der Annahme, ich würde aufgrund meiner Persönlichkeit und der Qualität meiner Arbeit beurteilt und befördert. Da ich eine gute Schülerin gewesen war, nahm ich an, die gleichen Maßstäbe würden auch für die Arbeit gelten. Bald stellte sich jedoch heraus, daß das nicht der Fall sein würde, so unverständlich es auch war. Ich erinnere mich an die Geschichte einer jungen Lektorin namens Martha. Sie war ein paar Jahre älter als ich. Ihre Fähigkeit, selbst den langweiligsten Quellentext noch in etwas Stil- und Glanzvolles zu verwandeln, verblüffte mich. Sie arbeitete tagtäglich von acht Uhr morgens bis weit nach zwanzig Uhr. Nie kam ein Wort der Klage (außer zu einigen von uns Mitsklaven), und die Lorbeeren für ein großartiges Manuskript ließ sie stets ihren Autoren zukommen (wenn ihr Cheflektor sie nicht einheimste). Im Laufe der Jahre erklomm sie langsam die einzelnen Hierarchiestufen, wechselte nie aus finanziellen Gründen das Unternehmen (da ihre Chefs das Verdienst für ihre Arbeit größtenteils selbst in Anspruch nahmen, blieb sie im Grunde auch unsichtbar für jeden anderen potentiellen Arbeitgeber) und lebte immer in derselben Atelierwohnung; die Mieterhöhungen bestritt sie von der immer gleichen dürftigen Gehaltserhöhung, die sie jedes Jahr bekam. Sie war der Stoff, aus dem Rentabilität besteht, der Leim, der die regelmäßigen Neuerscheinungslisten zusammenhielt, die ein Höchstmaß an Verantwortung tragende und völlig ungefährliche Macht hinter dem Thron. Ihre Identität bezog sie aus der Tatsache, daß sie gebraucht wurde und ihre Arbeit so perfekt wie möglich erledigte. Sie sah zu, wie andere, weniger begabte junge Lektoren an ihr vorbeizogen, um größere Büros, bessere Positionen und doppelt so hohe Gehälter zu bekommen. Zunächst wunderte sie sich nur: »Was tun die, was ich nicht tue?« Dann wertete sie: »Einen Haufen Geld ausgeben, um einen abgehalfterten Filmstar unter Vertrag zu nehmen, kann jeder. Meine Autoren schreiben richtige Bücher.« Zum Schluß war sie empört. Nachdem ihre Abteilung zweimal verkauft und einmal umorganisiert worden war, sollte sie nun mit einer größeren zusammengelegt werden, und Martha verlor ihre Stelle. »Die können sich nicht vorstellen, was ohne mich passieren wird; die haben ja keine Ahnung, was hier los ist. Viel Glück!« machte sie ihrem Zorn Luft. Einer der neuen Manager sagte mir, es tue ihm leid, sie zu verlieren, weil »sie das Gedächtnis der ganzen Firma war«. Es würde Martha tief verletzen, wenn sie wüßte, daß es letztlich nur ihre Ausdauer war, die sie auszeichnete, und nicht ihre Begabung.

Eine zähe Arbeiterin zu sein garantiert noch keinen Erfolg. Wenn man sich nicht gut verkauft oder auf andere Weise bemerkbar macht, sind Loyalität, Hingabe, Brillanz und harte Arbeit einer steilen Karriere oft hinderlich. Ich habe versucht, mich zurückzulehnen und zu hoffen, jemand möge meine gute Arbeit anerkennen. In unserer Erfolgsgesellschaft gilt das als Passivität – selten als Vorzug. Oder es wird als Mangel an Temperament, Biß oder Ambition mißverstanden.

Das einzige, was dagegen wirklich funktioniert, ist herkömmlicher Ehrgeiz (obwohl eine Frau nicht zuviel Stärke oder Selbstsicherheit ausstrahlen sollte – eigentlich soll sie ja immer noch »Dame« bleiben und möchte sich nicht dem Vorwurf aussetzen, hart und eigennützig zu erscheinen). Jede Frau, die ins Geschäftsleben eintritt, stellt bald fest, daß ihre Leistung hier, im Gegensatz zu ihren Erfahrungen an der Universität, nur einen einzigen Baustein im Fundament ihrer Zukunft darstellt. Statt dessen wird ihr Schicksal durch eine Sammlung von Regeln bestimmt – ein darwinistisches Raster, durch das Leute ohne Sinn für Interessenpolitik, Konkurrenzkampf und einseitige Ambitioniertheit hindurchfallen. Die Regeln dieses Systems sind aufgestellt worden, um Männern die Möglichkeit zu geben, die Führer von ihrer Gefolgschaft zu unterscheiden und festzulegen, wer das Rudel als Leitwolf anführt. Auf breiterer, weniger persönlicher Ebene sind diese Regeln für die Unternehmens- oder Organisationskultur verantwortlich. Obwohl jeder Industriezweig, jede Firma oder Institution ihnen ihren eigenen Stempel aufdrückt, wird in der Geschäftswelt jeder Arbeitsplatz von irgendeiner Version dieser Regeln bestimmt.

Sie finden sich in keinem Arbeitnehmerhandbuch. Will man jedoch Erfolg haben, muß man sie peinlich genau befolgen. Regel 1: Die Arbeit kommt zuerst, vor allen persönlichen oder familiären Belangen. Regel 1a: Sind Sie ein Mann und Vater, können Sie Regel 1 brechen und ein toller Hecht sein; sind Sie eine Frau und brechen Regel 1, spielen Sie mit Ihrer Zukunft. Allerdings funktioniert diese Regel am besten mit einem gelegentlichen kleinen Seufzer; schließlich wollen doch alle guten Frauen eigentlich zu Hause bei ihren Kindern sein. Regel 2: Lange Arbeitstage sind ein Muß. Wenn Ihr Chef/Ihre Chefin Sie braucht und Sie nicht da sind, wird er/sie schnell lernen, jemand anderen zu brauchen, der da ist. Eine Regel 2a gibt es nicht; Anwesenheit ist ein Erfordernis der Gleichberechtigung. Regel 3: Nehmen Sie das Verdienst für alles, was funktioniert, in Anspruch (auch wenn Ihr Beitrag dazu noch so klein ist) und meiden Sie alles, was nicht funktioniert. Regel 3a: Sind Sie ein Mann und brechen Regel 3, indem Sie einer Frau Anerkennung zollen, bekommen Sie für ihre Fairneß und Großzügigkeit augenblicklich noch mehr Anerkennung. Sind Sie eine Frau und finden ein Verhalten gemäß Regel 3a widerwärtig, führt die daraus resultierende Nichtbefolgung von Regel 3 zum Verbleib im mittleren Management sowie der Möglichkeit, daß Ihrem Namen schließlich die Worte *gute alte* vorangestellt werden. Andererseits verschafft Ihnen eine zu rigorose Befolgung dieser Regel das schwer wieder loszuwerdende Attribut »aggressiv« – und das ist kein Kompliment. Regel 4: In Ihrem Leben gibt es nur eine Karriere und einen Weg. Wenn Sie ihn verlassen, verläßt Sie das Glück. Regel 4a: Wenn Sie ein Mann sind und Regel 4 brechen, sind Sie vermutlich wegrationalisiert worden; Pech, aber es wird Ihnen nicht schaden. Falls Sie Regel 4 gebrochen haben, weil Sie eine Frau sind, die sich für einige Zeit ihren Kindern gewidmet hat, sind Sie ein famoser Mensch, kommen aber kaum für eine spätere Anstellung oder gar Beförderung in Betracht. Regel 5: Sie betrifft die Hierarchie. Ihre Aufgabe ist es, dafür zu sorgen, daß Ihr Vorgesetzter gut dasteht, und die Ihres Vorgesetzten, seinen Vorgesetzten gut dastehen zu lassen. Regel 6: Das Ziel besteht darin, so nah wie möglich an die Spitze zu gelangen. Für das, was Sie erreichen oder anstreben sollen, gibt es keine Grenze.

Eine letzte Regel gilt nur für Frauen: Arbeiten Sie mit den Männern, scherzen Sie mit ihnen. Aber werden Sie unter keinen Umständen selbst einer.

»Ich mußte erst meinen Mann bitten, mir die Regeln zu übersetzen«, sagte Terry, eine junge Rechtsanwältin, der die uninteressanten Fälle zur Bearbeitung übertragen wurden. »Ich verstand wirklich nicht, was ich falsch machte. Aber jetzt finde ich mich einfach damit ab, daß ich, wenn ich mich ruhig verhalte, die Arbeit bekomme, die mir Spaß macht. Ich liebe meinen Beruf und akzeptiere einfach, daß das Drumherum völlig verlogen ist.«

Ich frage Terry, ob dieser Ansatz ihrer Meinung nach mit persönlichen Kompromissen verbunden war. »Wieso Kompromisse?« fragt sie verunsichert. »Ich bekomme die Arbeit, die ich mag, und seit ich meinen Sohn habe, lassen sie mich sogar nur vier Tage in der Woche arbeiten. Es ist hektisch, aber ich wollte es nicht missen. Nein«, erklärt sie nach einer Pause, »ich glaube nicht, daß ich einen zu hohen Preis bezahlt habe.«

Da mischt sich Ruth ein, eine andere Anwältin, die mit Terry zusammenarbeitet. »Keinen zu hohen Preis, außer daß du von dem Moment an, als du auf die Viertagewoche umgestiegen bist, als mögliche Partnerin oder für irgendeine größere Aufgabe nicht mehr in Frage kamst. Finde dich damit ab, Terry«, konstatiert Ruth, »du bist jetzt auf der Mamaschiene.«

Ich verstehe sehr gut, wie Terry einen Nachteil für ein Privileg halten konnte. Vernarrt in meine Arbeit, gab ich mir die größte Mühe, nicht zu sehen, daß die schlichte Tatsache, eine Frau zu sein, unter Umständen Konsequenzen für meine Karriere hatte; dabei ging es nicht um Qualifikationen oder Fähigkeiten, sondern einfach darum, daß ich, wenn ich an den wahren Früchten des Erfolgs teilhaben wollte, entweder wie ein Mann arbeiten oder eine Karriere mit eingeschränkten Optionen und Möglichkeiten in Kauf nehmen mußte.

Die Nichtbefolgung dieser Regeln bedeutete nicht nur eine lebenslange Abschiebung in eine Welt, in der Gehaltserhöhungen in einstelligen Prozentzahlen gemessen werden. Zeigte man nicht den Drang, sich nach ihnen zu richten, wurde einem das als Unfähigkeit ausgelegt, »es zu schaffen« – als Zeichen, daß man »es« sich nicht heftig genug wünschte. Im übrigen stimmte offensichtlich etwas nicht, wenn man keinen übermäßigen Ehrgeiz an den Tag legte. Wer nicht mehr versuchte vorwärtszukommen, wurde übergangen. Nur ein einziges Mal bewogen diese Regeln, die kein Genug kannten und den Stellenwert der Zufriedenheit ignorierten, die Menschen dazu, das Erreichte zu akzeptieren, nämlich als völlig klar wurde, daß sie in Zukunft keine weiteren Berge mehr zu erklimmen hatten.

Ein doppelter Erfolgsmaßstab

Diese Regeln, die es zu beachten gilt, wenn man dazugehören und erfolgreich sein will, sind keine bloßen Erfolgsrichtlinien, sondern das Gerippe einer Wertordnung – die das Leben unserer Väter bestimmt hat. Wenn wir das herkömmliche Bild des Erfolgs übernehmen, sind wir gezwungen, nach seinen Wertvorgaben zu leben. Das heißt, daß wir uns selbst nach unserem Verhalten, unserem Äußeren und unseren Leistungen beurteilen müssen. Wir werden an dem gemessen, was wir tun, nicht daran, wer wir sind.

Diese dem Erfolg zugrundeliegende Wertordnung hat eine tückische, extrem aufreibende Seite: Es geht um alles oder nichts. Selbstaufopferung wird mit Erfolg gleichgesetzt. Um erfolgreich zu sein, mußten die Männer, die die Regeln aufstellten, sich ganz ihrer Karriere verschreiben. Stunden- und tagelang mußten sie ihr Zuhause und ihre Familien verlassen. Da Leistung den wichtigsten gesellschaftlichen Maßstab für den Wert einer Person darstellte, durfte in diesem System nichts wichtiger sein als die Arbeit.

Daraus ergibt sich ein Problem für uns Frauen, denn vor unserem Erfolg steht noch eine weitere Bedingung, die die Gesellschaft und wir selbst uns stellen. Von Anfang an wird uns (explizit oder durch Vorbilder) beigebracht, daß man unseren Erfolg nicht nur an unserer Arbeit, sondern auch an unserer Fähigkeit, »Frau« zu sein, messen wird. Für die meisten von uns ist das gleichbedeutend mit der Art von Mann, die wir an uns binden, und der Familie, die wir gründen oder nicht gründen. Selbst wenn wir nicht heiraten und Kinder haben wollen, ist diese Erwartung ständig präsent und vermittelt uns ein Gefühl des Versagens. Gloria Steinem meint dazu: »Wenn Sie eine Frau treffen, die in ihrem Beruf Herausragendes leistet, wunderbare, kreative Dinge tut und mit ihrer Arbeit vollkommen zufrieden ist, jedoch nicht das Privatleben hat, das sie glaubt eigentlich haben zu müssen, wird sie sich vermutlich für eine Versagerin halten. Bei Männern ist es genau umgekehrt. Sie können ein großartiges Privatleben haben und sich dennoch als Versager sehen, wenn sie nicht den beruflichen Erfolg vorzuweisen haben, der ihrer Meinung nach von ihnen erwartet wird.«

Diese beiden unterschiedlichen Erfolgsvoraussetzungen können Frauen in eine Krise stürzen. Wir sind nicht bereit, ein Wertsystem komplett zu übernehmen, das von uns verlangt, uns auf dem Altar des Erfolgs zu opfern. Wir schätzen unser Familienleben, und selbst wenn wir es nicht tun, sind wir doch hauptsächlich dafür verantwortlich. Außerdem ist es – im besten Falle – schwierig, sich ein System zu eigen zu machen, das der traditionellen »Frauenarbeit« im Verhältnis zur Büroarbeit einen geringeren oder überhaupt keinen Wert beimißt. Folglich gehen wir als Außenseiterinnen zur Arbeit. Warren Farrell, der Autor von *Why Men Are the Way They Are*, bemerkt, daß »Frauen diese männliche Wertordnung nie ganz übernehmen«. Nachdem er die Unterschiede in der Beurteilung von Erfolg durch Frauen und Männer konstatiert hat, schreibt er, daß »eine berufstätige Frau von heute mit zwei Wertsystemen aufgewachsen ist: dem ihrer Mutter, das ihr auftrug, eine treusorgende Mutter zu sein. Und das andere war das Wertsystem ihres Vaters, von dem sie abweichen oder das sie nachahmen kann.«

Abweichen, nachahmen. Das eine bringt uns nicht sehr weit, das andere dagegen verlangt eine Zweiteilung von uns. Innerlich führt diese Wahl zu einer verzögert einsetzenden Schizophrenie. Frauen wollen an dem, was sie zur Frau macht, festhalten, stellen jedoch gleichzeitig fest, daß viele dieser Qualitäten sie in der männlich geprägten Arbeitswelt zu Außenseiterinnen machen. Diese Dynamik zerreißt uns allmählich. Zu Beginn unserer beruflichen Laufbahn haben wir das noch nicht gesehen, wir wurden schnell und reich belohnt. Die meisten von uns hatten weder Mann noch Familie, die uns von den unmittelbaren beruflichen Herausforderungen hätten ablenken können. Wir waren unser Beruf, und unser Beruf war der Ursprung der guten Dinge in unserem Leben[1].

Sobald unsere Zeit jedoch auch außerhalb der Arbeit beansprucht wird, erkennen wir langsam, daß der Preis des Erfolgs ein sehr gespaltenes Leben sein kann. Wir erwarten zwar immer noch, daß wir in der Lage sein müßten, alles auf einmal zu schaffen, machen aber nach und nach die Erfahrung, daß die Strukturen und Anforderungen unserer Arbeit uns keinen Raum für ein Privatleben lassen. Gleichzeitig wollen wir als Frauen aber nicht nur selbst einen Ehemann und Familie, sondern sind uns auch darüber im klaren, daß wir von der Gesellschaft als unvollständige Frauen beurteilt werden, wenn wir sie nicht haben. Wenn diese gegensätzlichen Zwänge, diese widerstreitenden Wertordnungen anfangen sich zu bekriegen, wird uns allmählich bewußt, daß es ein riesiges Stück Arbeit sein wird, die großen Erwartungen an unser Leben zu erfüllen.

Bei jeder Frau, die ich interviewt habe, fand ich einzelne Elemente dieses doppelten Maßstabs, aber bei keiner mehr als bei Cindy Mason, einer zweiundvierzigjährigen politischen Beraterin in Washington. Cindy sagt, sie wisse genau, daß sie über zwei Definitionen für ein erfolgreiches Leben verfüge, habe bisher jedoch noch keinen Einfluß darauf, welche jeweils gültig sei. Sie schaffe es nicht, beide unter einen Hut zu bringen. Während wir in ihrem offenen, sonnendurchfluteten Wohnzimmer sitzen, spricht sie ohne Punkt und Komma, erfreut, wie sie sagt, daß sie nicht als einzige das Gefühl hat, in dieser Hinsicht völlig verrückt zu sein. »Es gibt das ›private‹ Ich«, erklärt sie, »das viel sinnlicher ist. Es unternimmt Reisen, kocht, hört Musik, liest und erlebt, wie die Dinge sich anfühlen. Das Arbeits-Ich ist immer unter Hochspannung: Gänzlich in Anspruch genommen, völlig vertieft in eine Sache und wie besessen davon, denkt es ununterbrochen darüber nach, malt sich aus, was schiefgehen könnte, und nimmt alles mögliche vorweg. Es kommt mir vor, als ginge eine kleine Schaltuhr an, und dann bin ich voll konzentriert. Es ist anstrengend, und für andere Dinge bleibt kein Platz. Ich kann die sinnlichen Aspekte einfach nicht zulassen; sie würden mich ablenken. Deshalb kann ich die beiden Teile meines Lebens nicht miteinander vereinen. Ich schaffe es einfach nicht. Es wäre ideal; tatsächlich aber begebe ich mich eine Zeitlang auf die Seite des Glücks und dann wieder auf die der Besessenheit. Ich habe noch kein Modell einer mir seriös erscheinenden Arbeitsidentität kennengelernt, das mich nicht in diese Zwanghaftigkeit hineinziehen würde.«

Zum Teil durch die Art ihrer Arbeit, auf jeden Fall aber durch ihre Charakterstruktur bedingt, hat Cindy zwischen zwei Modellen hin und her geschwankt: hier auf Hochtouren arbeiten und dort Ehefrau und Mutter sein. Zu Hause kann sie jedoch nie allzu lange bleiben, denn zu viele Botschaften stürzen auf sie ein. »Manche Aspekte des Feminismus, die ich verinnerlicht habe, vermittelten mir, es sei schlecht, von jemand anderem, einem Mann, abhängig zu sein, hausfrauliche Tätigkeiten seien nicht soviel wert, und Ansprüche könne man nur dann stellen, wenn man arbeite. Arbeit sei das, was einen Menschen ausmache.« Und sie fährt fort: »Ich habe gehört: ›Frauen können genau das gleiche tun wie Männer‹, was ja auch richtig ist. Der nächste Punkt ist aber, daß sie es auch tun *sollten*. Und wenn sie es nicht tun, sind sie als Person nicht so achtenswert wie die, die es tun. Es ist nicht nur so, daß wir alles tun können, wir müssen das auch unter Beweis stellen, indem wir es tun.«

Cindys Unvermögen, ihr ganzes Selbst in ihre Arbeit zu integrieren, hat einiges mit der Dynamik zu tun, die zwischen ihren Eltern herrschte. »Wenn ich an meine Mutter zurückdenke, fällt mir ein, daß sie immer Minderwertigkeitsgefühle hatte.« Cindy erinnert sich, daß der stille Protest ihrer Mutter lautete: »Ich war nicht auf dem College, ich bin nur eine Hausfrau«, und das bekam sie mit. »Bei mir zu Hause hieß es nicht: ›Oh, deine Mutter ist perfekt und wunderbar.‹ Das war sie nämlich. Sie war eine absolut fabelhafte, treusorgende Mama. Sie war immer da, und das Mittagessen auch. Aber von meinem Vater hörten wir: ›Ihr sollt kein Leben wie eure Mutter fristen.‹ Und je mehr er uns ermutigte, um so geknickter wurde sie, weil er sie herabsetzte. Ich identifiziere mich jedoch auf vielfache Weise mit meiner Mutter. So sorge ich gerne dafür, daß alles schön und behaglich ist. Das gehört zu meinen Werten, zu denen der Jungen dagegen nicht. Das Mädchen sollte über beide Wertkategorien verfügen, was sehr schwierig ist. Mein Vater vermittelte uns, was im Leben wichtig und seiner Meinung nach der Mittelpunkt von allem war. Alles drehte sich um seine Karriere, seine Vorlieben. Dabei sandte er ganz unterschiedliche Signale aus. Ja, es war wichtig, einen Beruf zu haben, aber da seine Arbeit von Glanz und Glitter geprägt war, erklärte er uns, es sei ebenso wichtig, attraktiv wie eine Schauspielerin und still wie meine Mutter zu sein.«

Während ihrer ganzen bemerkenswerten politischen Karriere ist Cindy zwischen diesen beiden extremen Rollen hin und her gewechselt. Nach ihrem Jurastudium an der Stanford University kam sie als Expertin hinter den Kulissen zur Politik und arbeitete zwanzig Jahre lang in Washington und Texas. Diese Jahre waren allerdings unterbrochen durch vier oder fünf Sabbatjahre – oder besser Anläufe dazu. Der erste kam nach ihrer Zeit als Stabschefin eines Parlamentsabgeordneten. Es war eine anstrengende Erfahrung, die zwar Spaß machte, aber auch an ihren Kräften zehrte. Nach einer Weile war sie völlig überarbeitet und litt unter der internen politischen Dynamik. »Also kündige ich. ›Ich bin achtundzwanzig, noch ganz schön jung‹, dachte ich, ›ich werde gärtnern, joggen, mich in Form bringen.‹ Also begann ich zu joggen. Ich lief und lief und lief und lief. Ich steigerte mich auf acht Meilen am Tag, und ich war hysterisch, vollkommen hysterisch. ›Sie werden dich alle vergessen, dachte ich, und du wirst nie wieder eine Stelle bekommen und keinen Cent verdienen. Es ist absolut unannehmbar, und die Leute werden dich für verrückt halten.‹ Ich konnte das Sabbatjahr einfach nicht nehmen.

Sechs Monate hielt ich durch; eigentlich hätte es ein Jahr dauern sollen, aber ich schaffte es einfach nicht.«

Als Cindy heiratete und einen Sohn bekam, eskalierte das Drama in ihrem Kopf. »Man wird damit identifiziert, wer man ist, und man muß einen Job haben«, sagt sie. »Die Arbeit war meine Identität, und da lag meine Kompetenz. Mit einem Säugling fühlte ich mich völlig inkompetent.« Zu den Dingen, die auf dem Weg zum Erfolg stillschweigend geopfert werden, gehört auch die Wertschätzung der traditionellen, nicht in barer Münze bezahlten Aufgaben der Freundschaft, Partnerschaft und Mutterschaft. Das war sicherlich auch Cindys Eindruck. Alles, was auch nur entfernt nach dem Leben ihrer Mutter aussah, hatte den Anschein des Versagens. Widmete ihre Mutter ihr Leben dem Ehemann und den Kindern, konnte Cindy es nach der Geburt ihres Kindes nicht erwarten, wieder arbeiten zu gehen. Der Kleine war sehr zart, und Cindy war sich nicht sicher, ob sie richtig für ihn sorgte. »Ich konnte gar nicht schnell genug wieder anfangen zu arbeiten. Zehn Wochen hatte ich ausgesetzt und war nie mit ihm zu Hause geblieben. Heute habe ich deswegen entsetzliche Schuldgefühle. Es war ein schrecklicher Fehler.« Noch dreimal versuchte Cindy im Laufe der Jahre, zu Hause zu bleiben oder in Teilzeit zu arbeiten. Aber sie hielt es nie länger als ein halbes Jahr aus. Cindy gibt zu, daß der Ansatz, beiden Teilen ihrer Persönlichkeit gerecht zu werden, an Luxus grenzt; sie ist mit einem Mann verheiratet, der einen Job hat. Dennoch fühlt sie sich vollkommen wertlos, wenn sie kein Geld verdient. »Meine Wertsysteme passen nicht zusammen«, schließt sie seufzend. »Es ist wirklich schwierig.«

Die Rolle ihrer Mutter lehnte Cindy rundweg ab. Sie sah, welch geringen Stellenwert deren Leben in den Augen beider Eltern hatte. Und dennoch, wen wundert's, weist ihr privates Selbst – das sie ihr sinnliches Selbst nennt – viele der Charakterzüge auf, die ihrer Meinung nach für ihre Mutter kennzeichnend waren. Cindy kann diesen Teil ihres Selbst nicht in ihr Leben integrieren, weil sie als Heranwachsende miterlebte, wie diese Dinge in ihrer Familie als völlig unbedeutend abgetan wurden. Sie bringt es nicht fertig, ihre Definition von Erfolg so zu erweitern, daß Facetten von dem, was ihr am Muttersein gefällt, hineinpassen; statt dessen schwankt sie zwischen den Extremen des Workaholic und der Supermutter hin und her. Ironischerweise kommen gerade die Anteile von ihr, die sie nicht schätzte, ihrer Karriere in die Quere, denn von ihrer Mutter hatte sie gelernt, daß man, um Anerkennung zu bekommen, »sich nicht selbst lobt und andere kein Aufhebens von einem machen läßt, sondern einfach dasitzt und erwartet, von jedermann geachtet zu werden«. Daraufhin, sagt sie, habe sie zu »Selbsterniedrigung, Selbstentäußerung und übertriebener Selbstkritik geneigt. Das ist aber nur vorgeschoben, denn eigentlich glaubt man schon, das alles sein zu können, hält es aber für ungehörig, sich offen dafür einzusetzen.« Die verschiedenen Teile von Cindys Selbst versuchen, sich gegenseitig auszustechen, und verhindern damit, daß sie jemals wirklich zufrieden ist, gleichgültig, wo sie ist oder was sie tut. Leider bringen sie Cindy auch um ihren Traumberuf im Bereich der Jugendfürsorge. »Es ist paradox«, sagt sie abschließend, während ihr Blick aus dem Fenster wandert, »aber ich war so fest entschlossen, mir eine Arbeitsidentität zu schaffen, daß es mich an dem, was ich wirklich machen wollte, hinderte. Für mich war es wichtiger, zu beweisen, daß ich kurzfristig erfolgreich sein konnte, als einen langfristigen Traum zu verfolgen.«

Es ist Zufall, daß Cindy sich die Antwort auf die Frage, was hochgeschätzt wurde und was nicht, von ihren Eltern abschaute. Sie hätte sie ebensogut im Fernsehen, in der Schule, Kirche oder Synagoge, bei ihren Freunden, in Zeitschriften, Zeitungen, dem Radio oder ihrem Lieblingsmodegeschäft finden können. Diese Antwort war simpel: Wollte eine junge Frau erfolgreich sein, in ihren eigenen Augen ebenso wie in den Augen der Gesellschaft, mußten ihre Leistungen mehr oder minder denen ihres Vaters entsprechen.

Ihr Privat- und Familienleben dagegen mußte im großen und ganzen auf das ihrer Mutter hinauslaufen.

Erwartungen und Erfolg

In einer verzögerten Reaktion auf die vielfältigen Botschaften, die sie darüber empfing, was im Leben von Bedeutung ist, findet Cindy sich nun in einem halb gelähmten Zustand wieder. Sie kommt einfach nicht dahinter, welche Definition von Erfolg ihr eher entspricht. Sie weiß, Nur-Hausfrau-und-Mutter wird sie nie sein; nachdem sie es aber wiederholt mit dem Leben eines Workaholics probiert hat, weiß sie, daß hier die Lösung auch nicht liegt. Cindy kann die ineinander verwickelten Botschaften darüber, wer sie sein sollte und was sie glücklich machen würde, in ihrem Inneren nicht entwirren. Sie führt fort, was schnell zu einer Tradition der Verwirrung wird. 1976, als Cindy gerade ihr Juraexamen machte, gab es Werbeanzeigen, die ihr suggerierten, sie könne »die Brötchen verdienen und frisch auf den Tisch bringen«. 1996 verbreitet die Werbung immer noch eine unrealistische Botschaft. Auf einer doppelseitigen Modeanzeige ist eine hübsche, schlanke Frau Anfang Vierzig zu sehen, die beim Joggen ein Baby im Buggy vor sich her schiebt. Der Werbetext fragt: WER SAGT, DASS DIESE

FRAU NICHT ARBEITET? Wer soll da wohl auf den Arm genommen werden?

Diese neuen Bilder des Erfolgs zeigen eine lässige, fast mühelose Rollenkombination. Ein solches Hirngespinst widerspricht nicht nur der unmittelbaren Erfahrung von Frauen, sondern verstärkt gleichzeitig ein Gefühl der Unzulänglichkeit. Viele haben sich darauf eingelassen, um dann festzustellen, daß sie auf beruflicher Ebene dafür bezahlen mußten. Wir haben verschiedene Notlösungen ausprobiert, die vielleicht vorübergehend die Hitze in dem überkochenden Topf unseres Lebens reduziert haben; die zugrundeliegenden Probleme sind dadurch allerdings nicht verschwunden. Wir fragen uns, was wir falsch machen – als käme unser Unvermögen, glücklich zu sein, von einem Mangel an Willen, Anstrengung oder Verstand. Wenn wir die einzelnen Teile unseres Lebens getrennt betrachten, stellen wir fest, daß wir es ganz gut hingekriegt haben. Nur fügt die Summe der Teile sich nicht zu einem Ganzen zusammen. Die Botschaften aus der einen Welt werden von denen aus der anderen zunichte gemacht. So hatte unsere Vorstellung von Erfolg eigentlich nicht ausgesehen.

Der Konflikt von Botschaften, der zwischen Cindys Eltern existierte, hat sich mittlerweile zwischen ihre Ohren verlagert. Sie hat aber das Gefühl, weder die eine noch die andere Rolle genießen zu können. Jede Entscheidung und jede Aktion in einer der beiden Welten scheint der anderen etwas wegzunehmen. Sie soll schuften, ihr Licht aber unter den Scheffel stellen, sie soll wie ein Mann arbeiten, sich aber wie eine Frau verhalten. Sie soll sich ihrem Job voll und ganz widmen, aber ihr Zuhause zum Mittelpunkt ihres Lebens machen. Sie soll im Zentrum der Welt stehen, sich aber als Stütze ihres Mannes und ihrer Familie eher am

Spielfeldrand aufhalten. Je höher die Ansprüche ihres Berufs werden, um so weniger Zeit hat sie für sich selbst, ihr Zuhause, ihre Freunde, ihre Familie. Je mehr sie sich auf ihr Privatleben konzentriert, um so eher läuft sie Gefahr, am Arbeitsplatz nicht ernst genommen zu werden.

Genau wie Cindy drehen wir an den Knöpfen – hier ein bißchen mehr, dort ein bißchen weniger – in dem Bemühen, das innere und äußere Gleichgewicht herzustellen. Das ist natürlich unmöglich, denn niemand kann alles auf einmal schaffen. Und doch erwarten wir es nach wie vor. An diesem Punkt in unserem Leben definieren die meisten von uns sich über ihren Beruf. Immerhin begreifen wir allmählich, daß das Gleichgewicht sich nicht einstellen wird, solange wir uns mit zwei verschiedenen Vorstellungen von der Person, die wir eigentlich sein sollten, identifizieren. Wir sehen langsam ein, daß diese arbeitsbezogene Identität ihren Preis verlangt, einen Preis für Erfolg, den wir mit unserem Leben bezahlen.

Kapitel 3

Der Preis des Erfolgs

Die Art von Erfolg, die Ellie genoß, stellt sich am ehesten ein, wenn man als Frau ohne Haushalts- und Familienpflichten in einer expandierenden Wirtschaft arbeitet. Doch Mitte der achtziger Jahre erlebte die Wall Street, wie die übrige Wirtschaft auch, eine bedenkliche Talfahrt. Trotz steigender Aktien- und Unternehmensgewinne schworen Firmen ein ganzes Jahrzehnt lang auf Umstrukturierung und Personalabbau. Fast über Nacht schien die Unternehmenslandschaft enger zu werden. Mittlere Führungskräfte wurden zu einer vom Aussterben bedrohten Art. Alle fanden, daß sie bei geringerer Bezahlung länger und härter arbeiteten. Ellies Sachgebiet, die öffentliche Finanzwirtschaft, wurde stark dezimiert. Und unter dem neuen Vorzeichen der Knappheit teilte sich ihr Arbeitsumfeld bald in zwei sehr unterschiedliche Teams: den Club der »guten alten Jungs« und die »zweite Garnitur« – eine bunte Mischung aus Frauen und Schafsköpfen. Dieser trat Ellie offiziell bei, als sie eines Tages ins Büro kam und feststellte, daß ihre Abteilung aufgelöst und ihr neuer Vorgesetzter ein Mann war, den sie am Tag zuvor noch als gleichrangigen Kollegen gekannt hatte. »So schlimm das auch war«, erinnert sie sich, »ich habe trotzdem die Zähne zusammengebissen. Ich dachte, ich brauchte die Kohle. Und ganz sicher brauchte ich die Bestätigung. Vermutlich nicht in dieser Reihenfolge. Einen winzigen Riß bekam der Traum an diesem Tag aber schon. Zum erstenmal wurde mir bewußt, daß Arbeit nicht ›die Lösung‹ sein würde.«

Dieser Umschwung gab Ellie die Möglichkeit, ihr Leben aus einem anderen Blickwinkel zu betrachten. Als die materiellen Vorteile schwanden, kam sie allmählich zu der Erkenntnis, daß es neben dem Beruf in ihrem Leben nicht viel gab und ihr Privatleben sich nicht wie erwartet gestaltet hatte. »Langsam erkannte ich, wieviel von meiner Seele der Job auffraß. Ich bemühte mich nach Kräften, mein Leben in die zeitlichen Lücken, die der Beruf noch übrigließ, hineinzustopfen. Fünfzehn Jahre lang habe ich es so gemacht: ein bißchen Leben hier eingeschoben, ein Abendessen dort hineingequetscht. Der Job war das große Gemälde, in das ich lediglich die dünnen Pinselstriche eines eigenen Lebens einfügte. Ich hatte immer gedacht, wenn ich nur meinen Job im Griff hätte, würde der Rest sich von selbst ergeben. Ich müßte nur zur Arbeit gehen, um mich dort abzurackern und das Geld für alles zu verdienen. ›Eines Tages werde ich plötzlich verheiratet sein, und irgendwann wird das Leben mich wie ein Blitz treffen‹, dachte ich. Ich weiß nicht, wie ich mir das vorstellte, aber ich wußte, es würde irgendwie passieren.« Tat es aber nicht. Jedenfalls nicht rechtzeitig, um eine Familie zu gründen.

In dieser Hinsicht ist Ellie allerdings etwas ambivalent. Mitten in unserem zweiten Interview flitzte mein Sohn durchs Wohnzimmer, seine Windel wie einen abgeschossenen Vogel in der Hand; ich konnte ihre Erleichterung sehen, als er genauso schnell wieder verschwand. »Ich frage mich, ob es wirklich in mir gesteckt hat«, sinniert sie. »Ich habe das Gefühl, ich hätte mir Kinder wünschen *sollen*, aber um ganz ehrlich zu sein, ich liebe meine Ruhe und meine freie Zeit und möchte mein Leben selbst bestimmen können.« Dagegen macht ihr die Tatsache, daß sie keinen Partner hat, schon mehr Kummer. »Das hatte ich einfach nie auf meiner Prioritätenliste. Statt dessen habe ich den einfachen Ausweg gewählt. Ich glaube, innerhalb der letzten zehn Jahre habe ich keinen Freund in derselben Zeitzone oder gar derselben Stadt gehabt. Auf diese Weise ist es zwar leicht, zusammenzubleiben, aber unmöglich, in einer Beziehung über ein bestimmtes Stadium hinauszukommen.«

Ellie spürt, daß die Straße in ihrem Leben sich rapide verengt. Konfrontiert mit den Folgen von Entscheidungen, die sie früher getroffen (oder nicht getroffen) hat, erkennt sie jetzt, welcher Art die Kompromisse waren, die sie um des Erfolgs willen in ihrem Beruf eingegangen ist. »Der Job war in Ordnung. Ich habe zuviel von ihm erwartet, aber das ist mein persönliches Päckchen. Statt Liebe und Anerkennung, Bestätigung und Zuneigung bei einem Mann zu suchen, habe ich sie in meiner Arbeit gesucht. Und lange Zeit auch gefunden. Doch am Ende war ich die Dumme. Denn meine Arbeit war keineswegs das, wofür ich sie gehalten hatte. Eines Tages sah ich im Büro meines Chefs die Prämienaufschlüsselung liegen. Gleich neben meinem Kästchen verdienten die Typen aus der Etage über mir ein Vermögen. Ich stellte fest, daß sie lediglich um einer gewissen Vielfalt willen eine angemessene Anzahl von Frauen einstreuten. Ich war nicht etwa wertvoll oder wichtig für das Team. Sie hatten mir Sand in die Augen gestreut. Mein unmittelbarer Vorgesetzter wußte, daß ich übers Ohr gehauen wurde und er selbst überbezahlt war. Er weiß aber auch, daß er, wenn er den Mund hält, weiterhin bezahlt wird. Der Lohn für die Arschkriecherei und dieses ganze

Affentheater war offensichtlich. Für mich war es der Augenblick der Wahrheit.« Ellie wurde klar, daß sie die Beziehung zu ihrer Arbeit – sogar angesichts sinkender Einkünfte – aufrechterhalten hatte, indem sie ihr Leben unter Preis verkaufte. Da sie außerhalb der Arbeit kein Leben hatte, konnte sie sich dem Problem nicht stellen – sie konnte ja sonst nirgendwo hin. Wir alle haben schon einmal länger, als wir es für richtig hielten, in einer Beziehung verharrt, weil wir Angst davor hatten, allein zu sein, und das traf auch auf Ellie und ihre Arbeit zu. Als sie schließlich nicht mehr leugnen konnte, welchen Preis sie zahlte, war das Spiel durchschaut. Endlich gestattete sie sich, das zu sehen, wovor sie früher die Augen verschlossen hatte. »Es war Zeit für ein eigenes Leben. Ich hatte meinen Beruf für das Leben gehalten. Wie sehr ich mich doch geirrt hatte!«

Genau wie Ellie hatte ich mich lange davor gefürchtet, mir anzusehen, was für eine Beziehung ich zu meiner Arbeit hatte. Ich vermute, tief im Innern wußte ich genau, daß ich meine wachsende Unzufriedenheit nicht ausschließlich auf die Geschlechterproblematik – Sexismus, die Glasdecke, die Seilschaften der guten alten Jungs und die fortdauernde unverhältnismäßige Verantwortung für Haushalt und Beruf – schieben konnte. Sicher waren meine Frustration und meine Erschöpfung zu einem beachtlichen Teil auf diese viel diskutierten und bestens belegten Tatsachen zurückzuführen. Es gab aber noch eine andere, weniger augenscheinliche Ursache; eine, die mir erst bewußt wurde, als die Arbeit mir nicht mehr alles bedeutete; eine, die ich, wie die meisten Frauen, von mir gewiesen hätte, wenn jemand davon gesprochen hätte; eine, über die Frauen nicht reden, weil es weh tut, sie in Betracht zu ziehen oder gar zuzugeben. Sie gehört zu dem Preis, den wir für den Erfolg zahlen, und tritt auf subtile, kaum wahrnehmbare Weise in Erscheinung. Sogar vor uns selbst hüllt sie sich in ein Mäntelchen, das »zurechtkommen« oder »sich einfügen« heißt. Sie hat durchaus Ähnlichkeit mit dem, was junge Mädchen erleben, wenn sie in die Pubertät kommen und entdecken, daß sie, wenn sie von den Jungs akzeptiert werden wollen, nicht zu gescheit, zu stark oder zu andersartig erscheinen dürfen. Oder zu bedrohlich. Statt dessen üben wir uns in Schweigen und geben die, die wir eigentlich sind, im Tausch für unsere Karriere auf.

Dieser sonderbare Vorgang ereignete sich auf dem Weg zum Büro. Statt die Kultur, in die wir uns begaben, zu ändern, scheinen wir uns auf sie eingestellt zu haben. Oder wir haben uns mit ihr abgefunden. Und das spaltet uns von uns selbst ab. Zunächst erscheint diese Abspaltung wie eine zu entrichtende Gebühr. Eine Wirtschaftsprüferin drückte es so aus: »Was haben wir für eine Wahl? Wir können es nicht ändern. Entweder man ist eine Spielerin oder nicht. Falls man eine sein möchte, muß man das Spiel nach ihren Regeln spielen.« Wir sind bereit, äußerlich unser Verhalten zu ändern, um an die interessanten Aufgaben heranzukommen und gleiche Chancen auf Vergütung und Privilegien zu haben, die mit der Arbeit verbunden sind; im Innern wissen wir jedoch, daß wir nicht der Mensch sind, der wir manchmal zu sein vorgeben. Dieses Doppelleben geht allerdings nicht spurlos an uns vorüber. Langsam nehmen wir es unserem Beruf übel, daß er uns zwingt, uns zu spalten, und allmählich verlieren wir darüber unsere Selbstachtung. Natürlich gibt es Frauen (jede von uns kann wahrscheinlich sofort ein oder zwei Namen aus ihrem Umfeld nennen), die das nicht machen mußten. Die meisten von uns stehen jedoch vor einer einfachen Entscheidung: Entweder wir fügen uns ein, oder wir kommen nicht sehr weit.

Ich war keineswegs von neun bis fünf ein Machoweib und von fünf bis neun eine richtige Frau. Ich war, ob bei der Arbeit oder zu Hause, mehr oder minder immer derselbe ziemlich freimütige, eigensinnige Mensch. Wie viele der erfolgreichen Frauen, die ich interviewt habe, betrachtete ich mich als Feministin und fühlte mich verpflichtet, kein Blatt vor den Mund zu nehmen und mein Licht nicht unter den Scheffel zu stellen. Als aber die Zeit verging und ich für mehr als nur mich selbst Verantwortung übernahm, wurde diese eher forsche, angriffslustige Seite ganz leise. Oft stand ich vor der Wahl, entweder so zu sein, wie ich es für »richtig« hielt, oder die Mittel zu bekommen, um meine Arbeit korrekt auszuführen. Ich konnte mich widersetzen oder aber meine Kräfte schonen, mir das Vertrauen des Menschen, der mich eingestellt hatte, bewahren und weiterhin in der Lage sein, ein Buch in angemessener Form herauszubringen oder einen anderen Menschen einzustellen. In dem Bestreben, alles zu bekommen, trennte ich mich von einem Teil meiner selbst.

Ich erinnere mich, wie mein erster Mentor (der die Firma am Ende sogar aus moralischen Gründen verließ) mir riet, mich »durchzulavieren«. Im Laufe der Zeit wurde immer deutlicher, daß die Leute, die in Besprechungen nickten, die, ohne nachzufragen, die ihnen übertragenen (manchmal sinnlosen) Aufgaben erledigten und ansonsten ihren Angelegenheiten nachgingen, sich die Aufmerksamkeit ihrer Vorgesetzten sicherten und mit besseren Jobs belohnt wurden. »Sie müssen lernen, sich damit abzufinden«, wurde mir von einer Mitarbeiterin geraten. »Wenn Sie es nicht tun, machen Sie sich alles kaputt.« Ich wußte, sie hatte recht. Ich haßte es. Doch mir wurde langsam klar, daß der Zweck die Mittel heiligte.

Nach und nach beobachtete ich bei mir genau die

Anpassungsschritte, die auch unsere Vorkämpferinnen gemacht hatten. Allerdings hatten sie sich anpassen *müssen*. Ihnen war es zwangsläufig um das *Recht* auf Arbeit, nicht um die Veränderung der damit verbundenen Werte gegangen. »Als ich anfing, mußte ich im Büro ein ganz anderer Mensch sein«, erinnert sich Edith, eine sechsundsechzigjährige pensionierte Zeitschriftenverlegerin. »Ich war die einzige Frau in einer Dry-Martini-Welt. Beurteilen Sie mein Verhalten nicht unabhängig von der damaligen Zeit«, warnt sie. »Ich kämpfte darum, *hineinzukommen* und *drinzubleiben*, nicht drinnen etwas zu *verändern*.« Frauen wie Edith hatten keine andere Wahl, als sich aufzuspalten: Um im Beruf ihren Platz zu finden, mußten sie sich auf die bestehende Kultur einlassen – eine zutiefst männlich geprägte Kultur, in der man sich nur über seine Tätigkeit definierte. Rosabeth Moss Kanter betont: »Das Arbeitsumfeld der Frauen war nicht etwa durch Weiblichkeit an sich als vielmehr durch einen Mangel daran gekennzeichnet. Das Leben der Frauen im Unternehmen hing von dem Verhältnis ab, in dem sie repräsentiert waren. Die Frauen, die neben gleichrangigen männlichen Kollegen nur in geringer Zahl vertreten waren und oft den Status der ›einzigen Frau‹ hatten, wurden zu Symbolfiguren ... Manchmal genossen sie die Vorteile derer, die ›anders‹ und damit in einem System, in dem der Erfolg mit dem Bekanntheitsgrad zusammenhängt, äußerst exponiert sind. Manchmal erlebten sie die Einsamkeit des Außenseiters, des Fremden, der in eine andersartige Kultur eindringt und sich im Laufe des Assimilationsprozesses womöglich von sich selbst entfremdet.«[1]

Als meine Altersgenossinnen und ich ins Geschäftsleben eintraten, fanden wir eine Welt vor, deren Regeln durch die Anwesenheit von Frauen immer noch nicht wesentlich verändert waren. Ganz oben auf der Tagesordnung stand der Erfolg. Uns wurde klar, daß wir unsere Prioritätenliste an einigen Stellen ändern mußten, wenn wir wirklich Aussicht auf sinnvolle Arbeit haben und die Gelegenheit bekommen wollten, erfolgreich zu sein. Wir mußten genauso arbeiten wie die Männer. Uns allen ist nur zu bewußt, welche inneren und äußeren Konsequenzen es hat, wenn wir es nicht tun. Die Bestsellerautorin und Karriereberaterin Barbara Sher betont: »Sogar eine Frau, die ihre Kinder mit Anerkennung und Verständnis großgezogen hat, wird sich am ›männlich-militärischen Vorbild‹ orientieren und sich, wenn sie ihm nicht genügt, als Versagerin fühlen. Uns allen wurde beigebracht, daß wahre Gewinner auch Schmähungen hinnehmen können. Solche Maßstäbe gibt es in unserer Kultur, und wir sind darauf geeicht, uns an ihnen zu messen, auch wenn sie noch so wenig mit uns zu tun haben. Es ist schon komisch: Obwohl der Schuh nicht paßt, meinen wir, wir müßten ihn anziehen.« Das hat zwangsläufig eine große Anspannung zur Folge. Wir Frauen arbeiten unter einem Paradox, bei dem wir nie die Gewinnerinnen sein können: Wir haben das Bedürfnis, unsere Arbeit ganz und gar als Frauen zu tun; um sie jedoch überhaupt tun zu können, müssen wir einen großen Teil unserer Persönlichkeit zum Schweigen bringen.

Verdrängung

Die Art und Weise, wie die meisten von uns mit diesem völlig unsinnigen Konflikt umgehen, besteht darin, zu verdrängen, daß er überhaupt existiert und daß wir ihm ausgesetzt sind. Als ich auf die redaktionelle Seite des Verlagsgeschäfts mit ihrem hohen Frauenanteil überwechselte, dachte ich: »Super! Jetzt kann ich endlich ich selbst sein!« Als ich aber dort anfing, fand ich eine Kultur vor, die der eher männlich geprägten Atmosphäre in Vertrieb und Marketing ähnelte. Zunächst war ich einigermaßen überrascht, gewöhnte mich aber schnell daran. Was für andere Vorbilder hatte ich? Da es zu schmerzlich ist, uns einzugestehen, was wir gegen den Erfolg eintauschen, nehmen wir eine sonderbare Verdrängungshaltung ein. Sie suggeriert uns, daß wir die Dinge so, wie sie sind, eigentlich ganz in Ordnung finden. Schließlich lieben wir unseren Beruf, und der Rest ist eben der Eintrittspreis. Diese Verdrängungshaltung sagt uns, daß wir an unseren Fähigkeiten und Ambitionen gemessen werden und unser Geschlecht eigentlich gar kein Handicap ist. Sie versichert uns, daß wir alles haben können, unseren Beruf und unser Privatleben, mit dem einzigen Nachteil, daß unser Tag zu kurz ist. Sie verspricht uns, daß wir nur so zu tun brauchen als ob – daß wir die Werte des Heldensystems übernehmen können, ohne daß es uns wirklich berührt. Sie behauptet sogar, daß wir uns diese Werte aneignen *wollen*, weil sie uns zum Erfolg führen. Infolge der heftigen gesellschaftlichen Reaktion auf den Feminismus sagt sie uns, daß wir nicht zu »jener Art« streitbarer Frauen gehören, mit denen so schwer auszukommen ist; wir sind die Art von Frauen, mit denen Männer gerne ihr Büro teilen. Um das zu untermauern, schildern wir, wie wir von männlichen Mentoren unterstützt und von männlichen Vorgesetzten befördert wurden. Wir werden eins mit der Kultur und definieren unsere Ziele anhand dessen, was die Leute haben, die in der Unternehmenshierarchie über uns sitzen. Wir sind mit unserem Fortschritt zufrieden und meinen, in der Welt gäbe es keine Diskriminierung mehr. 1996 äußerten vierundfünfzig Prozent der sich mit ihrem Beruf identifizierenden Frauen in meiner Umfrage, die Frauenbewegung hätte nicht die geringste Auswirkung auf ihr Leben. Sieht man von der Tatsache ab, daß in den Vereinigten Staaten weniger als zwei Prozent der Frauen in die oberen Führungsebenen vorgestoßen sind[2], könnten sie in stärkerem Maße recht haben, als sie glauben. Jedenfalls mit Blick auf die Firmenkultur.

Für diese Verdrängung habe ich größtes Verständnis. Als Absolventin eines Colleges, an dem früher nur Männer studiert hatten, war ich stolz darauf, daß es mir gelungen war, in eine Männerwelt zu schlüpfen und dort akzeptiert zu werden. Und da ich das als einen unbestreitbaren Fortschritt für uns Frauen betrachtete und selbst die Privilegien des Systems genoß, wurde mir nicht bewußt, daß ich mich allmählich mit einer Wertordnung identifiziert hatte, die letztlich nicht mein ganzes Ich anerkennen oder meinen Interessen dienen würde. Zudem war ich in dieser Anfangszeit Single, kinderlos und jung und wurde mit Geld, Einfluß und Beförderungen nicht schlecht belohnt. Bis zu diesem Moment gingen meine beruflichen und persönlichen Interessen nirgendwo auseinander. Ich konnte nicht erkennen, daß in meinem Inneren gleichsam eine Zeitbombe doppelter Identitäten tickte. Ich erkannte nicht, daß ein Leben nach den Werten des Heldensystems auf die Dauer eine Kluft zwischen meinem beruflichen und meinem Privatleben schaffen würde. Das heißt, ich erkannte es erst, als ich diesen Weg schon ziemlich weit gegangen war.

Ich entwickelte etwas, was Rosabeth Moss Kanter bei vielen Frauen in Großunternehmen beobachtete; sie nannte es »eine öffentliche Persönlichkeit, die innere Gefühle versteckte«[3]. Ich wurde zum Titel auf meiner Visitenkarte. Obwohl er mir letztlich nie richtig paßte, betrachtete ich ihn wie Strumpfhose oder Aktentasche als wesentlichen Teil meiner Garderobe. Die meisten von uns wissen, wie dieses öffentliche Gesicht funktioniert. Ganz oberflächlich betrachtet ist es das »gutgelaunte« Lächeln, das wir aufsetzen, wenn vor den wöchentlichen Arbeitsbesprechungen noch fünf Minuten herumgeblödelt wird. Es ist das Gesicht, das nicht offen gegen die für Samstag angesetzte Strategieplanungssitzung protestiert, obwohl wir wissen, daß sie in die wertvolle Zeit mit unseren Kindern fällt. Es ist die unglaublich verantwortungsvolle Person, die zu Überstunden am Abend lächelt und sagt: »Klar, kein Problem!« Es ist die Perfektionistin, die sich für eine tadellose Arbeit totschuftet und dann behauptet, es sei nicht der Rede wert gewesen. Jede Interviewpartnerin erinnerte sich an Zeiten, wo sie den Mund gehalten, eine Anweisung, die in ihren Augen eine totale Zeit- und Energieverschwendung war, dennoch befolgt, eine eigentlich fällige Gehaltserhöhung nicht eingefordert oder einen Urlaub nicht beantragt hatte, weil sie die Folgen für ihre Karriere fürchtete. Wir lassen uns innerlich aufreiben, indem wir Intrigen und Hinterhältigkeit schweigend hinnehmen und ständig in einer krisenhaften, spannungsgeladenen Atmosphäre leben. Gute Arbeit oder Produktivität ist dabei nebensächlich; im Vordergrund stehen Hackordnungen und Egos. Nachdem wir über Jahre hinweg unseren Beitrag zu dieser Kultur geleistet haben, ist die Identifikation mit ihr so stark geworden, daß wir an ihre Regeln glauben und das System an die nächste Frauengeneration weitergeben. Während wir unter diesen Bedingungen auf der Karriereleiter aufsteigen, spaltet sich ein Teil von uns ab.

Im Lauf der Zeit stellt sich heraus, daß dieses öffentliche Gesicht mehr als nur ein wirksames Mittel zur Anpassung ist; es wird zu unserer Arbeitsidentität. Tief im Innern zwingt uns diese Identität, unser Leben in einzelne Abschnitte aufzuteilen. Wir wissen, daß bestimmte Anteile von uns – Anteile, die wir lieben – uns weniger effektiv und weniger unverzichtbar erscheinen lassen oder unsere ersehnten beruflichen Chancen verringern, wenn wir sie bei der Arbeit zeigen. Ich kannte eine Frau namens Toni, die in ihrem Büro als »gefühlsbetonter« Mensch galt. Da sie jedoch Art-director war, begegnete man ihrem Verhalten »mit Nachsicht« – kreative Menschen durften launisch sein. Allerdings nur bis zu einem gewissen Grad. Als Toni eine ungewollte Scheidung durchmachte, erschien es ihr unmöglich, ihren Kummer auf die Freizeit zu beschränken. Angesichts der Tatsache, daß ihre Umgebung »weibliches« Verhalten nicht ohne weiteres akzeptierte, nahm sie Urlaub oder bemühte sich, nur bei geschlossener Tür in ihrem Büro zu weinen. Nach ein paar Wochen forderte ihr Vorgesetzter sie auf, sich zusammenzureißen. Sie versuchte es und kam tatsächlich wieder ins rechte Gleis. Als aber ein paar Monate später ihre Abteilung angehalten wurde, Stellen zu streichen, wurde Toni nach zehn Jahren der Stuhl vor die Tür gesetzt. Ihrer Meinung nach »lag es daran, daß ich nicht so tun konnte, als sei nichts passiert. Der Chef meines Chefs hatte eine große innerbetriebliche Liebesaffäre durchlitten, von der alle Welt wußte, und war nicht gefeuert worden, weil er einfach weitermachte, als sei nichts passiert. Mir ist sonnenklar, daß ich meine Stelle heute noch hätte, wäre ich bloß in der Lage gewesen, wie ein Automat zu reagieren.« Durch Beobachtung und Intuition lernen wir, daß manche weiblichen Aspekte von uns im Berufsleben nicht gefragt sind. Statt dessen existieren sie im persönlichen Umfeld weiter, wo sie, an den Rand des Tages gedrängt, neben Zeitung und halbleerer Kaffeetasse auf unsere Heimkehr von der Arbeit warten.

Einfach einer von den Jungs

Den größten Teil meiner beruflichen Laufbahn habe ich in traditionell männlichen Bereichen – zunächst in Vertrieb und Marketing, dann im Management – verbracht und mich oft in Positionen befunden, in deren Umfeld es nur wenige Frauen gab. Obwohl ich meines Wissens nie auf klischeehafte Weise »männlicher« wurde als die Männer um mich herum, verstand ich es doch, die Charakteranteile, die mir die Anpassung an die Jungs erleichterten, stärker hervorzukehren. Es sah aus, als machte mir das Konkurrieren wirklich Spaß; ich entwickelte einen sarkastischen Humor. Als ich einmal das Pech hatte, daß in einem Monat von einem sehr großen Kundenkonto mehr Bücher zurückgingen, als bestellt worden waren (was dem Verlag die ersten negativen Verkaufszahlen seiner Geschichte bescherte), verkroch ich mich nicht bei meinem Kollegen im Nachbarbüro, um ihm vorzujammern, wie sehr ich um meinen Job bangte. Seine Sache war eher Konkurrenz als Mitleid. Also setzte ich ein gutgelauntes Lächeln auf, solange ich die Zielscheibe der meisten Witze auf der Vertriebsetage abgab, bis schließlich irgendein anderer Trottel mich ganz unten in der Hackordnung ablöste. Auf Geschäftsreisen mit den Jungs blieb ich so geschlechtslos wie möglich, hing mit ihnen in Bars herum und überhörte auf Vertreterkonferenzen jene schlüpfrigen Bemerkungen, die nach zu vielen Drinks manchmal spät nachts über den Tisch gingen. Ich war gewieft genug, mich nicht offen über Witze aufzuregen, die sich auf weibliche Körperteile bezogen, um nicht als Frau zu gelten, die »keinen Spaß versteht«. Ich überhörte es sogar, als ein paar Jahre später einer meiner Chefs mich in angetrunkenem Zustand fragte, ob er »nicht mal diesen Fleck zwischen meinen Augenbrauen küssen« dürfe. (Und das, nachdem ich mich geweigert hatte, zu einer »Besprechung« unter vier Augen mit auf sein Zimmer zu gehen.) Meine Ergebenheit wurde belohnt. Ich fühlte mich einbezogen und freute mich, wenn ich liebevoll als »eine von den Jungs« vorgestellt wurde. Ich riß mir sämtliche Beine aus, um dazuzugehören; zugegeben, ich wollte erfolgreich sein, aber ich wollte auch gemocht und akzeptiert werden. Ich liebte meine Arbeit, hatte einen Mordsspaß und verschwendete keinen einzigen Gedanken an mein Verhalten.

Am bedenklichsten erscheint mir diese Verdrängung, wenn Frauen um ihres beruflichen Fortkommens oder der Sicherheit ihres Arbeitsplatzes willen sogar gegen die Interessen ihrer Geschlechtsgenossinnen arbeiten. Eine Frau erzählte, daß in einer kleinen Abteilung eines Medienkonzerns, in der sie damals als eine von achtundvierzig Angestellten beschäftigt war, einmal sieben Frauen zur gleichen Zeit schwanger wurden. Um Probleme zu vermeiden, fragte eine Gruppe von Angestellten den Abteilungsleiter (einen Mann mit Kindern, dessen Frau aufgehört hatte zu arbeiten), ob es nicht möglich sei, flexible Zeitpläne auszuarbeiten und Job-sharing beziehungsweise für die Kolleginnen, die selbständig arbeiteten, eine Viertagewoche einzurichten. Das Unternehmen war technisch hochentwickelt; diese Frauen konnten an einem Tag in der Woche ihre Arbeit von zu Hause erledigen. Da es sie billiger gekommen wäre als eine Kinderbetreuung, waren manche sogar bereit, auf ein Fünftel ihres Gehalts zu verzichten, was genug Geld eingespart hätte, um jemand anderen auf Job-sharing-Basis einzustellen. Auf sein Argument hin, vereinzelte Abweichungen vom Fünftageschema würden einen Präzedenzfall schaffen, der zum Chaos und zur Anfeindung der Mütter führen könnte, richteten die

Frauen ihre Bitte um Unterstützung an seine Stellvertreterin – schließlich hatte sie zwei kleine Töchter und stand unter dem gleichen Druck. Doch sie antwortete lapidar: »Es kostet zuviel Arbeit, das alles auszutüfteln; außerdem hat es das hier noch nie gegeben, und es würde Begehrlichkeiten wecken. Es wäre einfach nicht gut für die Stimmung«, fuhr sie fort. »Und was wäre mit den Leuten ohne Kinder? Nebenbei bemerkt war das Jahr so schlecht, daß uns für so etwas jede Verhandlungsbasis fehlt.« Die Frauen wiesen darauf hin, daß eine größere Flexibilität aus verschiedenen persönlichen Gründen vielleicht auch für andere Leute interessant wäre. Dem hielt die stellvertretende Abteilungsleiterin entgegen, daß die Frauen selbst eine Lösung finden müßten und daß die Umstände – leider – nun einmal so seien. Ihr Vorgesetzter ist heute noch da. Sie selbst auch. Von den sieben Frauen ist allerdings nur noch eine übrig.

Das Traurigste an dieser Geschichte ist, daß diese Frau nicht die Absicht hatte, einer anderen das Leben schwerer zu machen. Sie war offenbar ein netter Mensch, der jedem nur das Beste wünschte. Allerdings war das in ihren Augen gleichbedeutend mit einer Abteilung, deren Angestellte fünf Tage in der Woche im Büro saßen. Sie war fest davon überzeugt, daß sie damit eine gute unternehmerische Entscheidung traf. Im Lauf der Jahre hatte sie jedoch so viele persönliche Zugeständnisse gemacht, daß sie sich gar nicht mehr fragte, ob sie notwendig waren oder nicht. Offen gesagt war es wahrscheinlich gefühlsmäßig zu schwierig für sie, diese Frage in einem größeren Kontext zu sehen und zu prüfen, wo konstruktive Veränderungen ein sehr starres (und in zunehmendem Maße deprimierendes, unvorteilhaftes) Arbeitsumfeld hätten transformieren und verbessern können.

Ein weniger krasses Beispiel war Jennifer, die Marketingleiterin eines Finanzdienstleistungsunternehmens. Einige Frauen, die mit ihr und für sie arbeiteten, antworteten auf meine Frage hin übereinstimmend, daß sie sie wegen ihrer Routiniertheit und ihres Eifers schätzten, ja sogar bewunderten. Doch nach einer Weile klang auch ein tieferes Gefühl durch, das eher von Mißtrauen geprägt war. »Man weiß eigentlich nie genau, was sie gerade denkt«, sagte eine Frau. »Aber man kann sicher sein, daß sie sich an die herrschenden Regeln hält.«

Als die Führung des Unternehmens wechselte, wurde Jennifer schnell zur Favoritin des neuen Chefs. »Er war einer dieser Beratertypen Marke McKinsey & Company«, erinnerte sich eine andere Frau. »Er hatte so gut wie keine Ahnung von dem, was wir machen, aber Jennifer wurde seine Lehrerin und sein Mädchen für alles. Nie ertappte man sie dabei, wie sie etwas Schlechtes oder überhaupt etwas über ihn sagte, und allmählich wurde es schwierig, ihr zu vertrauen; sie war geradezu sein verlängerter Arm.« Kurz nachdem der neue Chef seine Arbeit aufgenommen hatte, wurde Jennifer befördert. Ihren Kolleginnen zufolge war sie die Art von Karrierefrau, die die Autorin Susan Wittig Albert in ihrem Buch *Work of Her Own* so schön beschreibt:

»Eine Frau, die auf dem Höhepunkt ihrer Karriere steht, ist leicht zu erkennen. Sie ist eine selbstverwirklichte, selbstbestimmte und eigenständige Person. Sie besitzt eine autonome, unabhängige Identität, die hauptsächlich aus ihrer Arbeit und ihren Titeln mit dem entsprechenden Status und Prestige besteht – verliehen von der Institution, in der sie beschäftigt ist. Sie hat die männlich geprägten Wachstums- und Entwicklungsstufen zum Erwachsensein erfolgreich erklommen... Während die Karrierefrau in der Arbeitswelt aufsteigt, wird von ihr verlangt, daß sie einen Großteil dessen, was sie zur Frau macht, verleugnet: ihren weiblichen Standpunkt, ihre weiblichen Werte des Umsorgens und Pflegens. Um Erfolg zu haben, orientiert sie sich immer mehr an den Männern und entwickelt eine Bereitschaft, die männliche Kultur mit ihren Vorstellungen und Idealen aufrechtzuerhalten und zu verteidigen...«[4]

Rosabeth Moss Kanter weist darauf hin, daß das Verhalten von Frauen wie Jennifer oder der stellvertretenden Abteilungsleiterin das Produkt sehr tief verwurzelter Kräfte ist. Indem sie sich mit den Mächtigen verbünden, erhalten sie »eine Instant-Identität«[5], werden aber gleichzeitig »auf psychologischer Ebene Geiseln der Mehrheitsgruppierung... Der Preis dafür, ›zu den Jungs zu gehören‹, bestand in der Bereitschaft, sich gegebenenfalls auch ›gegen die Mädels‹ zu wenden.«[6] Viele Frauen haben mir die gleiche Geschichte in abgewandelter Form erzählt. »Wenn jemand seine eigenen Vorstellungen vom Leben hatte, fielen sie der weiblichen Version des Machos zum Opfer«, sagte Nancy Bramwell, die stellvertretende Direktorin eines Fertigungsunternehmens. »Manche Frauen entschieden sich für den Antifeminismus als Möglichkeit, zum ›Club der guten alten Jungs‹ zu gehören. Das waren sogar Frauen mit Kindern. Sie hatten jedoch erkannt, daß man frauenspezifische Themen gar nicht erwähnen durfte, wenn man bei denen, die das Sagen hatten, ankommen wollte. Als ich zwei Kinder auf einmal adoptierte, reagierten Männer wie Frauen, statt mir etwas mehr Flexibilität einzuräumen, mit der Haltung: ›Das ist Ihr eigenes Problem. Sehen Sie zu, wie Sie zurechtkommen.‹ Das war nicht das, wofür die Frauenbewegung gekämpft hatte. Sie wurde vereinnahmt und verdreht.«

Natürlich hat sie recht. Aber wir gehen unser Leben nicht auf eine solch philosophische Weise an. Unser Anliegen ist es vielmehr, zur Arbeit zu gehen und unser Möglichstes zu tun, damit wir uns geborgen, akzeptiert oder geschätzt fühlen. Ich kenne keine Frau, die bewußt darauf aus ist, einen Teil von sich auszublenden. Dagegen kenne ich viele, denen es wichtiger erscheint, sicher im Boot zu sitzen, als es selbst ins Wanken zu bringen. Dieser Entscheidung liegt das komplexe, schmerzvolle Geflecht der Selbstverleugnung zugrunde.

Auf Anpassung getrimmt

Ich erinnere mich genau an den Moment, als ich von meinem eigenen Kompaß auf den von Mrs. Ryan umschwenkte. Ich war in der siebten Klasse und gerade aus einer Kleinstadt in Connecticut nach New York gezogen. Die Mädchen machten einen ungemein kultivierten, selbstsicheren Eindruck, während ich Gesundheitsschuhe trug und Gummibänder in meiner Zahnspange hatte. Mir war es wichtig, gesellschaftlich dazuzugehören; ich wollte keine Außenseiterin sein. Doch Mrs. Ryan krempelte mich an diesem ersten Tag völlig um, als sie ankündigte, daß alles, was wir tun würden, dem Ziel diente, am Ende auf ein gutes College zu kommen. Es lief also auf ein Entweder-Oder hinaus: soziale Akzeptanz oder College. Am Ende ging ich aufs College, nachdem ich in der High School nur eine einzige Freundin gehabt hatte.

Wie Marie Wilson, Idelisse Malavé und Elizabeth Debold in ihrem Buch *Die Mutter-Tochter-Revolution*[7] aufzeigen, lernen Frauen schon früh, daß sie um der Zugehörigkeit zur herrschenden Kultur willen gezwungen sind, »Teile von sich aufzugeben, um sich in der Gesellschaft sicher zu fühlen und akzeptiert zu werden. Einmal aufgenommen, können sie in ihrer Struktur kaum noch etwas anderes als ›Realität‹ erkennen.« Ihr Buch dokumentiert ebenso wie Carol Gilligans *Die andere Stimme – Lebenskonflikte und Moral der Frau*[8] oder Mary Piphers *Pubertätskrisen junger Mädchen* in eindrucksvoller Weise, wie es den Mädchen ergeht, wenn sie irgendwann um die Pubertät herum in die männliche Kultur eintreten. »Mit der Pubertät geraten Mädchen unter enormen Druck«, führt Pipher aus. »Mädchen können entweder sich selbst treu bleiben und das Risiko in Kauf nehmen, von ihrer gleichaltrigen Bezugsgruppe abgelehnt zu werden, oder sie verleugnen sich und werden sozial akzeptiert. Die meisten Mädchen ziehen letzteres vor und lassen es zur Spaltung in ein authentisches und ein gesellschaftlich gewünschtes Selbst kommen. Für die Öffentlichkeit werden sie zu der Person, die diese von ihnen erwartet.«[9] Von Mädchen wird verlangt, nicht zu intelligent, zu aggressiv, zu individuell und zu männlich zu sein. »Heranwachsende Mädchen müssen feststellen, daß es unmöglich ist, zugleich weiblich und erwachsen zu sein«[10], erklärt Pipher unter Hinweis auf die bekannte Studie des Psychologen I. K. Broverman. Diese Untersuchung, in der Männer und Frauen gebeten wurden, die Wesenszüge gesunder Männer, gesunder Frauen und gesunder Erwachsener zu beschreiben, ergab, daß Befragte beider Geschlechter für gesunde Männer und gesunde Erwachsene dieselben Begriffe verwendeten. Gesunde Frauen hingegen hatten andere Merkmale. Ihnen wurde Passivität, Abhängigkeit und Emotionalität zugeschrieben. Pipher weist jedoch darauf hin, daß Wissen allein wenig bedeutet: »Die Spielregeln für Mädchen sind verwirrend und die Karten gezinkt, doch Mädchen begreifen schon früh, daß es für sie kein anderes Spiel gibt.«[11]

Während wir darüber sprechen, gestikuliert Idelisse Malavé, die frühere Vizepräsidentin der Ms. Foundation und jetzige Vorsitzende der Tides Foundation, aufgeregt. »Ich bin Feministin!« ereifert sie sich. »Ich habe eine zwölfjährige Tochter, die in eine reine Mädchenschule geht. Sie hat viele erwachsene Frauen als Vorbilder. Und sie wird bombardiert mit Alternativen zu einem Leben nach dem Motto: Mädchen werden Jungen sein. Trotz alledem hat sie von sich selbst den besten Eindruck, wenn sie zu den Jungs gehört.« Malavé betont, daß es sich hierbei ganz und gar nicht um ein Problem der Adoleszenz handelt, da die meisten Untersuchungen zeigen, daß, je stärker junge Frauen in Schule und College eingebunden sind, je weiter ihr Verstand sich entwickelt, je mehr sie erleben, wo tatsächlich der Platz der Frauen in der Welt ist, ihre Träume und Ambitionen um so stärker davon beeinflußt werden[12]. »Um ehrlich zu sein«, sagt sie lachend, »mit uns wäre wahrscheinlich irgend etwas nicht in Ordnung, wenn wir nicht so reagierten. In Kanada gibt es eine Wissenschaftlerin, die ich immer dafür bewundert habe, daß sie meinte, die Mädchen würden verrückt, wenn ihr Selbstwertgefühl nicht bei Eintritt ins Jugendalter einen Knick bekäme und später immer weiter sinken würde!«

Wir sind aber nicht verrückt, jedenfalls nicht im Sinne Malavés. Wir verurteilen uns selbst zum Schweigen, weil es uns ganz reale Vorteile bringt. Manchmal nennen wir unser Schweigen den Tribut, den wir zu zahlen haben. In besonders lichten Momenten ist uns sogar bewußt, daß wir, wenn wir ein wenig geben, eine Menge bekommen.

Die Folgen

Die Autorin Elizabeth Debold hat als Mitglied einer Harvard-Projektgruppe über Jahre hinweg dieses unsinnige Muster bei jungen Mädchen und Frauen erforscht und beobachtet. »Was sich natürlicherweise einstellt, wenn man eine Maske aufsetzt und ein falsches Ich entwickelt, das den innersten Werten und Verbindungen zuwiderläuft, ist Depression. Dieses Ergebnis ist absolut vorhersehbar, denn wir dämpfen, beschwichtigen und unterdrücken einen ganzen Teil unserer Persönlichkeit.« Nach Debolds Meinung steigert sich unsere Wut darüber, daß wir komplette Teile von uns eintauschen müssen, mit der Zeit so sehr, daß sie imstande wäre, die Welt in die Luft zu sprengen. »Unsere unterdrückten Anteile, die wir in einem äußerst sensiblen Gleichgewicht fixiert haben, kommen ins Rutschen. Wir ärgern uns über unsere Chefs, unsere Kolleginnen, unsere Partner und unsere Kinder. Uns beschleicht das Gefühl, daß der Deckel jeden Moment bis zum Himmel fliegen könnte. Aber wir beteuern nach wie vor: ›Es ist alles in Ordnung. Das einzige Problem bin ich selbst‹, denn das größere, das institutionalisierte Problem anzupacken würde uns in zu große Wut und Verwirrung stürzen. Frauen haben noch keinen passablen Weg gefunden, dieses Phänomen zu untersuchen, und die Arbeitswelt hat sich noch nicht so verändert, daß sie wirkliche Alternativen zu bieten hätte.«

»Ich werde nie den Morgen vergessen, an dem ich wach wurde und meinem Mann verkündete, ich sei endgültig verrückt geworden«, erinnerte sich Stephanie Rosen, eine neununddreißigjährige Rechtsanwältin. »Ich war gerade aus einem Traum erwacht, einem jener Angstträume, in denen ein geliebter Mensch kurz vor dem Sterben ist und man das Gefühl hat, man rennt durch Wackelpudding und versucht, ihn zu erreichen, was einem – natürlich – nie gelingt. Dann wurde mir klar, daß ich selbst die Person war, die ich retten wollte.« Stephanie hatte gerade einen Fall abgeschlossen, der sich über drei Jahre hingezogen hatte, nur um festzustellen, daß man sie in ihrer Kanzlei nicht zur Partnerin machen würde. »Zum Teil war es Erschöpfung, zum Teil Wut darüber, daß ich mich all die Jahre abgerackert hatte, und wofür?« Am meisten aber regte sie auf, daß sie sich ob der Demütigung, die sie empfand, weil man sie nicht in den erlauchten Insiderkreis aufgenommen hatte, wie gelähmt vorkam. Ihr Mann hatte nach jahrelanger Ausbildung eine Psychotherapiepraxis eröffnet, von der sie aber nicht leben konnten. Schlimmer noch, sie konnte sich nichts anderes vorstellen, was sie gerne gemacht hätte. Es ging nicht nur um die Finanzierung des Autos, sondern um die Tatsache, daß sie aus ihrem Job das Gefühl ableitete, in dieser Welt etwas wert zu sein. »Ich verfiel in tiefe Depression. Mir war alles egal. Ich kam gar nicht mehr aus dem Bett und nahm über Nacht ungefähr fünfzehn Pfund zu«, erinnert sie sich. »In meinem ganzen Leben habe ich mich nie so gefangen gefühlt.« Die klinische Psychotherapeutin Dr. Lynne Hennecke beschreibt diese Art von Depression als »Wut auf etwas oder jemanden, den man zu brauchen glaubt. Da man meint, ohne diese Person oder diesen Job nicht auszukommen, erscheint es einem gefährlich, wütend darauf zu werden, was zu einem Gefühl tatsächlicher Hilflosigkeit führt. Wenn das lange genug andauert, stellt sich ein Zustand der Hoffnungs- und Ausweglosigkeit ein.« Da unser Beruf für unsere Identität so wichtig ist, können wir es uns nicht leisten, ihn auf psychologischer oder materieller Ebene aufs Spiel zu setzen. Ausgerechnet durch das, was uns eigentlich befreien sollte, fühlen wir uns gefesselt.

Elizabeth Debold weist darauf hin, daß die Depression, wenn sie sich in Zorn verwandelt, Gutes bewirken kann. »Die Frauenbewegung war auf Wut gegründet«, gibt sie zu bedenken. »Die Frage ist, was man aus dieser Wut, dieser Energie, diesem Gefühl von ›Das ist doch wohl nicht möglich!‹ macht. Wenn man nichts daraus machen kann«, schließt sie, »hat man den Eindruck, es würde einen von innen her zerfressen.«

Zerfressen werden oder erschöpft sein. Erschöpft sein oder depressiv werden. Depressiv werden oder zuviel essen. Zuviel essen oder zuviel trinken. Zuviel trinken oder zuviel Geld ausgeben. Es gibt unzählige Möglichkeiten, die Kluft zwischen unserer wahren Persönlichkeit und dem Verhalten, das wir um unseres beruflichen Fortkommens willen zeigen zu müssen glauben, zu überbrücken.

Du lieber Himmel! Ich habe ganz vergessen zu heiraten!

Eine der schmerzlichsten Konsequenzen der Verdrängung hängt mit der biologischen Uhr zusammen. Da wir in einem auf Männer zugeschnittenen System arbeiten, sind unsere Karrierepfade linear und hierarchisch strukturiert. Männer müssen sich im Grunde nicht an die eher zyklischen Rhythmen und Bedürfnisse von Familien anpassen: Die meisten von ihnen haben immer noch Ehefrauen, die ihnen die Kindererziehung und die Versorgung der alten Eltern abnehmen. Männer arbeiten in einer geraden Linie, und damit die Arbeit befriedigend und lohnend bleibt, wird auf jeder Hierarchiestufe ihre Tätigkeit interessanter und die finanzielle Vergütung höher.

Verständlicherweise möchten wir Frauen die gleichen Privilegien haben. Um in ihren Genuß zu kommen, müssen wir jedoch mit dem Heiraten und Mutterwerden warten, bis wir uns in unserer Karriere sicherer fühlen. Wir haben einfach nicht die Wahl, eine Zeitlang auszusteigen oder weniger zu arbeiten. Wir wissen, wie schwierig es ist, mit Männern – oder kinderlosen Frauen – zu konkurrieren, wenn man nur vier Stunden geschlafen oder ein krankes Kind zu Hause hat. Viele Frauen warten deshalb einfach. Wir warten mit der Familiengründung, bis wir das Gefühl haben, daß unser Job sicher oder unsere Leistung über jeden Zweifel erhaben ist. Und Frauen, die warten, stellen manchmal fest, daß es nach einer gewissen Zeit gar nicht mehr so einfach ist. Als ich meinen Sohn bekam, war ich achtunddreißig. Mein Arzt und das Krankenhauspersonal behandelten mich wie die ältere Primatin, die ich statistisch gesehen ja auch war. Aber ich hatte Glück; im Gegensatz zu einigen meiner Freundinnen war ich problemlos schwanger geworden. Das National Center for Health Statistics berichtet, daß rund ein Viertel aller Erstgebärenden zwischen dreißig und vierundvierzig sind, ein mehr als doppelt so hoher Prozentsatz wie vor dreißig Jahren also. Unabhängig von den genauen Statistiken oder dem genauen Alter ist es nicht von der Hand zu weisen, daß etwa ab Anfang Dreißig mit abnehmender Fruchtbarkeit und »eingeschränkter Empfängnisbereitschaft« zu rechnen ist. Jean Beward, eine Sozialarbeiterin in Kalifornien, sagte: »Die Lebenswege der Menschen sind sehr kompliziert und die Umstände oft nicht von uns zu beeinflussen. Die Kenntnis der Tatsachen wirkt sich womöglich nicht auf das Verhalten einer Frau aus, aber ich bin der Meinung, daß Frauen informiert sein sollten, damit sie sich auf dieser Grundlage entscheiden können.«[13]

Wenn es um so wichtige Fragen geht, erhöht sich der Druck, und die Diskrepanz zwischen dem, was für unser Berufsleben am besten ist, und dem, was wir uns privat wünschen, wird größer. Die Struktur für den beruflichen Aufstieg wurde nicht unter Berücksichtigung der biologischen Uhr geschaffen. In Anwaltskanzleien ebenso wie in Wirtschaftsprüfungsunternehmen liegt das durchschnittliche Alter für mögliche Partnerschaften bei vierunddreißig. Aktienvorkaufsrecht und Gewinnbeteiligung werden in der Regel erst dann Teil des Gehaltspakets, wenn ein Angestellter die Vorstandsebene erreicht hat. Haben Frauen erst einmal zehn bis zwölf Jahre gearbeitet, scheuen sie aus guten Gründen davor zurück, diese Vorteile aufs Spiel zu setzen. Wenn die Entscheidung für oder gegen ein Kind uns gegen uns selbst ausspielt, reagieren viele von uns verständlicherweise mit Unwillen.

Für Frauen mit Kindern hat das Konsequenzen. Nancy erinnert sich, wie sie zufällig eine Frau traf, mit der sie früher gearbeitet hatte. Die Frau hatte eine Zeitlang halbtags gearbeitet und dann gekündigt. Nancy fragte sie, wie schwer es ihr gefallen sei, aufzuhören. »Aufzuhören war leicht«, entgegnete die Frau. »Als ich auf halbtags ging, das war der schwierige Moment. Da vermittelte ich die Botschaft: Ich steige aus der Tretmühle aus. Ich ließ jeden wissen, daß die Arbeit für mich nicht mehr das Wichtigste war. Ich scherte aus der Beförderungsspur aus und wurde fast unmittelbar von Entscheidungen ausgeschlossen. Das war am schwersten zu verkraften. Es war, als wäre meine ganze Erfahrung über Nacht nutzlos geworden. Zur Vollzeitmama überzugehen war danach nur noch ein Klacks.«

Da viele Frauen die bedrohliche Wahrheit hinter der Erfahrung dieser Frau erahnen, verdoppeln manche ihre Bemühungen, um zu zeigen, daß die Familie sich nicht auf ihre Arbeit auswirken wird. Sie leben in einem der schmerzlichsten Zustände der Verdrängung überhaupt. Sandra Brass adoptierte vor kurzem ein Baby: »Manchmal empfinde ich bei der Arbeit überhaupt keinen Unterschied, und ein anderes Mal habe ich das Gefühl, nicht genausoviel zu geben. Das tue ich tatsächlich nicht, denn die Wahrheit ist, daß ich erschöpft bin. Was wirklich leidet, ist die Arbeit außerhalb des Büros. Ich hetze nicht nach Hause und arbeite; ich hetze nach Hause und sorge für mein Baby. Ich dachte, ich würde im Zug arbeiten. Ich würde rationeller arbeiten. Doch das klappt nicht. Jetzt bleibe ich einmal in der Woche abends länger. Und ich habe alles versucht, mir nichts anmerken zu lassen. Wenn ich abends eine Einladung habe, bin ich pünktlich zur Stelle. Ich bin da, weil ich nicht möchte, daß – Gott bewahre! – irgend jemand denkt, ich sei Mutter und müßte nach Hause gehen. Ich will nicht, daß meine Arbeit leidet. Diesen Eindruck möchte ich nicht erwecken. Sie haben mir zwei Monate freigegeben, einen davon habe ich von zu Hause aus gearbeitet. Und es ist klar, daß ich nach meiner Rückkehr ins Büro eine ganze Menge Schadensbegrenzung betreiben mußte.«

Die vieldiskutierte Mamaschiene ist ein weiterer Preis, den Frauen dafür zahlen, daß sie zu den Bedingungen der Männer arbeiten. Als ich schwanger wurde, drängte mich eine Bekannte – eine Expertin in Arbeits- und Familienfragen –, auf eine niedriger eingestufte Position zu wechseln und meine Belastung zu reduzieren. »Das ist nicht der Moment, um höher hinauszuwollen«, belehrte sie mich. Zum Glück war ich so dickköpfig und so fest entschlossen, meine Arbeit gut zu machen, daß ich ihren Rat in den Wind schlug. Ich übernahm eine große Aufgabe, und die Freude, die ich aus ihrer erfolgreichen Bewältigung zog, hielt mich das erste sehr harte Lebensjahr meines Sohnes über Wasser.

Hätte ich nicht eine interessante, anspruchsvolle Arbeit gehabt, hätte ich mich zu sehr darauf konzentriert, wie müde ich war und wie schwierig ich die Umstellung auf das Muttersein fand. Statt dessen hatte ich einen größeren Lebensentwurf, fühlte mich wohl in meinem Beruf, und mein Sohn hatte auch etwas davon. Die Untersuchung der Psychologin und Autorin Rosalind Barnett über Frauen, Männer und Arbeit bestätigt mein Gefühl. In dem Buch *He Works / She Works*, das auf ihrer Untersuchung basiert, zeigt sie, daß Jobs »auf der Mamaschiene« in der Regel durch mehr Routinearbeit und geringere Kompetenzen gekennzeichnet sind – zwei Faktoren, die nach Erkenntnissen des Wissenschaftlers Robert Karasek stärkeren Streß verursachen.

Es ist einfach eine Tatsache, daß Männer, die in dieser Lebensphase eine Familie gründen, Ehefrauen oder andere dafür zuständige Personen haben, die, auch wenn sie selbst arbeiten, normalerweise den zusätzlichen Monat Arbeit im Jahr[14] übernehmen, den Karrierefrauen für die Bewältigung von Beruf und Familie aufwenden. Folglich müssen Frauen, um den Männern beruflich ebenbürtig zu sein, oft ihr Familienleben mit all seinen Verpflichtungen verleugnen. Es nicht zu tun würde ihnen Nachteile bringen. Es zu tun bringt sie in Schwierigkeiten.

Zusammenbruch

Auf mich wirkten sich all diese Zwänge so aus, daß sie mein privates und mein berufliches Ich in zwei entgegengesetzte Ecken drängten. Jeden Morgen, wenn der Wecker klingelte, kamen diese zwei Identitäten hervor, stritten miteinander und kämpften um meine Zeit und meine Aufmerksamkeit. Die Beziehung zwischen diesen beiden erinnerte mich an das unversöhnliche Gezänk zweier Ehepartner, die sich lieben, aber weder miteinander leben noch sich voneinander trennen können. Die Basis der Beziehung, die ich mit meinem Berufsleben eingegangen war, schwand immer mehr, je älter ich wurde. Als ich sie einging, hatte ich nicht vorausgesehen, daß der Erfolg mein Leben aufspalten und mich zwingen würde, Entscheidungen zu treffen, durch die ich mich auf der einen oder anderen Seite beeinträchtigt fühlte.

Gleich Wellen, die gegen die Felsen schlagen, fangen die Grenzen eines Erfolgs, wie Männer ihn definieren, früher oder später an, uns auszuhöhlen. Doch dieser Zusammenbruch ist ein großes Geschenk. Wir brauchen etwas so Schmerzvolles, um von den großen (unrealistischen) Erwartungen, die wir an uns selbst hatten, Abschied zu nehmen. Erst wenn es uns wirklich schlechtgeht, sind wir bereit, die gegensätzlichen Rollen, die wir zur Perfektion zu treiben suchen, aufzugeben. Erst dann können wir uns daranmachen, zurückzufordern, wer wir sind und was uns wichtig ist. Wir entwickeln uns weiter. Das System nicht. Eine Seite muß Zugeständnisse machen.

Kapitel 4

Wenn Arbeit nicht mehr funktioniert

Da ich mir ein Leben ohne meine Arbeit nicht vorstellen konnte, war ich sogar bereit, sehr viele Härten in Kauf zu nehmen, um die äußeren Merkmale des herkömmlichen Leistungsideals, die ich in fast zwei Jahrzehnten angesammelt hatte, beibehalten zu können. Es müßte wirklich ganz schlecht laufen, bevor ich kündigte und meine berufliche Identität, meine Arbeitskollegen und mein kreatives Betätigungsfeld hinter mir ließe. Wie eine von Aschenputtels bösen Stiefschwestern war ich gewillt, auf geschundenen Füßen weiterzutanzen, bevor ich auch nur einen Gedanken daran verschwendete, den Ball zu verlassen. Wer um alles in der Welt würde ich auch sein, wenn ich ihn verließe? Und wenn ich mich »zurückstufen« ließe, wäre ich dann weniger als das, was ich früher war?

Gerne würde ich behaupten, daß ich mich, als ich allmählich die Begrenzungen meiner Karriere erkannte, selbst aufrappelte, mir den Staub abklopfte und mein Leben änderte. So simpel war es nicht. In Wirklichkeit versuchte ich über mehrere Jahre verzweifelt, es auf irgendeine Weise doch noch hinzukriegen. Da aber mein Selbstwertgefühl so eng mit meinen beruflichen Leistungen verbunden war, konnte ich nicht einfach aufhören oder es anders machen. Ich war eine Gefangene des Erfolgs.

Dieser lange, letzte Tanz mit meiner Karriere erinnert mich an eine Beziehung, die ich in meinen späten Zwanzigern zu einem Mann hatte, den ich Richard nennen will. Er war ein ausgesprochen netter Mann, theoretisch genau der richtige Ehekandidat für mich – gebildet, integer, freundlich und sehr, sehr reich. Beide fanden wir im anderen den Menschen, den zu heiraten unsere Eltern und die Gesellschaft uns vorbereitet hatten. Das Problem war nur, daß wir uns nicht wirklich liebten. Statt uns diese Tatsache einzugestehen und allen eine Menge Zeit und Kummer zu ersparen, nahmen wir uns zusammen eine Wohnung. Ich war entschlossen, zu überhören, was mein Bauch mir sagte, denn der mußte sich einfach irren. Es gab zu viele äußere Hinweise darauf, daß dieser Typ genau der richtige für mich war. Ich erinnere mich, wie ich dachte: »Was ist denn los mit dir? Er hat doch alles.« Wenn ich nicht in *diesen* Mann verliebt war, konnte etwas mit mir nicht stimmen. Lange Zeit biß ich die Zähne zusammen und versuchte, die Waagschalen ins Gleichgewicht zu bringen. In der einen lagen der nette Mann, großer Immobilienbesitz (er besaß drei Häuser) und dauerhafte finanzielle Sicherheit. Die andere enthielt meine vagen Zweifel und nebelhaften Gefühle, die zusammengenommen nicht wirklich Liebe zu ihm ergaben. Richard und ich vergeudeten fünf Jahre mit dem Versuch, unsere Herzen gewaltsam in Gleichklang zu bringen.

Im nachhinein ist mir klar, in welchem Dilemma ich mich damals befand. Ich besaß weder das nötige Selbstbewußtsein, um meine Bedenken ernst zu nehmen und jemanden abzuweisen, an dem äußerlich gesehen alles stimmte (jemanden, der in unserer Gesellschaft als »gute Partie« galt), noch hatte ich auch nur den geringsten Zweifel daran, daß ich nicht ganz in Ordnung sein müßte, wenn ich die Beziehung auflöste. Statt dessen stürzte ich mich in den Abgrund des Entweder-Oder: Entweder ich blockte meine Gefühle ab und entschied mich für eine »erfolgreiche« Verbindung, oder ich fiel in das tiefe, schwarze Loch der Altjüngferlichkeit und des Versagens. Und solange ich mich nicht entscheiden konnte, hielt ich mein eigenes Leben in Geiselhaft, während ich darauf wartete und hoffte, die Realität möge sich ändern.

Als diese Beziehung endlich zu Ende war, stürzte ich mich um so eifriger in meine Karriere. Ich war jetzt doppelt so fest entschlossen, erfolgreich zu sein, um all das zu bekommen, was ich bei meinem fehlgeschlagenen Versuch, Sicherheit zu heiraten, für immer verloren hatte. Das war genau zu der Zeit, als allem Anschein nach nur noch Bücher über Frauen erschienen, die ihre Identität zu stark von Männern abhängig machten. Ich gratulierte mir selbstgefällig dazu, diesem Schicksal entgangen zu sein. Natürlich übersah ich dabei, daß die Beziehung zu meiner Karriere schon bald das gleiche Gepräge trug wie diese Mann-Frau-Beziehungen. Statt auf einen Mann war ich auf etwas anderes Äußerliches – meinen Titel, mein Gehalt, meine Firma – angewiesen, um ein Gefühl dafür zu bekommen, wer ich war und was ich wert war (ganz abgesehen von sozialer und finanzieller Sicherheit).

Während dieser Zeit wurde mein äußerliches Leben immer besser. Ich war wirklich stolz auf mich, denn ich hatte einiges geleistet. Allerdings traten auch die Defizite in meinem übrigen Leben immer deutlicher zutage. Nachdem Richard und ich uns getrennt hatten, war mein Leben außerhalb der Arbeit sehr reduziert. Die meisten meiner Freundinnen widmeten sich damals eifrig dem Versuch, neben der Erziehung ihrer Kinder weiterhin berufstätig zu sein. Mit den drei noch verbliebenen unverheirateten Frauen aus meinem Freundeskreis ging ich gelegentlich ins Kino oder auf Partys. Ich war immer mal wieder mit Männern zusammen, die mir ungefähr so gleichgültig waren wie ich ihnen. Langsam gewöhnte ich mich an die Tatsache, daß meine Arbeit auf dem besten Weg war, die dauerhafteste Beziehung meines Lebens zu werden. So betrachtet, sah sie auf einmal gar nicht mehr so rosig aus.

Als ich auf die Vierzig zuging, waren über mir auf der Karriereleiter nicht mehr viele Stufen zu sehen. Die Position, die ich damals innehatte, verlangte mir immer mehr an Zeit und innerem Engagement ab. Wenn ich Kinder haben wollte, mußte ich mir ein bißchen Zeit dafür nehmen, mich mit Hochdruck hinter die Partnersuche klemmen. Die Zeit schien schneller zu vergehen, und ihr Schatten zehrte meine Möglichkeiten auf. Ich wußte, daß ich einen Punkt erreicht hatte, an dem jeder Schritt, den ich tat oder nicht tat, langfristige Folgen hatte. Meine Karriere hielt jetzt ebenso viele Probleme wie Lösungen für mich bereit, und eine eisige Lähmung kroch an meinen Beinen hoch bis zu einer Stelle, an der sich vor kurzem noch meine Lebensfreude befunden hatte. Nach außen hin führte ich ein gutes Leben, aber ich fühlte mich überhaupt nicht mehr wohl dabei.

In diesem Stadium des Zusammenbruchs verharrte ich mehrere Jahre, bevor ich den Mut und das Vertrauen fand, etwas dagegen zu tun. Je mehr ich mir meiner Unzufriedenheit bewußt wurde, desto größer wurden meine Zweifel, aber auch meine Verdrängungsleistung und meine Entschlossenheit. Ich würde die Dinge schon in Ordnung bringen, egal wie.

Alternativen zum traditionellen Bild des Erfolgs lehnte ich kategorisch ab. Vom Pfad abzuweichen mochte für andere richtig sein, für mich war es das nicht. Vielleicht hatte ich das Gefühl, in meinem Streben nach Erfolg zu viele persönliche Opfer gebracht zu haben. Vielleicht wollte ich immer noch alles haben. Aber höchstwahrscheinlich war es einfach zu bedrohlich, genau das in Frage stellen zu wollen, was mich im Kern ausmachte. Wenn ich nun nach fast zwei Jahrzehnten des täglichen emotionalen, physischen und geistigen Einsatzes feststellte, daß ich den falschen Beruf hatte? Oder schlimmer noch, daß die Liebe zum richtigen verblaßt war, ich aber keinen anderen wußte, der mir gefallen hätte? Wenn ich nicht mehr das wäre, womit ich meinen Lebensunterhalt verdiente, so fürchtete ich, wäre ich vielleicht überhaupt niemand mehr. Aus Angst widersetzte ich mich jeder eingehenden Prüfung.

Als ich im Alltag immer gereizter wurde, bekam ich das Gefühl, in der Klemme zu sitzen, unentschieden zwischen zwei Optionen: weitermachen wie bisher oder entscheidende Änderungen herbeiführen. Keine von beiden gefiel mir besonders. Ich wollte dasselbe tun wie immer, aber mit mehr Spaß. Und weniger Druck. Da ich in einer Branche arbeitete, in der die Leute häufig die Firma wechselten, probierte ich es ein paarmal damit. Nach mehreren Versuchen wurde mir jedoch klar, daß meine Probleme tiefer reichten als bis zum Briefkopf auf meiner Post. Das wahre Problem bestand darin, daß ich mir nicht vorstellen konnte, wie es möglich sein sollte, ein richtiges Leben und zugleich Erfolg mit seinen Vorteilen in Form von Geld (einem schönen Zuhause), Macht (Freiheit) und Status (hoher gesellschaftlicher Anerkennung) zu haben. Ich war nicht bereit, alles, wofür ich gearbeitet hatte, in der vagen Hoffnung aufs Spiel zu setzen, daß mein inneres, mein persönliches Leben – oder wie immer man es nennen will – erfüllter sein könnte. Wie in meiner Beziehung zu Richard erlebte ich mich als Gefangene meiner eigenen Vorstellung von dem, was meiner Ansicht nach von mir erwartet wurde.

Anna Quindlen erinnert sich, wie eine Frau auf einen Vortrag reagierte, in dem sie über ihr Ausscheiden bei der *New York Times* gesprochen hatte: »›Das ist ja alles schön und gut, und für Sie war es sicher richtig, Ihren Job aufzugeben‹, wandte die Frau ein, ›aber was ist mit den Leuten, die für ihre Familien sorgen?‹« Quindlen war dankbar für diese Frage, denn hier liegt ein Kernproblem. »Wenn Sie es nicht tun können, weil Sie die Hypothekenzinsen zahlen müssen, dann ist der Fall damit erledigt«, antwortete Quindlen. Doch als die Frau später nach vorne kam, um mit ihr zu sprechen, stellte sich heraus, daß sie die Justitiarin eines der größten Unternehmen im Land war. »Das Problem dieser Frau waren nicht die Hypothekenzinsen. Sie kann nichts verändern, weil ein Teil ihres Verstandes von dem, was die Welt als Erfolg definiert, in Schach gehalten wird«, bemerkte Quindlen. »Sie muß den Gewehrlauf vor ihrer Nase wegschieben und sagen: ›Moment mal. Wenn ich auf dem Totenbett liege, werde ich mir nicht sagen: *Mensch, da draußen haben mich wirklich alle für erfolgreich gehalten.* Ich werde mir sagen müssen: *Habe ich mit meinem Leben das gemacht, was ich mir vorgestellt hatte?*‹ Und wenn die Antwort *Nein* ist, dann gnade ihr Gott. Das wird der traurigste Augenblick ihres Lebens sein. Und genau in diesem Punkt habe ich selbst ein gutes Gefühl. Ich kann mir sagen: ›Ich habe mir auf Gedeih und Verderb, in guten wie in schlechten Zeiten, meinen Weg wirklich selbst gebahnt.‹«

Diese Justitiarin hätte fast jede Frau, mit der ich in den letzten fünf Jahren essen gegangen bin, oder jede der für dieses Buch interviewten Frauen sein können. Es ist, es stünden wir alle zusammen am Ufer eines Flusses und sähen auf der anderen Seite ein ganz anderes Leben. Doch keine von uns will ins Wasser springen. Statt dessen stehen wir am Ufer, schauen sehnsüchtig hinüber und erzählen einander alle möglichen schaurigen Dinge über das Wasser. »Es ist kalt, es ist naß, die Strömung ist zu stark, es gibt bissige Tiere darin.« Es finden sich tausend Dinge, denen wir gestatten, sich zwischen uns und das zu schieben, was wir angeblich wollen. Wir sträuben uns gegen das Risiko. Wir sträuben uns gegen die Veränderung. Wir sträuben uns gegen die Abkehr von der Sicherheit unserer gewohnten Identität. Wie menschlich!

Betrug

Während dieses Zusammenbruchs blieb ich an meinem Schreibtischstuhl kleben, festgehalten von der Loyalität gegenüber meinem ursprünglichen Bild eines erfolgreichen Lebens – dem mit dem tollen Job und dem tollen Familienleben. Wie ich so dasaß, war nicht nur mein Leben nicht toll, sondern um mich herum schien sich auch alles zu verschlechtern. Mein Beruf veränderte sich schnell und ganz konkret – und zwar nicht zum Guten. Die Posten, die früher wie Ziele ausgesehen hatten, die Sicherheit und Anerkennung versprachen, bekamen langsam Ähnlichkeit mit Erster-Klasse-Liegestühlen auf der *Titanic*. Hochbegabte Freundinnen wurden gefeuert. Ikonen des Verlagswesens wurden vor die Tür gesetzt und ohne Würde und Respekt behandelt. »Wenn es denen schon passiert...«, flüsterten wir einander zu. Statt nach dem langen Aufstieg auf der Karriereleiter endlich einen Ort der Wertschätzung und Sicherheit zu erreichen, fanden wir uns auf einer Plattform wieder, von der wir alle jederzeit hinuntergestoßen werden konnten. Ein Gefühl der Angst durchdrang allmählich alles, was wir taten. Wir sahen, wie entbehrlich jeder einzelne geworden war.

»Ich sage das nicht gern, aber irgendwie fühle ich mich betrogen«, erklärt die fünfundvierzigjährige Nancy, die als Führungskraft in einer Abteilung eines bedeutenden Industriebetriebs arbeitet. »Aber warum? Was hat mich meiner Ansicht nach betrogen? Wer? Und woher nehme ich, die ich Geld auf der Bank, eine Rente und ein schönes Haus habe, das Recht, mich zu beklagen?« Als ich Nancy zum erstenmal begegnete, hatte sie gerade erfahren, daß ihre Abteilung, ein neuer, risikoreicher Unternehmenszweig der Firma, kurz vor der Auflösung stand. Am meisten verletzte sie, daß ihr Management die Entscheidung getroffen hatte, ohne sie mit einzubeziehen. Man versicherte Nancy zwar, daß sie wieder einen Job bekommen würde, aber die neue Position, die man ihr anbot, lag um einige Stufen niedriger als die alte. »Sie meinten, ich müßte zurück in den Hauptgeschäftsbereich«, bemerkte sie sarkastisch. »Damit die Leute mich wieder kennenlernen könnten. Als ich in dem neuen Unternehmenszweig arbeitete, versicherten sie mir immer, das, was ich tat, entspräche dem, was andere im Hauptunternehmen machten, aber das erwies sich als falsch. Ich kehre dahin zurück, wo ich vor fünf Jahren schon war.« Besonders empört ist Nancy darüber, wie schäbig man ihren Mitarbeiterstab behandelt. Am merkwürdigsten ist allerdings, daß ihre Abteilung nicht nur Umsatz machte, sondern den Geschäftsplan sogar übertraf.

Alison, eine Altersgenossin von Nancy, bestätigt ihre Gefühle. »Zuckerbrot und Peitsche. Ich glaube, bei mir wurde die Methode ›Zuckerbrot und Peitsche‹ angewandt«, macht sie ihrem Ärger Luft. »Immer hieß es: ›Studieren Sie Betriebswirtschaft! Machen Sie Ihr Diplom!

Legen Sie sich ins Zeug und versuchen Sie, den Hauptgewinn zu ergattern!‹ Also legte ich mich ins Zeug, und als ich den Hauptgewinn fast in der Hand hatte, hieß es: ›Tut uns leid, aber wir werden jetzt die Regeln ändern, Sie müssen mehr und härter arbeiten und länger auf Vergütungen warten. Wir legen einen Zahn zu. Sie werden sich zurückstufen lassen und mehr arbeiten müssen, dann bekommen Sie – vielleicht – den Hauptgewinn.‹ Ich glaube, ich bin für die Gelegenheit und das Privileg, mich selbst ausbeuten zu dürfen, in den Kampf gezogen. Ich kam fast bis an die Spitze und begriff, daß niemand mich für all die harte Arbeit schätzen oder gar lieben würde. Und so wie die Zeiten heute sind, wird nichts anderes passieren, als daß sie mit jedem Erfolg nur noch mehr haben wollen. Das ist ganz sicher nicht das, was ich mir vorgestellt habe.«

Wie Alison steckte auch Nancy fest. Ein Leben ohne ihre Karriere konnte sie sich nicht vorstellen, ein Leben mit ihr nicht verkraften. »Was kann ich machen? Ich kann kündigen. Aber anderswo ist es auch nicht besser. In meiner Branche ist es nirgendwo besser als hier. Im übrigen will ich nicht aufhören. Was würde ich mit meinem Leben anfangen? Dies *ist* mein Leben. Ich kann mich nach einem neuen Job umsehen, aber ohne jede Garantie, oder ich kann den neuen Posten annehmen, gute Miene zum bösen Spiel machen und ihnen zeigen, daß ich ein guter Verlierer bin. Nichts von alledem erscheint mir besonders reizvoll. Woher soll ich wissen, was zu tun ist, wenn ich so ausgebrannt bin? Ich kann gar nicht klar denken.«

Die Geschichten von Nancy und Alison ähneln vielen anderen, in denen Frauen in ihrer beruflichen Laufbahn einen gewissen Punkt erreichen, nur um dann festzustellen, daß die Regeln sich geändert haben. Anstelle der Sicherheit, die wir bei unseren Vätern erlebt hatten, bekamen wir zum erstenmal in unserer Karriere Angst, entlassen zu werden. Und das nicht etwa, weil wir nicht gut arbeiteten, sondern weil irgendein Konzern unsere Firma aufkaufte oder sie mit einer anderen fusionierte oder man uns aus Gründen der Kosteneinsparung wegrationalisierte. Ausgerechnet als wir einen Punkt erreichten, an dem wir die Früchte unserer harten Arbeit hätten genießen können, verloren die Unternehmen ihre Großzügigkeit, und der Paternalismus, der einem früher ein Gefühl der Geborgenheit vermittelt hatte, fiel knapperen Gewinnspannen zum Opfer.

Diese Veränderung empfindet Nancy als Verlust. »Ich habe mich mit Leib und Seele dieser Arbeit verschrieben, und nun bekomme ich meine Seele nicht zurück«, seufzt sie. »Ich komme von diesem Anerkennungsding nicht los. Ich kann es nicht fassen, daß ich so lange und so hart gearbeitet habe und trotzdem immer noch erwarte, daß jemand sagt: ›Hey, Nancy, gut gemacht! Wir schätzen Ihren Beitrag wirklich sehr, und für alles, was Sie für die Firma getan haben, werden wir Sie künftig mehr einbeziehen und Ihnen einen Titel geben, der unseren Respekt und unser Vertrauen zu Ihnen widerspiegelt.‹ Statt dessen höre ich: ›Hey, Nancy! Wenn Sie Ihren Job behalten wollen, müssen Sie mit diesem niedrigeren Posten vorliebnehmen.‹ Ich habe einfach das Gefühl, daß das ganze Spiel sich verändert hat und mir nichts anderes übrigbleibt, als mitzumachen.«

Für viele Frauen ist die Situation nicht ganz so dramatisch wie für Nancy; doch wie sie hatte keine von uns geahnt, daß die Sicherheit unserer Arbeitsplätze just in der Mitte unserer Laufbahn zum erstenmal ein Thema sein würde. Nun arbeiteten wir, um die Arbeit zu behalten, und nicht mehr, weil sie uns gefiel. Diese Veränderung des Arbeitsklimas fiel damit zusammen, daß die meisten

Frauen sich aufgrund ihrer Leistungen zwischen vermehrter Verantwortung und geringerer Entlohnung aufgerieben fühlten. »Als Macht und Einfluß zum Greifen nah waren, verlor die Arbeit langsam ihren Sinn«, bemerkte Jane in einem Gespräch, das wir fast ein Jahr, nachdem sie aus ihrer ersten Karriere ausgestiegen war, führten. »Alle liefen wie aufgescheucht herum, keiner hatte Spaß an seiner Arbeit. Lange hatten wir gedacht, die Arbeit würde uns für immer befriedigen. Aber dann dämmerte uns allmählich, daß wir den erhofften Einfluß oder Respekt nicht bekommen würden. Ich kann nicht behaupten, daß ich das alles vermisse!«

An diesem Punkt fangen viele von uns an, Fragen zu stellen. »Ist das wirklich alles? Ist es das, was *ich* mir für *mein* Leben wünsche?« Als die Garantien für Sicherheit und Anerkennung durch die Veränderung des Arbeitsklimas bedroht waren oder wegfielen, tauchten unsere »persönlichen« Träume – die wir zurückgestellt oder verdrängt hatten, um ein nach außen hin erkennbar gutes Leben aufzubauen – wieder aus der Versenkung auf. Der goldene Glanz des Erfolgs war stumpf geworden. Wir begannen, unser Leben in anderem Licht zu sehen. (Die jüngeren Frauen, die nach uns kommen, stehen vor einer anderen, nicht weniger beängstigenden Aufgabe: Sie kämpfen sich vorwärts in dem vollen Bewußtsein, daß für Unternehmen nur Unternehmen wichtig sind. Für diese Frauen, die der Realität von Entlassungen und Personalabbau offen ins Auge sehen, bedeutet der Mangel an sinnvollen Alternativen in der Arbeitswelt, daß sie oft schon zu Beginn ihrer Laufbahn deren Grenzen kennen.)

Das ist für uns Frauen keineswegs eine unmittelbar befreiende Erfahrung, sondern der Auslöser einer tiefen Krise. An diesem Punkt sind wir psychisch und finanziell sehr eng mit der Arbeit verzahnt. Wir erkennen, daß wir einem Phantom nachgejagt sind. Wir können uns nicht vorstellen, nicht zu arbeiten, doch der Pfad, auf dem wir uns befinden, führt uns auch nicht an das erhoffte Ziel. Da wir uns so lange an das Motto »Je mehr, desto besser« gehalten haben, nimmt ein Leben mit weniger von irgend etwas – und sei es auch weniger Streß – den Ruch des Versagens an. Uns wird langsam bewußt, wie paradox die Leistungsmaxime ist: Wir wollen gar nicht unbedingt mehr von dem, was wir haben, aber in unserer Gesellschaft stößt eine solche Denkweise auf Unverständnis.

Nicht von ungefähr gelangen wir an diesen Punkt, wenn wir ein gewisses Maß an Erfolg erreicht haben. Zum Teil rührt das daher, daß unser Karrieretempo sich dramatisch verlangsamt und wir (vielleicht seit Jahren zum erstenmal) einen Augenblick innehalten und uns umsehen können. Wir stellen fest, daß wir Bewegung irrtümlicherweise mit Befriedigung gleichgesetzt haben. »›Festzustecken‹ ist eine ganz andere Arbeitserfahrung als ›in Bewegung‹ oder ›aufstrebend‹ zu sein«, sagt Rosabeth Moss Kanter. »So können etwa zu geringe Kompetenzen dazu führen, daß alles, was eine bestimmte Position an Interesse oder Begeisterung zu wecken vermag, binnen kurzem erlischt, genau wie der Motivationsschub einer Gehaltserhöhung wieder nachlassen kann, wenn keine weitere zu erwarten ist.«[1] Dinge, die wir in den Anfängen unserer Karriere um des Aufstiegs oder der Aussicht auf interessante Arbeit willen gerne übersehen haben, verlieren allmählich ihre Tarnung und sind kaum noch zu übersehen.

Ein weiterer Grund dafür, daß unser Blickwinkel sich mit steigender Leistung ändert, liegt darin, daß wir Frauen das Gefühl brauchen, uns selbst bestätigt zu haben, damit wir uns sicher genug fühlen, um das, womit wir unseren

Lebensunterhalt verdienen, von dem trennen zu können, was uns als Menschen ausmacht. Die Autorin Terri Apter formuliert es so: »Erst unter verbesserten Bedingungen konnten die Frauen sich beklagen. Sie mußten die Wahrnehmung ihrer eigenen Fähigkeiten, ihre Erwartungen an ihre Karriere und ihr Gefühl für das, was fair ist, verändern. Sie mußten die Kraft aufbringen, gegen Gewohnheit und Voreingenommenheit, aus denen ihr bisheriges Schweigen erwachsen war, anzukämpfen.«[2] Diese Perspektive stellt sich erst ein, wenn wir entweder reif genug sind oder genug erreicht haben, um zu ahnen, wieviel von uns selbst wir für unseren Erfolg in die Waagschale geworfen haben.

Da dieser äußerst subtile Prozeß kumulativ verläuft, ist nur schwer zu erkennen, wie die kulturellen Botschaften, die ununterbrochen auf uns eindrangen, unser Leben beeinflußt haben. Die Verdrängung privater, persönlicher Einstellungen zugunsten der herrschenden, allgemein anerkannten oder nutzbringenden Werte vollzieht sich langsam und in kleinen Schritten. Frauen erkennen das selbstgeschaffene Muster erst, nachdem viele Entscheidungen schon getroffen sind. Nur auf der Basis von Erfahrung und Selbstbewußtsein kann man innerlich einen Schritt zurücktreten und ein System, auf das man gesetzt hat, um überhaupt erst einmal Vertrauen aufzubauen, kritisch unter die Lupe nehmen. Je weiter aber die Rolle der Frauen am Arbeitsplatz sich entwickelt, um so deutlicher schält sich heraus, daß unsere Tagesordnung irgendwann an entscheidenden Punkten von der Wertordnung des sich aufopfernden Helden abweicht.

Bevor ich in meinem Beruf unbestreitbar erfolgreich war, hatte es auf meiner Tagesordnung keinen Platz für Punkte gegeben, die eine bedrohliche Alternative zum Erfolg darstellten. Ich brauchte die Zustimmung und den

Respekt meiner Kollegen und Vorgesetzten für mein eigenes Selbstwertgefühl und setzte diese Anerkennung mit Erfolg gleich. Als ich aber eine Stufe erreichte, auf der ich begann, die Dinge im richtigen Verhältnis zu sehen und zu erkennen, was alle meine Kompromisse mir wirklich eingebracht hatten und daß noch viele andere auf mich warteten, wurden mir die inneren Konsequenzen der Zugeständnisse, die ich um des Erfolgs willen gemacht hatte, sehr deutlich bewußt. Vielleicht war ich weit genug aufgestiegen, um eine Art Panoramaaufnahme meines Lebens machen zu können. Vielleicht war es die zunehmende Hektik, die mein Leben prägte, als meine Verpflichtungen ins Uferlose wuchsen. Vielleicht entwickelte ich aber auch genau wie Jane ein Gefühl für meine Sterblichkeit.

Die Tagesordnung kritisieren

In dieser Lebensphase wird vielen von uns klar, daß die Tagesordnung, die wir in unseren Zwanzigern hatten – und die widerspiegelt, wer wir *glaubten* sein zu müssen –, auf Dauer nicht so recht bestehen kann. Manche von uns haben ein phantastisches Privatleben und eine mittelmäßige Karriere. Andere haben eine traumhafte Karriere und ein bescheidenes Privatleben. Wieder andere haben mal ein bißchen von beidem und mal nichts von beidem. Fest steht, daß keine von uns zu jeder Zeit alles hat. Wir sehen, daß Ausgeglichenheit nicht möglich ist und daß einige schwerwiegende Entscheidungen vor uns liegen. Marissa Clark, eine neununddreißigjährige Gewerbeimmobilienmaklerin aus Minneapolis, stellte fest, daß sie das, was die Gesellschaft als Erfolg betrachtete, überhaupt nicht wollte. »Mir wurde klar, daß ich in dem ständigen Bemühen gelebt hatte, die Welt dazu zu bringen, mich zu bestätigen, weil ich mich so unbestätigt fühlte. Ich glaube, daß meine Kinderlosigkeit mich darin noch bestärkte; vermutlich war es deswegen für mich noch wichtiger, noch erfolgreicher zu sein, denn mir war sicherlich bewußt, daß ich als Frau ohne Kinder nicht die Kriterien erfüllte, die ich selbst aufgrund meiner Erziehung an eine erfolgreiche Frau anlegte. Ich habe keine Kinder, also bin ich nicht erfolgreich. Schluß. Aus. Das läuft nicht einmal bewußt ab. Es ist eine unbewußte Angelegenheit. Mir wurde vermittelt, Frauen ohne Kinder seien keine vollständigen Frauen. Sie seien Frauen, die ihnen zugewiesene Aufgaben nicht erfüllt hätten oder der allgemein gültigen Definition dessen, was eine gute Amerikanerin ausmachte, nicht genügten. Ich durchlief die Phase des Kinderwunsches, wobei ich mich mit der Vorstellung herumschlug, sowohl Kinder zu haben als auch Karriere zu machen, und glaubte, beides vereinbaren zu können. Dann traten gesundheitliche Probleme auf, und damit war die Kinderfrage erledigt. Um ganz ehrlich zu sein, es war eine Erleichterung für mich.«

Marissa hatte lange mit sich gekämpft. Eigentlich wollte sie gar keine Kinder. Und doch glaubte sie, sie würde als Frau versagen, wenn sie keine hätte. Also versuchte sie mit aller Gewalt, sich über das hinwegzusetzen, was ihrer Meinung nach für sie selbst richtig war. Marissa wußte auch, daß sie in ihrem Beruf erfolgreich sein wollte, doch der zusätzliche Lebenssaft, den sie aus ihm herauszupressen suchte, um die vermeintlichen Unzulänglichkeiten ihres übrigen Lebens wettzumachen, hatte ihr die Liebe zu ihrem Beruf versauert. Im Grunde ihres Herzens wünschte Marissa sich, umzusatteln und Sozialarbeiterin zu werden. Aber sie fürchtete, daß sie mit einem weniger prestigeträchtigen Beruf durchweg als Versagerin gelten würde. Sie glaubte ihren Spitzenjob zu brauchen, um in der Gesellschaft überhaupt etwas zu gelten. Um irgendeine lohnende Identität zu haben. Da sie aber im Immobilienhandel blieb, obwohl sie eigentlich etwas anderes machen wollte, wurde sie immer depressiver. Langsam ging ihr der Blick dafür verloren, ob ihr Leben noch in Ordnung war oder nicht. Wie andere Frauen, die dieses Stadium des Zusammenbruchs erreichen, mußte sie eine Weile in dem unbequemen Bewußtsein leben, daß zwei verschiedene Wertordnungen Anspruch darauf erhoben, für ihr eines Leben maßgeblich zu sein. Die Folge davon war eine Phase, in der sie ganz konkret das Gefühl hatte, gescheitert und am Boden zerstört zu sein.

Für Marissa lagen die Karten nun offen auf dem Tisch. Sie wünschte sich ein neues Leben, wußte aber, daß sie ihr altes dafür würde hergeben müssen. Frauen, die an diesen Punkt kommen, besitzen genügend Sachverstand und Erfahrung, um zu erkennen, daß überall ein Preis zu zahlen ist – ob wir nun den Beruf über das Privatleben stellen oder umgekehrt. Hier wird die Rivalität zwischen den beiden Welten – der beruflichen und der privaten – konkret. Sogar die Arbeit beginnt zu leiden, wenn die Energie, die eigentlich ihr hätte zufließen sollen, abgezogen wird, um die Spannung, die aus der Polarität entsteht, auszugleichen. Dennoch können Frauen jahrelang in diesem Zustand verharren, und sie tun es auch, so wie ich. Wir erkennen zwar, daß das Festhalten an unserer ursprünglichen Tagesordnung unser Glück schmälert, sind aber dennoch nicht in der Lage, eine neue aufzustellen. Es tut weh, wenn man klar sieht, sich aber zu kraftlos fühlt, um zu handeln.

Beginnen, von innen heraus zu leben

»Doch erst mit Mitte Dreißig dämmerte es mir allmählich, daß es ein inneres Machtzentrum gibt«, erinnert sich Gloria Steinem. »Ich bin zwar so erzogen worden, daß ich das überall sonst vermutet hätte, nur nicht in mir selbst, aber mir wurde es zunehmend bewußt, und zwar trotz meines Geschlechts und meiner Sozialisierung.«[3] Es ist eine radikale und beängstigende Vorstellung – daß unsere persönliche Macht unserer beruflichen ebenbürtig sein könnte und daß wir womöglich eine innere Tagesordnung haben, die nicht mit den gesellschaftlichen Erwartungen übereinstimmt. Es ist zermürbend, da wir die meiste Zeit unseres Lebens darauf angewiesen waren, daß äußere Dinge uns Form und Sinn gaben. Den Institutionen (und ihren Vertretern) um uns herum haben wir eine enorme Macht zugestanden. Doch wenn uns erst einmal klar wird, daß wir aufgrund unserer Begabung und nicht durch Glück oder das Wohlwollen und die Großzügigkeit unserer Vorgesetzten dahin gekommen sind, wo wir sind, erleben wir einen Perspektivenwandel, der alles verändert. Jahrelang mußten wir unseren Blick auf das richten, was unsere Chefs von uns dachten. Das war nötig, weil Unternehmensführung ein Machtspiel ist: Hier werden Beförderungen bewilligt, Urlaubstage verweigert, besondere Vorrechte gewährt und Art und Geschwindigkeit unseres Aufstiegs festgelegt. Da ist es nicht weiter verwunderlich, daß wir dazu neigen, die Quelle unseres Glücks außerhalb von uns selbst zu suchen. Andererseits haben wir bis zu diesem Moment genug geleistet, um allmählich dahinterzukommen, daß unsere Talente uns gehören und unsere Stärken nicht von unseren Lehrern, Mentoren und Führungskräften abhängen. Wir erkennen, daß wir selbst auch Macht besitzen.

Das größte Hindernis für eine solche Sichtweise war, daß wir auf äußere Kräfte und Institutionen vertraut hatten, um Geltung und Bestätigung zu bekommen. Solange wir in dieser Abhängigkeit verharrten, rechneten wir uns unsere harte Arbeit nicht als Verdienst an. Und als unser Leben dann nicht so verlief, wie wir es erwartet hatten, gaben wir uns selbst die Schuld und nicht den Institutionen und Wertsystemen, die es stützten. Janet Andre ist Beraterin für Frauen und Arbeit; in ihrer jahrelangen Praxis hat sie festgestellt, daß die meisten Frauen, die beruflich nicht das bekommen haben, was sie sich gewünscht hatten, »denken: ›Es liegt an mir, daran, daß ich irgend etwas falsch gemacht habe. Ich war nicht energisch genug oder habe bei einem Projekt nicht gut genug gearbeitet.‹ Sie machen sich selbst dafür verantwortlich.« Karriereberaterin Shoya Zichy bestätigt: »Frauen glauben, sie seien an ihrer Situation selbst schuld. Voller Selbstzweifel fragen sie sich: ›Warum bin ich hier nicht glücklich? Mir wurden doch alle Möglichkeiten geboten, warum also?‹«

Dieses Unvermögen, alles auf einen gemeinsamen Nenner zu bringen, markiert einen entscheidenden Wendepunkt. Genau in diesem Augenblick erkennen wir Frauen den Unterschied zwischen der, die wir sind, und dem, was wir tun. Wir können unsere individuellen Fähigkeiten und Begabungen zurückgewinnen. Die meisten Frauen gehen davon aus, daß ihr Leben durch äußere Umstände – seien sie persönlicher oder beruflicher Natur – beschränkt ist. Tatsächlich aber ist in der Regel ihr ungeheures Potential der Grund dafür, daß diese ungleichgewichtige Situation so lange angehalten hat. Wären wir nicht so leistungsfähig, wäre unser Leben schon vor langer Zeit in seine Einzelteile zerfallen. Genau diese Verschiebung der persönlichen Sichtweise kennzeichnet einen tiefgreifenden Wandel und eine Neuorientierung für die Frauen.

Die Karriereplanerin und Autorin von *Skills for Success*, Adele Scheele, erzählt von einem Frauencollege im Mittelwesten, dessen Direktorin sie um ihren Rat gebeten hatte. Aus den Berichten über die ehemaligen Schwesternschülerinnen ging hervor, daß sie an ihrem Arbeitsplatz versagten – und entweder selbst kündigten oder entlassen wurden. Beides löste Ärger und Bestürzung aus. Was sollten sie tun? Warum versagten sie? Welche Rolle spielte das College dabei? Als Scheele sich die Daten genauer ansah, stellte sie fest, daß das College alles richtig machte. Seine Absolventinnen unterschieden sich einfach von den Krankenschwestern mit einer anderen Ausbildung. Sie weigerten sich, rein mechanisch Anweisungen auszuführen, denn sie waren zum kritischen Denken erzogen worden. Zwischen diesen kritischen Krankenschwestern und den erfolgreichen Karrierefrauen sieht Scheele eine Parallele. Es sind die gleichen Fertigkeiten, denen sie ihren Erfolg und ihre Kritikfähigkeit verdanken. Wenden sie diese Fähigkeit erst einmal auf sich selbst an, merken sie, daß sie nicht mehr in ihr Arbeitsumfeld passen oder passen wollen. Ihr Gefühl des Versagens ist jedoch gerade der Beginn einer gewaltigen Veränderung. Erst wenn wir den Zusammenbruch unserer Erwartungen und der entsprechenden Gegenleistungen erleben, kann die Frau, die hinter der Rolle mit ihrem Kostüm aus betrieblicher Anpassung steckt, anfangen, diese Mode in Frage zu stellen.

Freiheit

An dieser Stelle erwächst uns aus dem Scheitern unserer Beziehung zur Arbeit das allergrößte Geschenk. Durch neues Selbstvertrauen gestärkt, erkennen wir, daß wir selbst gar nicht das Problem sind. Wir nehmen lediglich Abschied von einem alten Drehbuch. »Es war genau wie damals, als mir klar wurde, daß die Probleme in unserer Ehe nicht meine, sondern die meines Mannes waren«, sagte eine unlängst geschiedene Rechtsanwältin. »Ganz plötzlich waren es nicht mehr die zehn Pfund zuviel, die ich nach der Geburt unseres Kindes nicht mehr loswurde, oder die Tatsache, daß er sich durch meine Karriere bedroht fühlte. Diese Erkenntnis verhalf mir vielleicht sogar zu der Einsicht, daß auch mit der Firma, für die ich arbeitete, etwas nicht stimmte. Wenn ein Geschäftsessen mit Kunden wichtiger ist, als mein Kind zum erstenmal ins Ferienlager zu bringen, dann ist damit und nicht mit mir etwas faul.«

Wenn unsere Zukunft und unser Glück auf ein Entweder-Oder hinauslaufen – entweder wir halten an einer Situation fest, die uns zermürbt und unglücklich macht, oder wir lassen uns auf das Risiko einer wirklichen Veränderung ein –, dann erscheint es plötzlich möglich, aus den winzigen Bruchstücken aufgeschobener Träume und den Elementen unseres individuellen Ausdrucks, die wir vor langer Zeit einer Wunschliste anvertraut haben, ein neues Leben aufzubauen. »Wenn sie sehen, daß nicht sie das Problem sind, sondern daß es im System liegt – wenn sie das herausfinden, wird bei ihnen ungeheuer viel freigesetzt«, konstatiert Shoya Zichy, die diesen Prozeß wiederholt bei Frauen beobachtet hat. »All die Fähigkeiten, die sie brauchten, um dorthin zu gelangen, verwandeln sich nun in wertvolle Aktivposten.«

Die sich daraus ergebende Veränderung in der Wahrnehmung färbt auf alles ab. Die Zähigkeit, die vielen Frauen als unschöne Aggressivität oder »Härte« ausgelegt wurde, wird nun zum Fundament für den Aufbau einer neuen, unabhängigen Tätigkeit. Die Art von problemlösendem Denken, mit der sie versuchten, innerhalb des herkömmlichen Systems Dinge unter einen Hut zu bringen, die gar nicht unter einen Hut passen wollten, wird zu einem effektiven Werkzeug der persönlichen Veränderung. Mit anderen Worten, alles, was die Frauen bei sich selbst auseinandergenommen hatten, als sie sich fragten, warum die Arbeit für sie nicht mehr funktionierte, wird wieder zusammengefügt. Diese in Frage gestellten Fähigkeiten waren überhaupt nicht das Problem.

Mit dieser Erkenntnis stellen sich allerdings auch Ängste ein. Wir wissen nämlich, daß wir uns gegen eine Wertordnung wenden müssen, mit der wir unser ganzes Leben zugebracht haben und die unsere Kultur beherrscht. Kein Wunder, daß wir uns fragen, ob wir den Verstand verloren haben, sind wir doch mit jenen äußerst realen Dämonen namens wirtschaftliche Unsicherheit, Status- und Identitätsverlust konfrontiert. Letztlich leben wir inmitten einer Welt, die uns zwingen will, da zu bleiben, wo wir sind, und weiterhin das zu tun, was wir tun. Ist die Frage der Veränderung erst einmal aufgetaucht, schlägt ihr eine Welle des Widerstands entgegen. Wenn wir nicht achtgeben, kann unser neuer innerer Kurs in der stürmischen See des Status quo zum Schiffbruch führen.

Kapitel 5

Widerstand am Wendepunkt

Es dauerte eine Weile, bis ich die Liebe zu meiner Arbeit von meiner Angst, keine mehr zu haben, getrennt hatte. Bis dahin weigerte ich mich, irgend etwas zu verändern. Der Widerstand war ein wunderbarer Lehrer. Er zeigte mir die Hindernisse zwischen meinem augenblicklichen Zustand (der Unzufriedenheit mit meinem Leben) und möglichen neuen Situationen (Würde ich zu Hause bleiben? Mich selbständig machen? Zu einer neuen Firma gehen? Mir eine neue Karriere aufbauen?), vor denen ich mich fürchtete. Bevor ich echte, dauerhafte Veränderungen in meinem Leben vornehmen konnte, mußte ich wissen, was mich an meine gegenwärtige Situation fesselte.

Wenn wir ernsthaft an einen Punkt kommen wollen, wo die Arbeit uns wieder befriedigt, müssen wir ins Wasser springen und feststellen, was unseren Widerstand letztlich ausmacht; andernfalls werden wir weiterhin am Ufer unserer Ängste in Schach gehalten. In ihrem Buch *Thinking Out Loud* führt Anna Quindlen ein Zitat von Dorothy Thompson aus dem Jahr 1939 an: »Man kann heute nicht als Mensch – nicht in der vollen Kraft seines Bewußtseins – existieren, ohne sich mit sich selbst auseinanderzusetzen, ohne festzulegen und für sich selbst ganz klar zu erkennen, wodurch man lebt, ohne sich darüber im klaren zu sein, worauf es ankommt und worauf nicht.«[1]

Um Thompsons Empfehlung nachzukommen, müssen wir herausfinden, wo wir gerade stehen, was uns daran gefällt und was nicht. Das bedeutet, daß wir bereit sein müssen, von dem allgemein anerkannten System des sichtbaren Erfolgs auf etwas umzuschwenken, was mehr den einzelnen Menschen im Auge hat. Es bedeutet, nach unseren eigenen Werten zu leben, was manchmal konkrete Opfer erfordert. Diese ungeheure Veränderung verlangt Mut und bringt in der Regel viel Leid mit sich. Doch bis wir uns ernsthaft daranmachen, haben die meisten von uns den Eindruck, in einem Stadium der völligen Trägheit festzustecken, gleichsam gelähmt durch die Gewißheit, etwas aufgeben zu müssen. Wir wollen ja sicher sein, das Richtige zu tun. Diese Art von emotionaler Blockierung kann lange anhalten, ist aber auch eine große Chance, uns Klarheit über unser Leben zu verschaffen und eine neue Tagesordnung für uns aufzustellen. In der Zwischenzeit hallen all die verschiedenen Botschaften darüber, wer wir glauben sein zu müssen, in unseren Ohren wider. Es ist eine verwirrende, beunruhigende Zeit. Aber auch eine wichtige Phase im Prozeß der Suche nach einer Arbeit, die uns rundherum befriedigt. Nur wenn wir die realen und vermuteten Hindernisse in unserem Leben angehen, werden wir auf die andere Seite gelangen. »Der beste Ausweg führt immer mitten durch«, sagte Ralph Waldo Emerson. Leicht gesagt.

Entscheidungen und Wendepunkte

Mary Perkins brütet, mitten im Wirbelsturm eines gewaltigen Unternehmenszusammenschlusses, über zwei Organigrammen. Beide sehen fast gleich aus. Mary weiß, daß sich hinter diesen Kästchen Menschen verbergen und man sie in ein paar Tagen auffordern wird, eine Auswahl zwischen ihnen zu treffen. Ihr ist aber auch klar, daß ein paar Etagen weiter oben jemand über einem Papier sitzt, auf dem sie selbst als Kästchen geführt wird. »Unser Unternehmen hat sich gerade mit einem anderen Großunternehmen zusammengeschlossen; jetzt sind die Wände voll mit diesen Spaghettistrukturen, und keiner weiß, was hängenbleiben und wer einen Job bekommen wird«, sagt sie. Ihr Büro hat kahle Wände und »neues« Mobiliar, das sie von einer kürzlich entlassenen Führungskraft geerbt hat. »Ich stecke mitten in einer Krise und werde einige wichtige Entscheidungen darüber treffen müssen, ob ich das hier durchstehe, warte, was passiert, und nehme, was mir geboten wird, oder komplett aussteige. Ich hasse es, ich hasse es, ich hasse es.«

Mary weiß, daß sie, wenn sie sich zum Bleiben entschließt, in dem neu entstandenen Riesenunternehmen noch härter arbeiten wird. Andererseits hat sie keine Ahnung, was passieren oder wer sie sein wird, wenn sie aussteigt. Für sie beginnt nun eine Zeit, die sie selbst die »Einer-muß-klein-beigeben-Phase« nennt, was bedeutet, daß entweder ihre Karriere oder ihr Privatleben zugunsten des anderen Teils zurückstecken muß. Doch während Mary sich um eine klare Entscheidung bemüht, trifft sie auf Widerstand, welche Lösung sie auch in Betracht zieht. Wer sie ist und was sie tut, ist beides so eng mit ihrer Identität und Sicherheit verbunden, daß sie sich keinerlei Veränderung vorstellen kann – nicht einmal eine, die sie vielleicht glücklicher machen würde. Als Folge davon hängt Mary in der Mitte ihrer Karriere, ihrer Lebensmitte, gleichsam in der Luft.

Ihr wird klar, daß sich hinter dieser scheinbar berufsbezogenen Entscheidung ein noch größeres Dilemma verbirgt. »Mein Problem ist weniger beruflicher Natur, denn ich kann mein Gehirn auf alles ansetzen; ich kann so gut wie jeden Job machen«, räumt sie ein. »Ich frage mich vielmehr, was ich vom Kopf und vom Bauch her wirklich machen will. Ich kann jede Arbeit tun, die sie von mir verlangen, aber zu welchem Preis? Die Frage lautet nicht, ob ich mich einsetze oder nicht oder ob ich erfolgreich sein und es bis an die Spitze bringen werde, sondern wie ich mir mein Leben letztlich vorstelle. Wenn man vor einer Entscheidung steht, hat man verschiedene Möglichkeiten. Es bedeutet einen ziemlichen Unterschied, ob man sich ein Leben für seine Familie oder ein Leben für seinen Beruf aufbaut.«

Mary hat einen Wendepunkt erreicht, an dem sie Entscheidungen mit sehr konkreten, langfristigen Folgen treffen muß. Gerne hätte sie Klarheit über ihre Werte und Prioritäten, denn dann wäre der Entscheidungsprozeß wesentlich einfacher. Sie gibt aber zu, daß sie schmerzliche Entscheidungen stets hinauszögerte, bis sie mit dem Rücken zur Wand stand. Jetzt wirbelt alles durcheinander – all die Fragen danach, wer sie ist, was sie will, was sie braucht und was die Welt von ihr erwartet. Sie selbst sitzt mitten im Zentrum dieses Sturms und rätselt, in welche Richtung sie gehen soll: dorthin zurück, woher sie gekommen ist, oder in völlig neue Gefilde. Sie erinnert sich, wie es ihr ging, als ihr Vater schwerkrank war. Damals sagte er zu ihr: »Dein Job ist dein Job, und dein Leben ist dein Leben. Bring die beiden nicht durcheinander!« Das erzählt sie jetzt Leuten, die für sie arbeiten. Sie weiß, daß Jobs und Vorgesetzte kommen und gehen. Diese Weisheit auch in ihrem eigenen Leben anzuwenden ist jedoch gar nicht so einfach.

Mary bemüht sich um die Kraft, die man braucht, um nach diesem Prinzip zu leben, aber dazu muß sie erst herausfinden, was sie tatsächlich antreibt. »Ich schlage mich jeden Tag damit herum«, gibt sie zu. »Es ist nicht so, daß ich eine endgültige Entscheidung treffen könnte, nach der ich dann feststelle: ›Jetzt werde ich von meinen eigenen Werten angetrieben.‹ Ich schlage mich die ganze Zeit damit herum, mit Fragen wie: ›Werde ich die richtige Entscheidung treffen? Will ich wirklich so eine Art Drahtzieher sein? Möchte ich in ein kleineres Haus umziehen und mehr Zeit mit meiner Familie verbringen? Andere Freundinnen leiten jetzt ihr Unternehmen, habe ich denn den Zug verpaßt?‹ Damit beschäftige ich mich unentwegt. Im Innersten bin ich aber davon überzeugt, daß es jetzt meine Werte sind, die mein Leben bestimmen, und nicht umgekehrt. Das vermittelt mir ein Gefühl größerer Eigenständigkeit, und trotzdem gibt es noch vieles, worüber ich mir Klarheit verschaffen muß. Ich habe eine Zwillingsschwester, die ungefähr das gleiche durchmacht. Das funktioniert nach einem bestimmten Muster. Man fängt an, darüber nachzudenken und sich zu fragen: ›Was machen wir hier eigentlich? Geht es um die Arbeit? Ums Geld? Oder worum sonst?‹«

Der Wertekompaß spielt verrückt

Als Mary Antworten auf diese Fragen sucht, stellt sie fest, daß Klarheit nur schwer zu fassen ist. Bedingt durch innere und äußere Reibungselektrizität spielt die Nadel ihres Wertekompasses verrückt. Die innere Ursache dafür ist Angst: Angst vor finanzieller Unsicherheit und vor dem Verlust von Status, Sinn und Identität. Was das Äußere betrifft, weiß Mary, daß sie nicht einfach ihre Stelle aufgeben kann; sie ist die Hauptverdienerin, sie sorgt für die soziale Absicherung. Ihr Lebensstil hängt von ihrem Einkommen ab, und sie hat den Verdacht, daß das Nurmuttersein nichts für sie wäre. Es ist schwierig für sie, sich auf eine Richtung einzulassen, wenn so viele Faktoren innerhalb wie außerhalb ihrer selbst einer Veränderung widerstehen.

»In einer solchen Phase der Angst habe ich besondere Schwierigkeiten mit dem Übergang zu: *Gut. Ich kann es auch anders machen.* Damit habe ich mich noch nicht ernsthaft auseinandergesetzt«, sagt sie. Letztlich ist sie noch nicht bereit, die Veränderungen herbeizuführen, von denen sie sich Erfüllung verspricht, Veränderungen, die vielleicht in ein neues Leben münden. Sie hat so viel in ihr gegenwärtiges investiert, daß es ihr widerstrebt, es loszulassen. Ihrer Meinung nach wartet sie unter anderem deshalb noch ab, was in ihrer Firma passiert, weil sie dann vielleicht keine Entscheidung zu treffen hat, die sie vom herkömmlichen Weg des Erfolgs abbringen könnte. In gewisser Weise muß sie ja, wenn die Umstände ihr die Entscheidung abnehmen, nur noch auf die Veränderung reagieren. »Leider habe ich in meinem Leben fast immer auf äußere Auslöser gewartet. Ich glaube, daß Frauen in den meisten Fällen erst an die Wand gedrängt werden müssen«, meint sie. »Wir wollen diese Wahl nicht treffen. Wir möchten, daß jemand anderer es für uns tut. Und wenn es dann passiert ist, gehen wir durch die leidvolle Übergangsphase und kommen auf der anderen Seite glücklicher und gesünder wieder heraus. Aber die Entscheidung wollen wir nicht auf uns nehmen.«

Da der Erfolg zu unserer Identität geworden ist, bedeutet jeder Abstrich an unserem Beruf einen Abstrich an uns selbst. Wir sind auf unsere Arbeit angewiesen, um eine Bestimmung zu haben. Diese Voraussetzung macht ganz deutlich, in welcher Krise Mary steckt. Bei ihrer Entscheidung geht es nämlich nicht nur darum, ob sie bleibt oder geht. Es geht darum, was sie loslassen würde und was ihr im Leben wirklich etwas bedeutet. Es geht um den Mut zur Anerkennung ihrer eigenen Werte, die ihr den Weg zu der seelischen Ganzheit und dem ausgeglichenen, erfüllten Leben, das sie sich ja so sehr wünscht, aufzeigen werden.

»Es gibt kein Paradigma und auch kein Rollenmodell, an das man sich halten könnte«, schließt sie. »Es gibt Menschen, die als Rollenmodell gelten könnten, aber aus ihrem Leben läßt sich nicht ableiten, was man tun muß, denn die Kombination der Variablen ist jeweils unterschiedlich. Man muß es für sich selbst herausfinden. Einfache Antworten gibt es dabei nicht. Und es ist ein ziemlich einsames Unterfangen. Es ist eine aufregende Entwicklung, aber sie ist nicht leicht.«

Was Wunder, daß Marys Gefühle zwischen Angst und Hoffnung hin und her schwanken. Die herkömmliche Wertordnung mit den Erfolgsmaßstäben Geld, Status und Macht in Frage zu stellen erscheint gefährlich. Schließlich hängen wir an den Dingen und Privilegien, die Geld und Status uns einbringen. Andererseits erhalten wir, wenn der Augenblick der Entscheidung naht, die Chance, die Beurteilung unseres Lebens wieder selbst in die Hand zu nehmen.

Wenn wir über Veränderungen nachdenken, die Einfluß darauf haben könnten, wieviel wir machen, was wir Tag für Tag tun, wie die Leute uns beurteilen werden und wie wir uns selbst wahrnehmen, stellen wir uns schließlich die Frage, wie wichtig uns diese Dinge sind. Wir fordern die Werte heraus, nach denen wir leben. Woran glauben wir denn wirklich? Spiegelt unser Leben diese Überzeugungen wider? Wenn nicht, was steht dem im Weg? Was nach einer bloßen Veränderung in der Struktur unserer Alltagsbeschäftigungen aussieht, impliziert in Wirklichkeit einen tiefgreifenden Wandel der Werte und Prioritäten, mit denen wir fast alles in unserem Leben belegen.

Zu den verwirrenden Aspekten dieser ambivalenten Phase gehört, daß wir gezwungen sind, uns »Tatsachen« in unserem Leben, die wir bis dahin nie in Frage gestellt haben, näher anzuschauen. Wenn wir unter die Oberfläche dringen, entdecken wir, daß wir bestimmte Dinge nur aus Konvention, oder weil »man« sie eben hat, für besonders wichtig gehalten haben. Die Tatsache, daß wir uns an der Fünftage- beziehungsweise Vierzigstundenwoche – einer überholten, historisch bedingten, aber nicht notwendigen Struktur – beteiligen, haben wir mit allen möglichen Schattierungen moralischer Wertigkeit verbrämt. Wir sind mit der Vorstellung aufgewachsen, daß ein tüchtiger Arbeiter ein guter Mensch ist. Auch meine Interviewpartnerinnen waren einhellig der Meinung, harte Arbeit sei wichtig, aber nur wenige hatten je die Struktur dieser Arbeit in Frage gestellt oder, falls doch, geeignete Alternativen gefunden. Nachdem in einer Gruppe über diese Thematik diskutiert worden war, empörte sich eine Frau: »Lieber Himmel, demnächst kommt einer und predigt uns die Sechzigstundenwoche als alleinseligmachende Wahrheit!« Fast keine der befragten Frauen gab an, jemals einen Finanzplan aufgrund eigener Wünsche statt übernommener Bedürfnisse aufgestellt zu haben. Und wenn eine es doch getan hatte, dann nur, wie eine Frau aus New Jersey es formulierte, weil »ich einfach nicht mehr so weitermachen konnte. Wenn ich mein Leben nicht einfacher gestaltet hätte, hätte ich bald gar keins mehr gehabt.«

Ungeachtet der Tatsache, daß über die Hälfte der Frauen in meiner Untersuchung fanden, daß »die Arbeit sie nicht mehr zu hundert Prozent befriedigte«, hatten mehr als zwei Drittel von ihnen absolut nichts dagegen unternommen. Ein Drittel dieser Frauen gaben an, nicht zu wissen, was sie sonst gerne tun würden. Das zweite Drittel bestand aus Frauen, die so viel von ihrem Leben in ihre Karriere investiert hatten, daß sie sich einen Neuanfang nicht vorstellen konnten. Das letzte Drittel waren Frauen, die meinten, sie könnten sich eine Veränderung einfach nicht leisten. Anders ausgedrückt, auch wenn finanzielle Sorgen durchaus real waren, glaubten die Frauen, daß Fragen der Identität und der persönlichen Wünsche gleichermaßen dazu beitrugen, sie an eine Arbeit zu binden, die ihrer eigenen Aussage nach für sie nicht mehr stimmte.

Widerstände

In Diskussionsgruppen kamen Frauen früher oder später immer auf die Visionen zu sprechen, die sie von ihrem Leben hatten. Jede einzelne hatte so etwas wie einen inneren Wertekompaß, der ihr eine bestimmte Richtung wies. Diese Richtung war für jede Frau eine andere, und doch gab es insgesamt ein paar Ähnlichkeiten. Alle Frauen wollten arbeiten, wünschten sich aber eine sinnvollere Arbeit. Das Arbeitsumfeld sollte weniger hierarchisch strukturiert, weniger von Männern beherrscht, flexibler und solidarischer sein. Sie alle wünschten sich mehr Zeit für Familie und Freunde und weniger Streß. Die meisten fanden, daß sie zuwenig zum Leben in ihrem Wohnumfeld beitrugen. Viele verwarfen diese Visionen jedoch als rein theoretisch oder nicht realisierbar – die Möglichkeit, auf eine solche Art zu leben, lag so tief unter Pflichten und Aufgaben verschüttet, daß davon kaum noch eine Ahnung an die Oberfläche des Bewußtseins drang. In der Wahrnehmung dieser

Frauen diktierte der Wert von Hypotheken und Mieten, Darlehen zur Autofinanzierung und Schulgeldzahlungen ihren Tagesablauf. Gleichzeitig schmälerten sie den Wert ihrer Wünsche und jener Dinge, von denen sie sich Erfüllung versprachen, indem sie nichts für ihre Realisierung unternahmen. Wenn sie es aber doch versuchten und ihre Träume auslebten, räumten viele der Frauen ein, könnten sie in ihren Köpfen die Stimmen eines oder beider Elternteile hören: »Was glaubst du denn, *wer* du bist? Natürlich ist Arbeit ein hartes Brot. Deswegen nennt man es ja auch Arbeit.« Das allein genügte oft schon, um die Frauen so zu beschämen, daß sie augenblicklich in Erstarrung verfielen. Selbst wenn man die Botschaften der Vorfahren außer acht läßt, erzählte eine Frau nach der anderen eine Geschichte darüber, wie die Gesellschaft selbst sich gegen jede Veränderung zu verschwören schien.

Du bist, was du tust: wie die Gesellschaft uns sieht

Marie Wilson, die Vorsitzende der Ms. Foundation, erzählt, wie es war, wenn sie als junge Mutter von fünf Kindern mit ihrem Mann zu Cocktailparties ging. »Ich war mit einem Musiker verheiratet, und wir hatten viele Kinder, und ich gehörte nicht zur arbeitenden Bevölkerung. In der Welt meines Mannes war man ein Niemand, wenn man kein Musiker war. Ich ging immer mit zu diesen Empfängen, und sobald sie herausbekommen hatten, daß ich keine Musikerin war, existierte ich gar nicht mehr für sie. Ich war unsichtbar. Als ich eines Abends zu einer solchen Veranstaltung ging, fragte mich eine Frau: ›Und was machen Sie?‹, worauf ich antwortete, ich hätte fünf Kinder. ›Da können Sie mir ja Tips für die Sauberkeitserziehung geben‹, war ihre prompte Reaktion. Sie versuchte, wenigstens *etwas* Nützliches an mir zu finden.«

Frauen sind sich darüber im klaren, daß die Identitätsfrage vermutlich ihr zentrales Anliegen ist – dazu brauchen sie sich nur mit den Augen eines anderen zu betrachten, und schon sehen sie wie in einem Spiegel die einander widersprechenden Botschaften über das, was Frauen Bedeutung verleiht. Nach den Regeln des Heldenspiels bestimmt das, was wir tun, mehr oder minder, wer wir sind und welchen Stellenwert wir in der Hierarchie der Dinge einnehmen. Da die vornehmste Aufgabe des Modells darin besteht, sich selbst zu erhalten, ist die Arbeit hochheilig. Daraus folgt, daß wir um so bedeutender sind, je wichtiger unsere Arbeit ist, das heißt, je mehr Geld, Erfolg und Einfluß sie abwirft.

In gewisser Weise hat diese Identitätsbotschaft die Frauen ebenso stark in die Arbeitswelt gedrängt wie der Wunsch nach wirtschaftlicher Unabhängigkeit. In ihrem Kampf um berufliche Gleichberechtigung haben die Frauen auch dafür gestritten, als ebenso *wertvoll* erachtet zu werden wie die Männer. Allerdings ist das System, das die Formel »Dein Wert entspricht dem, was du tust« aufgebracht hat, genau dasselbe, das der »Frauenarbeit« und damit letztlich auch den Frauen selbst einen niedrigeren Stellenwert beimaß. Kein Wunder, daß die Frauen sich gegen jede Veränderung wehren, die einen Schritt weg vom traditionellen Weg des Erfolgs bedeuten würde. Wer das so empfindet, wird sofort abgewertet. Dem zu widerstehen ist eine ausgesprochen gesunde Reaktion.

Geschlechtsbezogene Abwertung oder: »typisch Frau«

»Wenn Leute die allgemeinen gesellschaftlichen Prämissen oder den Wert der Unternehmensstruktur in Zweifel ziehen, wird immer noch versucht, ihre damit getroffene Wahl auf irgendeine Weise schlechtzumachen.« Anna Quindlen spricht aus Erfahrung. Als sie beschloß, ihren angesehenen, einflußreichen Posten aufzugeben, um hauptberuflich Schriftstellerin zu werden, lief sie gegen eine Mauer von Kommentaren, die ihren Entschluß wegzuleugnen versuchten. »Einige Leute, die wissen wollten, warum ich aufhörte, fragten meine Freunde: ›Hat Anna herausgekriegt, daß man sie bei der Neubesetzung des Chefredakteurspostens übergangen hat?‹ Es konnte einfach nicht sein, daß ich gesagt hatte: ›Die *New York Times* ist eine großartige Institution, aber manches daran entspricht nicht mehr meinen Bedürfnissen‹, nein, es mußte heißen: ›Nun hat es doch nicht gereicht‹, oder: ›Im Grunde ist sie ja noch ein kleines Mädchen.‹ Um mein Verhalten zu verstehen, mußten sie es verweiblichen. Es konnte nicht angehen, daß die Einschätzung der eigenen Wünsche eine größere Quelle der Zufriedenheit darstellen sollte. Statt dessen hieß es: ›Sie wollte eben mehr Zeit auf dem Spielplatz verbringen‹, was völlig an der Tatsache vorbeigeht, daß ich in den letzten zwölf Jahren so viel Zeit auf dem Spielplatz zugebracht habe, daß ich gleichzeitig wippen und über die Reform der Sozialhilfe nachdenken kann, ohne dabei ins Schwitzen zu geraten.«

Bei jeder Frau, die etwas anderes als die letzte große Stufe auf der Karriereleiter in Erwägung zieht, wiederholt sich ohne Ausnahme Quindlens Erfahrung in der einen oder anderen Version. Cindy Mason erinnert sich, wie ein wohlmeinender Freund einmal zu ihrem Mann sagte: »Gewöhne dich nie an zwei Gehälter. Eines Tages wird sie kündigen und zu Hause bleiben wollen.« Cindy gibt zu, daß sie zum Teil deswegen ihr Jurastudium beendete und ihre anschließende Anwaltstätigkeit länger als geplant ausübte, weil sie zeigen wollte, daß sie »es schaffen« konnte. Sie wollte den Beweis antreten, daß Männer wie der selbsternannte Berater ihres Mannes in bezug auf Frauen wie Cindy unrecht hatten. Als sie schließlich doch pausierte, mußte sie natürlich zu all ihren Sorgen über Geld, Identität und Karriere auch noch die Schmach ertragen, daß er recht behalten hatte.

Als die zweiundvierzigjährige Art-Direktorin Alicia Daymans ihrem Vater von ihrem Plan erzählte, auf einen weniger verantwortungsvollen Posten überzuwechseln, »riet er mir, wie eigentlich die meisten Männer: ›Sag ihnen, du hättest wegen deiner Tochter aufgehört. Wer kann dagegen schon etwas einwenden?‹« Drei Monate, nachdem ich begonnen hatte, dieses Buch zu schreiben, aber noch keinen Vertrag dafür hatte, drängte mich mein Vater, mich nach einer neuen Stelle umzusehen. Das war seine Art, mir seine Liebe zu zeigen und dafür zu sorgen, daß ich nicht als alte Jungfer endete. Sein Konzept von Arbeit sieht freiwillige Unterbrechungen einfach nicht vor. Jeder, der den Status quo anzweifelt, fällt unter die Gesetze der Physik: Jede Aktion zieht eine gleiche und entgegengesetzte Reaktion nach sich. Die Kräfte des Widerstands, die wir überwunden haben, um in unsere Karriere einzusteigen, wollen uns nun daran hindern, sie in Frage zu stellen.

Jede Veränderung, die nicht ein Mehr bedeutet – mehr Geld, mehr Einfluß, mehr Prestige –, ist suspekt. Sogar der Begriff *herabstufen* beinhaltet eine Verringerung, eine Verkleinerung. Wir nennen es nicht »Aufwertung« oder »Erweiterung«, obwohl ja gerade das damit angestrebt wird. Abzulehnen, was die Gesellschaft als den moralisch richtigen Weg des Erfolgs bewertet, ist ein gefährliches Unterfangen. Es hat etwas Aufrührerisches, Verräterisches; es bringt die Leute dazu, ihre Sicht des Lebens zu verteidigen oder zu erklären. Wenn man diesen Weg des Erfolgs ablehnt, lehnt man sie ab. Und die unmittelbare Verteidigung besteht darin, die entsprechenden Absichten und Schritte abzuwerten.

In einer Gruppe von Interviewpartnerinnen (von denen alle ihre Arbeitsstelle in der Finanzwelt aufgegeben oder gewechselt hatten) hatte jede eine Geschichte darüber zu erzählen, wie ihr Management versucht hatte, ihren Weggang auf »weibliche Motive« zu schieben. »Mir kam zu Ohren, daß ich gekündigt hätte, weil ich heiraten wollte«, ereiferte sich eine Frau namens Dorothy, die in Wirklichkeit aufhörte, weil ganz klar geworden war, daß sie nie befördert werden würde. Sie gab ihre Arbeit auf, um ihre eigene Investment-Banking-Firma zu gründen. Jean, die mit fünfzig eine der dienstältesten Frauen in ihrer Firma gewesen war, erinnerte sich, daß »meine Kündigung als Wunsch hingestellt wurde, zu Hause zu bleiben und Ehefrau und Mutter zu sein. Klar. Nach dreiundzwanzig Jahren änderte ich urplötzlich mein Leben. So als hätte es nichts mit der Tatsache zu tun, daß ich es satt hatte, von Männern umgeben zu sein, deren ethische Grundsätze – gelinde ausgedrückt – fragwürdig waren und die einem nicht in die Augen sahen.«

Im Gespräch legte eine Frau nach der anderen dar, wie sie die Abwertung ihrer Entscheidungen erlebte. Natürlich geschah das nicht offen, aber die Unterstellung war klar: daß sie als Frauen nicht aus dem richtigen Holz geschnitzt waren, um »damit fertig zu werden« (wie ein Mann). Daraus wurde normalerweise der Schluß gezogen, daß sie emotional (das heißt »weiblich«) waren oder der Mutterinstinkt letztlich über die Begabung zur Geschäftsfrau gesiegt hatte. Ärger über ungleiche Chancen wird als Emotionalität betrachtet, ebenso wie jeder Ausdruck von Empörung über ein wenig einfühlsames Management. Gibt man eine Position auf, um von unmoralischen oder fragwürdigen Geschäftspraktiken oder von einem sexualisierten Arbeitsumfeld wegzukommen, wird einem »Mangel an Humor« oder die Unfähigkeit, »es zu schaffen«, unterstellt. Wenn man aus persönlichen Gründen, oder um für die Kinder flexibler zu sein, seine Stundenzahl reduzieren will, wird das mit geringerer Leistungsfähigkeit gleichgesetzt. Solange das Modell des männlichen Ernährers als »normal« gilt, wird es Standard bleiben, und jede Abkehr davon läßt uns gegenüber denen, die es ohne offenen Widerspruch akzeptieren, »minderwertiger« erscheinen.

Da wir dazu neigen, das System nur dann in Frage zu stellen, wenn etwas anderes ihm seine Bedeutung streitig macht, müssen wir damit rechnen, genau wegen der Eigenschaften, die uns am Herzen liegen, abgewertet zu werden. Es ist verwirrend und schafft enorme innere Spannungen, wenn man durch seinen Einsatz für einen Weg, der einem besser erscheint, zu einer weniger »wertvollen« oder erfolgreichen Person wird. Das System kennt keine Gnade; obwohl es immer mehr Ausnahmen gibt (da Männer darauf drängen, das System zu ändern, muß es ein wenig einlenken), treten die meisten von denen, die sich nicht wirklich den Anschein geben, nach Erfolg zu streben, als Versager den Rückzug an.

Struktureller Widerstand

Gerade die Struktur der Arbeit macht jeden Versuch zunichte, ein ausgeglicheneres Leben auf der Basis von Werten außerhalb der Arbeit aufzubauen. Trägheit, Tradition und das Bedürfnis nach Kontrolle bilden zusammen ein System, das keine Flexibilität zuläßt. Dr. Marcia Brumit Kropf ist stellvertretende Leiterin der Forschungs- und Beratungsstellen für Catalyst, eine gemeinnützige Organisation, die mit Unternehmen und Berufsverbänden zusammenarbeitet, um Veränderungen für Frauen zu bewirken. 1996 schloß sie eine umfangreiche Studie über Arbeitsstrukturen ab, deren Ergebnisse in *Making Work Flexible: Policy to Practice*[2] veröffentlicht wurden. Darin heißt es, daß die gängigen »Strukturen am Arbeitsplatz für die Angestellten von gestern gemacht sind«. Man braucht nur eine Frau zu fragen, die versucht hat, ihre Arbeitszeit zu verkürzen oder umzuorganisieren, weil sie das, was sie lachend als »Privat- oder Familienleben« bezeichnet, noch darin unterbringen möchte. Wenn es überhaupt möglich ist, dann ist die erste Konsequenz wahrscheinlich die, daß man sie nicht mehr ernst nimmt. (In einer Diskussionsrunde äußerte ein befragter Mann, daß er grundsätzlich nur im Krankheitsfall eine Reduzierung seiner Arbeitszeit beantragen könnte, wenn er nicht schwerwiegende soziale und berufliche Nachteile in Kauf nehmen wolle.) Die siebenunddreißigjährige Lucy Cohen, Vertriebskoordinatorin eines großen Pharmaunternehmens, berichtet, daß sie nach ihrem Wechsel zur Viertagewoche »von den Radarschirmen der Leute nicht mehr registriert wurde. So, als hätte ich die Erdumlaufbahn verlassen. Es war einfach klar, daß ich nicht mehr zu den ›Spielern‹ gehörte, weil ich kundtat, daß etwas anderes wichtiger war, als siebzig Stunden pro Woche im Büro zu verbringen. Ich verstieß gegen die Regeln und wurde aus dem Klub hinausgeworfen.« Dennoch hieß es, Lucy könne sich »glücklich« schätzen, daß sie überhaupt die Möglichkeit zur Teilzeitarbeit hatte, verbunden mit den Privilegien des Verlusts von Status, Chancen und natürlich entscheidenden Vergünstigungen.

Der Stellenwert, den wir der Anzahl unserer Arbeitsstunden beimessen, zwingt normalerweise jeden, der es etwas anders machen will, in die Rolle desjenigen, der seine Arbeit nicht ernst nimmt. »Man möchte nicht als jemand dastehen, der sich für etwas entscheidet, was wichtiger ist als die Arbeit«, erklärt Kropf. »Das hält viele an ihrer Arbeitsstelle fest. Ich glaube, daß eine wichtige Aufgabe darin besteht, die Leute in bezug auf ihre Werte aufzuklären und zu erziehen.« Kropf ist der Ansicht, daß mittlerweile viele Unternehmen rein theoretisch die Notwendigkeit einer Veränderung erkennen. »Beim Lesen der Firmengrundsätze und Verpflichtungserklärungen denkt man: ›Mensch, toll!‹« berichtet sie. »Dennoch werden nur wenige diese Angebote oder Programme nutzen, da man fürchten muß, sonst nicht mehr als engagierter, loyaler, seinem Beruf besonders verpflichteter Mitarbeiter zu gelten.« Kropf meint, daß jedem Strukturwandel eine Veränderung des Wertekatalogs vorausgehen muß, da wir sonst wieder auf die alten Werte stoßen, die Anerkennung, Vergütung oder Beförderung jeglicher Art nur gegen lange Arbeitstage und »Anwesenheitszeiten« gewähren.

Sogar die Berichtsstruktur der Unternehmen zementiert bestimmte geltende Werte. »Das traditionelle Modell sieht vor, daß es jemanden gibt, der für jemand anderen verantwortlich ist, und so setzt sich das fort bis an die Spitze der Leiter«, bemerkt Kropf. »Es geht um Befehl und Kontrolle: ›Ich vertraue dir nur ein bißchen, also muß ich dafür sorgen, daß du da bist, dir sagen, was du zu tun hast, und mich vergewissern, daß du es auch richtig gemacht hast.‹« Dieses Modell überläßt in der Regel dem Vorgesetzten die Wahl der Kriterien, nach denen er bestimmt, ob der Angestellte es richtig macht oder nicht, und damit auch, ob er eine besonders anspruchsvolle Aufgabe erfüllen, eine ansehnliche Provision bekommen oder auf die nächste Hierarchiestufe aufrücken kann. Innerhalb dieses Systems widerstrebt es natürlich jedem, irgend etwas zu tun, was die Beziehung zu seinem Chef gefährden könnte. Obwohl jeder einen Chef hat und die meisten Leute zugeben, daß dieses traditionelle, auf einem Mangel an Vertrauen beruhende System im Grunde entwürdigend ist und die Kommunikation erschwert, ist diese herkömmliche Struktur immer noch üblich. Und sie widersteht jeder Veränderung: Bis die Leute nach dieser ganzen Ochsentour Positionen relativer oder tatsächlicher Macht erreicht haben, sind sie selbst Teil des Systems geworden. Auch wenn sie es nicht mögen, schätzen sie es doch – es hat ihnen alles gegeben, was sie heute besitzen.

Anna Quindlen betont, wie empfindlich dieser Bereich ist. Wenn man versucht, das System zu verlassen oder zu verändern und zufällig Mutter ist,»sagt man diesen Leuten im wesentlichen: ›Sie waren als Vater oder Mutter unzulänglich.‹ Jedesmal, wenn man sagt, man wolle die Arbeit verändern, um mehr Balance zu erreichen, lautet die unterschwellige Botschaft: ›Sie waren kein guter Vater.‹ Selbst wenn man es nicht so meint, werden sie es auf einer bestimmten Ebene so verstehen.«

Die Familie ist zwar oft der dringendste Grund, die Arbeitsstruktur zu ändern, aber andere Gründe treffen auf den gleichen Widerstand. Eine Juristin, die Kropf interviewte, gab an, sie würde gerne zehn Monate im Jahr arbeiten und zwei Monate lehren, um ihren Geist zu regenerieren, ihren Enthusiasmus aufrechtzuerhalten und aus dem Trott der Arbeit herauszukommen. Da ihre potentiellen Partner das jedoch nicht getan hatten, kam es für sie nicht in Frage. Wenn sie als Partnerin einsteigen wollte, mußte sie sich an die Regeln halten.

Neben der Um-zu-gewinnen-mußt-du-drin-sein-Haltung drohen bei Alternativlösungen auch innerhalb des Systems echte Sanktionen. Sozialleistungen werden nur bei Vollzeitarbeit gewährt, was für Amerikaner mehr als drei Tage pro Woche bedeutet. Da nun über die Hälfte der in verschiedenen Untersuchungen befragten Frauen angeben, die Hauptverdiener zu sein, lastet die soziale Absicherung auf ihren Schultern. Eine alleinstehende Frau kann es sich nicht leisten, ihre Rente zu opfern, eine Frau mit Kindern ist auf die Krankenversicherung angewiesen. Da in Amerika und Europa Arbeitslosigkeit unter Angestellten mittlerweile eine weitverbreitete Realität ist, droht Frauen, die versuchen, durch eine Veränderung der Strukturen mehr Flexibilität zu gewinnen, die unmittelbare Gefahr, ausgetauscht zu werden.

Arbeit von zu Hause aus, E-Mail, Telearbeit und andere »alternative« Lösungen stellen verlockende Möglichkeiten für strukturelle Veränderungen in Aussicht, stoßen aber auf heftigen Widerstand, weil sie, wie Marie Wilson aufzeigt, zu einem Kontrollverlust führen. »In den siebziger Jahren, als ich begann, alternative Arbeitsmöglichkeiten zu untersuchen, fand ich heraus, daß alles ins Schleudern geriet, wenn man die Zeitstruktur eines Unternehmens antastete... Viele von uns mögen die Einkommensteuerpauschale nicht, scheuen aber vor ihrer Abschaffung zurück. Mit der Zeitstruktur verhält es sich ähnlich.« Sie weist darauf hin, daß das Einkommens- und Sozialleistungsgefüge von staatlicher Seite so geregelt ist, daß es eine Verringerung oder anteilmäßige Zuwendung von Sozialleistungen auf der Grundlage alternativer Zeit-und-Ort-Vereinbarungen nicht zuläßt. Diese Regeln zu ändern »würde alles aufmischen«, erklärt sie. »Es würde Arbeitern eine nie gekannte Kontrolle über etwas – nämlich die Zeit – geben, wodurch sie bisher kontrolliert wurden.« Ironischerweise kämpfen sogar die Gewerkschaften gegen eine flexiblere Arbeitswelt. Anfang 1997 wurde im Kongreß ein Gesetzentwurf eingebracht, der es Arbeitern ermöglichen sollte, in einer anderen Struktur als der Vierzigstunden- beziehungsweise Fünftagewoche zu arbeiten, die sechzig Jahre zuvor geschaffen worden war, um den Leuten einen angemessenen Lohn zu sichern. Aus Angst, dies könne einer mißbräuchlichen Lohnpolitik wieder Tür und Tor öffnen, kämpften die Gewerkschaften für die Beibehaltung der gegenwärtigen Struktur, obwohl die Arbeiterschaft in ihrer Zusammensetzung gegenüber der vor sechzig Jahren fast nicht mehr wiederzuerkennen ist. Das Wertsystem, in dem Geld an Stunden gebunden ist, wird immer noch höher eingeschätzt als eins, das mehr Flexibilität zuläßt.

Der psychische Einfluß des Modells der Fünftagewoche mit Anwesenheitspflicht, aber ohne die Möglichkeit des Job-sharings, ist so groß, daß sogar Frauen, die mit Erfolg ihre eigene Firma aufgezogen haben, zugeben, sich manchmal wie »Betrügerinnen« zu fühlen, wenn sie nicht so lange arbeiten. Die neununddreißigjährige Systemanalytikerin Sue Weathers beschrieb es so: »Ich arbeite in meinem Job, dann gehe ich ins Fitneßcenter. Ich organisiere ein Arbeitsessen, gehe einkaufen, installiere ein System, schreibe eine Leistungsbeurteilung und sehe mir das Fußballspiel meiner Tochter an. Dann kommt mein Mann müde von einem zweitägigen Vertreterbesuch nach Hause. Und ich habe das

Gefühl, daß er derjenige ist, der gearbeitet hat.« Wir haben eine Einstellung gegenüber den Strukturen der Arbeit geerbt, die es sehr schwierig macht, uns selbst unabhängig von ihr zu beurteilen.

Wiedereinstieg

Es war kaum zu spüren, aber es war da. Ein Jahr, nachdem ich meine Stelle gekündigt hatte, klingelte das Telephon. Ein früherer Arbeitgeber wollte wissen, ob ich an einer Arbeit interessiert sei, die in bezug auf Verantwortung, Geld und Status mehrere Stufen unter meinem letzten Posten läge. »Wie geht es Ihrem Sohn?« fragte er. »Geht er schon zur Schule?« Unmißverständlich schwang die Anspielung mit, daß ich wegen meines Kindes zu Hause war. »Sie wissen ja«, fuhr er fort, »Sie haben jetzt eine Weile nicht gearbeitet. Es gibt nicht viele Leute, die Ihnen so etwas Gutes anbieten würden. Darüber sollten Sie gründlich nachdenken.« Als ich ihn daran erinnerte, daß ich im Augenblick zu Hause an meinem Buch arbeitete, wiederholte er, daß es um so schwieriger für mich würde, einen Job zu finden, je länger ich zu Hause bliebe. Ich dankte ihm und hängte ein. Dann schüttelte ich ein paarmal den Kopf, um die geistige Umweltverschmutzung, die soeben stattgefunden hatte, loszuwerden.

Einer der stärksten Widerstände, die Frauen davon abhalten, aus ihrer Karriere auszusteigen, und sei es auch nur für ein oder zwei Jahre, ist die Befürchtung, später nicht wieder einsteigen zu können. Der Wiedereinstieg ist ein äußerst wirkungsvoller struktureller Widerstand. Da die Arbeit linear strukturiert ist, sieht ein beruflicher Werdegang vor, daß man wie auf einer Leiter über die verschiedenen Stufen des Angestellten, Partners, Managers, Direktors und Vorstandsmitglieds aufsteigt. Verpaßt man eine Sprosse, klettert in Windeseile eine jüngere (in der Regel männliche) Person nach, schließt die Lücke und vernichtet sogar die Spuren der Vorgängerin. »Wie erkläre ich den weißen Fleck von sieben Jahren?« fragt eine Mutter von drei Kindern, während sie den Ablauf eines Bewerbungsgesprächs schildert. »Auf der anderen Seite des Tisches sah ich ein halbes Kind sitzen, das ich selbst ein paar Jahre zuvor als Bewerber hätte interviewen können, und ich dachte: ›Was soll ich sagen? *Die letzten sieben Jahre habe ich Bananen zerdrückt und Kinderzeichnungen von den Wänden gewischt. Ich habe die Nase voll davon, jede Nacht aufzustehen, und möchte jetzt wieder arbeiten gehen?*‹ Wahrlich eine vielversprechende Bewerbung! Ich wußte, er fand meine Gedanken ›nicht mehr aktuell‹. Ich war nicht ›auf dem neuesten Stand‹. Als er sagte, er stelle ›gerade ein Team auf‹, überkam mich das untrügliche Gefühl, daß meine Rolle dabei nicht die einer medizinischen Fachkraft, sondern die des guten Geistes wäre. Im übrigen habe ich fünfmal mehr Erfahrung als er, und ich glaube, in gewissem Maße wußte er das auch.«

Bei ihren Vortragsreisen durchs ganze Land stellte auch Anna Quindlen fest, daß der Wiedereinstieg für Frauen ein riesiges Problem bedeutet. »Es ist das Hauptanliegen, das auftaucht, wenn ich auf Vortragsreise gehe«, erklärt sie. »Ich halte einen Vortrag über den Tod meiner Mutter und sage: ›Ich werde Ihnen nicht erzählen, was Sie tun sollten, aber wir sind hier auch nicht auf einer Generalprobe. Das ist Ihr richtiges Leben, hier und jetzt. Und Sie haben keine Ahnung, wie lange es dauern wird. Wenn Sie also dasitzen und denken: *Im Grunde möchte ich eigentlich X tun,* dann, meine Liebe, tun Sie es besser jetzt.‹ Viele Leute halten mir jedoch entgegen: ›Was passiert, wenn ich XYZ mache und es nicht funktioniert? Wie komme ich dann wieder hinein?‹« Frauen wissen, daß sie, wenn sie sich nicht an die äußere Form des Erfolgsmodells halten, mit Sicherheit seine Inhalte und seine Vergütungen aufs Spiel setzen.

Der Verlust unserer Identität

Einer der Gründe, warum Frauen ihre Arbeit nicht aufgeben, ist der einfache, handfeste und ausgesprochen berechtigte Grund, daß sie das, was sie tun, gerne tun. Mir machte es Spaß, Verlegerin zu sein – über Bücher zu entscheiden, sie zu gestalten und zu vermarkten. Ich war gerne Mentorin und Fürsprecherin. Es hat mir gefallen, daß ich jemandem auf seine Frage nach meiner Tätigkeit meinen Titel nennen konnte und er sofort Bescheid wußte. Ich fand es schön, daß ich keine langen Erklärungen über mich abgeben mußte. Wenn Frauen jedoch ihr ganzes übriges Leben ihrer Arbeitsidentität unterordnen, wird es nahezu unmöglich, irgend etwas zu verändern, denn eine Veränderung der Arbeit würde eine Veränderung ihrer Identität bedeuten. Die Autorin von *Work of Her Own*, Susan Wittig Albert, bemerkt, daß »ich ohne äußere Belege das Gefühl hatte, mein Leben hätte keine Bedeutung«. »Ohne die Arbeit, die meine Tage ausfüllte, war ich leer; es gab mich eigentlich gar nicht«, erinnert sie sich. »Ich hatte mich selbst so vollkommen in den Kontext meiner erfolgreichen Karriere gestellt, daß ich kein anderes Ich zur Verfügung hatte.«[3]

Obwohl sie sicher einen Extremfall darstellt, erkennen viele berufstätige Frauen, wieviel von ihrer Identität sie aus ihrer Arbeit ziehen. Das gilt unabhängig davon, ob Kinder und Ehemänner Teil der Gleichung sind oder nicht. Vor vierzig Jahren orientierten sich die Frauen an ihren Rollen als Ehefrauen und Mütter, um ihren Platz in der Welt zu finden. Heute beziehen wir unsere Identität nicht von Mann oder Familie, sondern von unserer Visitenkarte, wodurch wir unserem Beruf eine unglaubliche psychische Macht über unser Leben einräumen. Die Autorin und Wirtschaftswissenschaftlerin an der Harvard University Juliet Schor zitiert die Beobachtung eines Zeit-Management-Experten: »Wir sind wandelnde Lebensläufe. Wenn man nicht irgend etwas tut, dann erschafft und definiert man nicht, wer man ist.«[4] Forschungen zeigen, daß dieses Phänomen bei weitem nicht nur die Generationen des Babybooms betrifft. Der Hang, sich selbst und andere nach der Arbeit, die man tut, zu beurteilen, ist in der westlichen Kultur zu einem lobenswerten Charakterzug geworden.

Dieses geschärfte Bewußtsein für eine Arbeitsidentität erreichte zwar in der Yuppieära seinen Höhepunkt, ist für Frauen, die jahrelang ohne Unterbrechung gearbeitet haben, aber immer noch ein wichtiges Thema. Die meisten Karrierefrauen haben gearbeitet, bevor sie Geliebte, Partnerin oder Mutter wurden. Allerdings räumen die meisten Frauen ein, daß sie angesichts der vielen Zeit, die sie bei der Arbeit verbringen, andere Anteile ihrer Identität, zum Beispiel die Frau, die begeistert wandert, gärtnert, kocht oder ehrenamtlich aktiv ist, haben verkümmern lassen. Oder diese anderen Persönlichkeitsanteile wurden aufgegliedert: »Mutter bin ich von sechs Uhr abends bis sechs Uhr morgens, und Ehefrau mittwochs abends, wenn wir einen Babysitter haben. Zu den übrigen Zeiten bin ich Verkäuferin«, erklärt Ellen McLeod, die in der Bekleidungsbranche arbeitet. »Es funktioniert wohl, aber schrecklich glücklich bin ich dabei nicht. Das ist für mich kein Leben mehr.«

Um wachsen zu können, muß die Arbeitsidentität jedoch früher oder später in »ein größeres Gefäß«, wie die achtzigjährige Zen-Priesterin Charlotte »Joko« Beck es nennt, umgepflanzt werden, und das macht vielen Frauen angst. So viel Angst, daß sie keinen Schritt mehr weitergehen. Nachdem wir so viele Jahre darauf verwandt haben, jemand zu werden, fürchten wir nun, am Ende gar nichts zu sein. Für die Gewerbeimmobilienmaklerin Marissa Clark war »der Ausstieg aus meiner Karriere der mutigste Schritt, den ich je getan habe«. Nach ihren eigenen Worten war dieser Schritt erst möglich, als »mir klar wurde, daß es im Leben noch mehr gab als nur den Aufbau einer Identität, die mich in den Augen der Welt achtenswert erscheinen ließ. Jahrelang entsprach meine Karriere meinem Verantwortungsgefühl. Der Verkauf lief reibungslos. Ich hatte mich etabliert und mir Respekt und Status verschafft. Ich verfügte über ein sehr gutes Einkommen und hatte allen Grund, davon auszugehen, daß es noch eine ganze Weile so weitergehen würde.« Warum gab sie das alles dann auf?

»Einen Teil meines Lebens als Geschäftsfrau machte das Gefühl aus, zu etwas dazuzugehören. Ich hatte den Eindruck, zur Gemeinschaft der Führungskräfte, der Drahtzieher, zu gehören. Dafür zahlte ich einen Preis, und ein Teil dieses Preises bestand darin, fast völlig kalkulierbar zu werden. Diese etablierte Identität, die mein Leben angenehmer gemacht hatte, aufzugeben erschien zunächst wie reine Selbstbefriedigung. Doch ich wußte, daß der äußere Rahmen, den ich mir so fein zurechtgelegt hatte, mich einschränkte. Ich hatte festgestellt, daß in meinem Inneren eine ganze noch unentdeckte Welt darauf wartete, erforscht zu werden. Das Bedürfnis, das Universum in mir zu erkunden, stand dem Bedürfnis entgegen, im äußeren Universum etabliert zu sein. Vermutlich wurde mir langsam klar, daß das, was ich tat, etwas Fassadenhaftes an sich hatte. Es schien zwar alles wie am Schnürchen zu klappen, aber die Fähigkeit, mein Managerinnengesicht aufzusetzen, hatte ihre Leichtigkeit verloren. Die Fassade fühlte sich jetzt leer an.«

Engel und brave Mädchen

Es gibt noch einen anderen, ganz tückischen Teil dieser Arbeitsidentität, den wir nur ungern aufgeben. Da wir im Laufe der Jahre dafür belohnt worden sind, Teamspielerinnen, »brave Mädchen«, zu sein, betrachten wir diese Eigenschaften mittlerweile als positives Persönlichkeitsmerkmal. Und außerhalb eines männlichen Erfolgssystems haben diese Eigenschaften keinen echten Wert. Vom System abgeschnitten, sind sie nutzlos, welken dahin und sterben. So gesund das auch sein mag, es bedeutet dennoch einen Verlust an Ich-Anteilen, ob falsch oder nicht. Virginia Woolf sprach 1931 in einem Vortrag mit dem Titel *Berufe für Frauen*[5] über dieses Phänomen, das sie »der Engel im Haus« nannte. Woolf entdeckte, daß sie, wenn sie wahrheitsgetreu arbeiten und Bücher nach bestem Wissen und Gewissen rezensieren wollte, dieses Phantom vernichten mußte, das hinter ihr herschlich und flüsterte: »›Du bist eine junge Frau, meine Liebe. Du äußerst dich über ein Buch, das von einem Mann geschrieben wurde. Betrachte es mit Wohlwollen, sei nachgiebig, schmeichlerisch, trügerisch; verwende alle Tricks und Kniffe unseres Geschlechts. Laß nie irgend jemanden vermuten, daß du deinen eigenen Kopf hast.‹« Woolfs Engel unterwies sie in der Kunst, sich anzupassen und die Zustimmung der Gesellschaft zu erlangen. Beunruhigende Fragen, die womöglich die Mann-Frau-Beziehung in Frage stellen, »können Frauen, gemäß dem Engel im Haus, nicht frei und offen behandeln; sie müssen entzücken, sie müssen versöhnlich stimmen, sie müssen – um es ganz offen zu sagen – Lügen auftischen, wenn sie erfolgreich sein wollen.«

Sechzig Jahre später müssen die Frauen sich nicht mehr ganz so klassisch feminin geben. Der Engel ist dem Helden jedoch immer noch zu Diensten. Er saß auf meiner Schulter und lenkte mich von jeglichem Verhalten ab, das meine soziale oder berufliche Position hätte gefährden können. Ich habe mich als Leitungsrohr angeboten, durch das die Unternehmenspolitik hindurchfloß, ohne von ihm geformt zu werden. Gegen Ende meines letzten Arbeitsverhältnisses, als ich von all dem schon ziemlich zermürbt war, erhielt ich einen Telephonanruf von der Agentin eines miserablen Autors. »Er hat mit Ihrem Verlag einen Vertrag über ein Buch abgeschlossen«, erklärte sie. »Alle, die damals da waren, sind mittlerweile weg. Er ist kriegsmüde und möchte einfach das Honorar an Ihren Verlag zurückzahlen. Im Augenblick möchte er gar kein Buch schreiben.« Obwohl der Vorschlag mir sinnvoll erschien (und ich davon überzeugt war, daß der korrekte Weg darin bestand, ihn gehen zu lassen), sagte ich der Agentin, der Verlag bestehe auf Einhaltung des Vertrags, und ihr Klient werde nicht von seinen Verpflichtungen befreit. Das entsprach nicht meiner persönlichen Meinung, aber von mir hing es nicht ab. Wenn ich allerdings ganz ehrlich bin, so habe ich mich in den Besprechungen, die zu der Ablehnung führten, nur bis zu einem gewissen Grad für den Standpunkt des Autors eingesetzt – ich wollte meine Beziehung zur Chefetage nicht für jemanden aufs Spiel setzen, den ich nie gesehen hatte. Ich wußte genau, wenn ich auch weiterhin in der Gunst meines Arbeitgebers stehen wollte, mußte ich auf den Engel in mir hören, ein braves Mädchen sein und lernen, den Mund zu halten. In dieser Position zu verharren kostete mich eine Menge Selbstachtung. Das ist das Ironische am Gehorsam gegenüber dem Engel: Wir werden für unterwürfiges Verhalten belohnt, selbst wenn es unser Leben aushöhlt. Und trotzdem wollen wir diese Identität nicht loslassen. Wir hängen an der Anerkennung und dem falschen Zugehörigkeitsgefühl, die der Engel uns bringt. Und er bindet uns mit dem dünnen Faden imaginärer Akzeptanz an sich und unsere Rollen in unseren Unternehmen.

Natürlich dient ein guter Teil des Brave-Mädchen-Phänomens dem Überleben. Wie die Autorin, Therapeutin und Sozialwissenschaftlerin Dr. Lillian Rubin hervorhebt, »sind Frauen sich darüber im klaren, daß sie, genau wie Schwarze, nach anderen Maßstäben beurteilt werden. Sie bewegen sich stets auf einem schmalen Grat entlang der Verhaltensmuster, die sie für zulässig halten. Sie dürfen nicht zu kämpferisch, zu aggressiv sein, denn das bringt ihnen nichts ein.« Noch größere Bedeutung aber hat ein psychisches Phänomen. Wir wissen, daß es uns nicht gestattet ist, auf gleicher Ebene mit den Männern zu konkurrieren; also werden wir, wenn wir brave Mädchen sind, wenn wir ein Übermaß an Verantwortungsgefühl zeigen, wenn wir vermitteln und zustimmen, die Anerkennung, die wir brauchen, von unseren Mitarbeitern bekommen. Es ist, als brauchten Frauen die Bestätigung, aus dem Grund zu den guten Menschen zu zählen, weil sie Modellangestellte und Muster an Selbstaufopferung sind. »Amerikas Unternehmen lieben übermäßig verantwortungsbewußte Leute wie mich«, meinte Ann, eine Produzentin. »Sie verlassen sich darauf, daß ich, was immer zu tun ist, tun werde.

Mein ganzes Leben lang habe ich nichts unerledigt gelassen. Sonst würde ich mich auf einer bestimmten Ebene *unsicher* fühlen. Ich weiß, ich brüste mich mit dieser Fähigkeit, obwohl der Versuch, alles immer rechtzeitig hinzukriegen, mich zu einem Nervenbündel gemacht hat. Weil ich Angst habe, nein zu sagen, sind die Dinge aus dem Ruder gelaufen.«

»Das mit den braven Mädchen ist ein großes Ding«, ergänzt Shelly Lazarus, die Generaldirektorin von Ogilvy and Mather. »Frauen haben Angst davor, sie selbst zu sein. Sie haben Angst davor, Grenzen zu setzen, Angst, ihr Leben selbst in die Hand zu nehmen. Sie denken, ich könnte es, weil ich jetzt ein großes Tier bin, nämlich ›Shelly Lazarus‹, aber Shelly Lazarus war ich schon immer, und es hat mir nie weh getan, nicht einmal, als ich noch Assistentin war.« Durch dieses Phänomen einer Kombination aus bravem Mädchen und Perfektionistin sind unsere Wahrnehmungen wahrscheinlich stärker getrübt als durch irgend etwas anderes. Aus früheren Jahren erinnert sich Shelly Lazarus, wie sie einmal eine junge Medienplanerin beobachtete, die um das Büro ihres Chefs herumstrich. »Haareraufend lief sie buchstäblich im Kreis, weil sie einem Kunden für dreizehn Uhr einen Medienplan versprochen hatte, die Computer jedoch ausgefallen waren. Mein Chef sah sie an und sagte: ›Beruhigen Sie sich doch. Was werden die schon machen? Ihnen die Kinder wegnehmen?‹« Lazarus führt diese Geschichte gerne an. Wenn wir der Perfektion eine solche Dringlichkeit beimessen, verlieren wir das, was wirklich wichtig ist, völlig aus dem Blick. Unser Bestreben, ein braves Mädchen zu sein, verschleiert unser wahres Verhältnis zu unserer Arbeit, indem es uns gefangenhält.

Joan Didion bemerkte einmal, daß »Menschen die unbewußten Werkzeuge von Werten sein können, die sie auf einer bewußteren Ebene strikt ablehnen würden«. Das trifft nur allzu gut auf die braven Mädchen zu. Der ganze Prozeß läuft so lautlos ab und erscheint einem nach all den Jahren der Ausbildung und Praxis so natürlich, daß uns das Wirken dieser Kraft in unserem Leben nicht einmal bewußt ist. Wir sehen es nicht, weil wir damit aufgewachsen sind. Wir sehen es nicht, weil wir es als Teil des Preises für den Erfolg akzeptieren. Wir sehen es nicht, weil wir stillschweigend davon ausgehen, daß wir es sowieso nicht ändern können. Sind wir aber unter diesen Umständen erfolgreich, hat der Engel wieder einen Punkt gemacht.

Das System belohnt Frauen, die es nicht in Frage stellen. Das Ironische an der Bereitschaft, dem Engel zu gehorchen, ist, daß wir für botmäßiges Verhalten belohnt werden, auch wenn es unser Leben allmählich zerfrißt. Wenn wir den Versuch unternehmen, einen anderen als den herkömmlichen Weg zum Erfolg zu gehen, hören wir auf, »brave Mädchen« zu sein. Wenn wir keine braven Mädchen mehr sind, stehen die Früchte des Erfolgs auf dem Spiel. Wir haben Angst davor, aus genau dem System ausgestoßen zu werden, von dem wir uns frei machen wollen.

Im Perfektionismus kommt das »brave Mädchen« am stärksten zur Geltung. Wie die meisten Frauen, die ich kenne, war ich fest davon überzeugt, daß jeder Job für mich der richtige sein könnte, wenn ich nur hart genug arbeitete, den Überblick behielt und meine Arbeit über jede Kritik erhaben war. Solange ich mich darauf konzentrierte, eine unbescholtene Bürgerin zu sein, konnte ich das System, das mich beurteilte, nicht in Frage stellen. Das ist eine raffinierte Hürde. Mein Stolz war das Band, mit dem mein Perfektionismus mich an meinen Beruf fesselte. Der Stolz ist nämlich ein so gewichtiger Teil des Perfektionismus, daß es schwierig ist, über die Rolle des braven Mädchens zu sprechen; man fühlt sich gedemütigt. Viele Frauen geben jedoch zu, daß er einen nicht geringen Teil ihrer Motivation ausmacht. Eine Frau erzählte, daß sie, wenn ihre Leistungen nicht perfekt seien, das Gefühl habe, die Erde würde sich auftun und sie verschlingen; Fehler kämen nicht in Frage. Ihr war, als ginge es ums nackte Überleben. Wenn wir Gefühle dieser Art ins Spiel bringen, können wir die eigentliche Beziehung nicht mehr klar sehen. Und da wir Unvollkommenheit mit Verbannung gleichsetzen, unternehmen wir oft nichts, was unser derzeitiges Leben gefährden könnte – mag es uns auch noch so schlechtgehen. Wenn wir der Perfektion eine solche Dringlichkeit zubilligen, verlieren wir vollkommen den Blick für das, was wirklich von Bedeutung ist. Das brave Mädchen wird ebenso zu einem Bestandteil unserer Identität wie die erfolgreiche Frau.

Gesellschaftlicher Widerstand

Die meisten Frauen verspüren die Anziehungskraft der Arbeitsidentität, wenn es um soziale Interaktion geht. Dafür gibt es einen stichhaltigen Grund, den Susan Wittig Albert so formuliert: »Eine erfolgreiche Frau, die beschließt, ihre Karriere aufzugeben, läuft Gefahr, ihre durch die Arbeit aufgewertete Identität gegen eine andere einzutauschen, die in der sozialen Rangliste sehr viel weiter unten steht.«[6] Auch Juliet Schor kam in ihren frühen Arbeiten und Interviews zur beruflichen Rückstufung zu dem Ergebnis, daß Frauen sich weiterhin mit ihrer letzten beruflichen Position identifizierten.

Susan Mercado ist eine achtunddreißig Jahre alte Rechtsanwältin, die beschloß, ein Jahr auszusetzen, als man sie in einer Anwaltskanzlei in San Francisco nicht zur Partnerin machte. »Im ersten Monat war ich völlig verstört, glaube ich«, erzählt sie. »Dann hatte ich eine totale Identitätskrise. Ich erinnere mich, wie ich im Supermarkt zufällig eine ehemalige Kommilitonin von der juristischen Fakultät traf, die mich fragte, was ich mache. Ich muß wohl eine Viertelstunde damit zugebracht haben, ihr zu erklären, daß ich nur eine kurze Pause einlegte und vorhatte, ehrenamtlich zu arbeiten und all dieses Zeug. Dabei hatte sie nur gefragt, was ich mache! Ich hätte antworten können, daß ich einkaufte, statt dessen bin ich ausgeflippt!« Außerdem, räumt Susan ein, war sie auch noch wütend darüber, daß sie sich für ihr Leben entschuldigte. »Ich wußte, daß an dem, was ich tat, nichts falsch war. Trotzdem empfand ich so etwas wie Scham. Mein erster Impuls war der, nach Hause zu gehen und mich per Telephon um eine neue Stelle zu kümmern, obwohl das überhaupt nicht dem entsprach, was ich eigentlich wollte.«

Schor fand heraus, daß die Angst vor dem Verlust gesellschaftlicher Akzeptanz sich als starker Hemmschuh für Veränderungen auswirkte. »Als ich meine Stelle verlor«, berichtet die fünfunddreißigjährige Restaurantmanagerin Lauren, »konnte ich mir die Zahlungen für mein Auto nicht mehr leisten und mußte es wieder zurückgeben. Anfangs war es demütigend, die billige Schrottmühle zu fahren, die ich daraufhin kaufte. Aber es ersparte mir teure Versicherungsbeiträge und setzte Geld für andere Dinge frei. Außerdem blieb mir auf diese Weise etwas mehr Zeit, herauszufinden, was ich machen wollte. Ich hatte keine Lust mehr, für andere Leute zu arbeiten, und wollte mein eigenes Lokal haben, zur Not auch ein Franchise-Unternehmen, aber ich war mir nicht sicher, ob ich das hinkriegen würde. Den Kindern war es so peinlich, daß sie mich baten, sie nicht direkt vor der Schule abzusetzen. Und sie sind wirklich nicht verwöhnt. Aber die Mütter all ihrer Freunde hatten Volvos und Explorer, und dann fahre ich mit meinem Ich-hab's-nicht-geschafft-Vehikel vor. Sie kamen darüber hinweg, aber mir tat es weh. Ich fragte mich dauernd, ob ich für sie das Richtige getan hatte.«

Angst

Hinter allen Kräften des Widerstands verbirgt sich die Angst. Sie ist unser stärkstes Bindemittel. Juliet Schor zufolge »gibt es eine große Angst vor dem Unbekannten und davor, aus etwas herauszufallen, und diese Angst sitzt so tief, daß sie zu unserer zweiten Natur geworden ist. Nehmen wir den ganzen Bereich der gesellschaftlichen Unsicherheit. Obwohl er nicht so häufig thematisiert wird, ist er von großer Bedeutung. Die Menschen fürchten, ihr Mittelklasse-Leben mitsamt seinem äußeren Schein könne in Gefahr geraten. Das ist ein sehr gewichtiger und guter Grund, Angst zu haben.«

Das erste Mittel, das uns im Kampf gegen die Angst einfällt, ist der Nachweis, daß wir es richtig gemacht haben, und der läßt sich in der Regel am schnellsten an materiellen Vergütungen wie Geld und anderen Dingen erbringen. Unsere erste Schreckreaktion besteht in einem Rückzug auf das Altbewährte. In unserem Streben nach Sicherheit tun wir das, wofür wir in der Vergangenheit gelobt wurden. Wir bemühen uns um wirtschaftliche Absicherung. Drei Dinge sind nötig, um den Kreislauf der Angst zu durchbrechen: eine Vision von einem anderen Leben, die klare Aussicht, daß sie realisierbar ist (ein Plan) und die Unterstützung von Familie, Freunden oder einer Gemeinschaft.

Wobei letzterem angesichts des Mangels an Rollenmodellen entscheidende Bedeutung zukommt.

Es ist ganz natürlich, daß wir uns davor fürchten, unsere schwer erkämpften Errungenschaften aufs Spiel zu setzen. Wir haben so viel von uns in unsere Karriere gesteckt, daß wir mit ihr gleichsam unser ganzes Ich in Gefahr brächten. Außerdem macht es uns wütend, daß wir diejenigen sein sollen, die etwas verändern, und nicht das System. Doch angesichts der rigiden Arbeitsstrukturen zwingt uns das Leben letztlich zur Triage. Und dann stellen wir fest, daß wir uns auf ein System verlassen haben, das nicht verläßlich ist. Was natürlich dazu führt, daß wir uns nackt und verletzlich fühlen. Wenn wir uns ansehen, warum wir uns der Veränderung widersetzen, sind wir gezwungen, einen Blick unter unseren Schutzpanzer zu werfen, und das ist unheimlich. Eine Nonne aus Minneapolis erinnert sich an die Zeit, als sie den Austritt aus ihrem Orden erwog. Sie verglich sich mit einem Hummer, der seinen Panzer verliert. »Ich mußte wachsen, aber dazu mußte ich meinen Schutz abwerfen«, erklärt sie, »und ich wußte, solange ich wehrlos wie dieser Hummer war, mußte ich mich eng an die Riffe drücken, mich klein machen und außer Sicht bleiben.«

Aus all diesen guten Gründen widersetzen wir uns der Veränderung. Eine gewisse Angst vor dem Unbekannten zu haben ist sicher ein Zeichen geistiger Gesundheit. Daneben gibt es aber die überwältigende Angst, die uns in schlechten Ehen, ungesunden Beziehungen und einschränkenden Arbeitssituationen festhält. Diese Art von Angst redet uns nicht nur ein, daß wir unsere Identität, unseren Platz in der Gesellschaft und das Essen auf dem Tisch verlieren werden, sondern hält uns auch vor Augen, daß wir keinen Urlaub mehr nehmen, unsere Kinder nicht auf die Universität schicken und nie mehr eine sinnvolle

Arbeit finden können. Diese Art von Angst kommt zu dem Schluß, daß wir mit allen uns zur Verfügung stehenden Kräften an dem, was wir haben, festhalten sollten – koste es, was es wolle.

Kapitel 6

Die Bedeutung des Geldes

An einem Septembermorgen des Jahres 1994, als mein Mann sich im Bad rasierte, zog ich einen Zwanzigdollarschein aus seiner Brieftasche und stopfte ihn in die Spitze meines Turnschuhs. Wie vom Donner gerührt, erkannte ich sofort das devote, schmachvolle Gefühl wieder, das ich in den unteren Klassen der High School immer bekam, wenn ich meinem Vater Geld stibitzte, um ins Kino zu gehen oder Zigaretten zu kaufen. Was ich getan hatte, widersprach ganz und gar meinen Prinzipien und jedem Bewußtsein meiner selbst. Meine Geldängste waren jedoch so groß, daß sie alle meine moralischen Schutzmechanismen außer Kraft setzten.

Ich war seit drei Monaten arbeitslos und fragte mich verzweifelt, was ich mit dem Rest meines Lebens anfangen sollte. Ich verdiente kein Geld mehr, und mit jedem Penny, den ich ausgab, hatte ich den Eindruck, auf emotionaler Ebene tiefer in die Schuld meines Mannes zu geraten (der ein wunderbarer, mich in jeder Hinsicht unterstützender Mensch ist, diese Geldangelegenheit jedoch mit sehr gemischten Gefühlen betrachtete). Ein paar Tage zuvor hatte er einen ganz harmlosen Kommentar über Umfang und Ausmaß der Visarechnung abgegeben. Überempfindlich, wie ich war, beschloß ich auf der Stelle, eine Geldfastenkur zu machen. Wenn ich schon kein Geld hereinbrachte, wollte ich wenigstens keins ausgeben. Bis zu diesem Zeitpunkt hatte ich mir immer etwas darauf eingebildet, nicht zu den Frauen zu gehören, die Unmengen von Kleidern, Schuhen, Make-up und ähnlichem brauchen. Das Problem war nur, daß ich nicht realistisch einschätzen konnte, was ich wirklich brauchte. Nachdem ich einmal hatte feststellen müssen, daß das Haushaltsgeld, das eigentlich für eine ganze Woche reichen sollte, schon nach fünf Tagen aufgebraucht war, stellte ich mich nicht etwa der Realität meiner Ausgabenstruktur, sondern legte die Hand auf die Kasse.

Bei dieser Geschichte geht es nicht um zuwenig Bargeld. Ich hätte zur Bank gehen und mehr abheben können. Es geht vielmehr darum, daß ich mich nicht mit meinen Ausgabengewohnheiten und meiner neuen wirtschaftlichen Machtlosigkeit auseinandersetzen wollte. Zwanzig Jahre lang hatte ich mehr oder minder für mich selbst gesorgt, so daß ich nie in der Situation war, daß jemand durch die Kontrolle über mein Geld mein Verhalten kontrollieren konnte. Mein Mann hatte wirtschaftlich gesehen eine Partnerin, keine Abhängige geheiratet. Ich hatte mir nie zweimal überlegen müssen, ob ich mir einen neuen Lippenstift oder Spielsachen für mein Kind kaufte. Jetzt hatte ich das Gefühl, mich für jeden ausgegebenen Penny rechtfertigen zu müssen (was ich nicht tat, aber mir war, als täte ich es), und das gefiel mir nicht. Überhaupt nicht. Ich schwor mir, mich sofort nach einer neuen Stelle umzusehen. Nun hatte ich Identitätskrisen und gesellschaftliche Zwänge durchgestanden und meine persönlichen Erwartungen und Ambitionen neu geordnet, nur um gegen die Wand der finanziellen Unsicherheit und des Verlustes meiner Unabhängigkeit zu laufen. An diesem Tag wurde mir klar, daß die Quälgeister der Abhängigkeit und der finanziellen Unsicherheit in noch stärkerem Maß mein Leben bestimmen konnten als meine Prinzipien.

Die elfte Untersuchung der Zeitschrift *Money* über die Einstellung der Menschen zum Geld zeigt, daß ich mit meinen leicht panischen Gefühlen in diesem Bereich ganz und gar nicht allein dastehe. Die Ergebnisse machen deutlich, daß Frauen sich sehr viel mehr ums Geld sorgen als Männer. Wir denken sogar mehr daran. Wir machen uns mehr Sorgen über die Bezahlung der Rechnungen, über geringe Gehaltserhöhungen, über die künftige finanzielle Absicherung. Wir lassen uns sogar stärker vom Geld als von der Liebe in Anspruch nehmen: Sechzig Prozent der Frauen (gegenüber vierunddreißig Prozent der Männer) denken mehr »an Geld als an Geschäker«, räumen allerdings ein, den Sex noch mehr zu genießen. Bei allem Humor zeigt das Beispiel doch, was für ein starker Magnet das Geld ist. Unsere Sorge, wir könnten nicht genug davon haben, entfernt uns von den Dingen, die uns doch so viel bedeuten: Ausgleich, Sinn, Fürsorge und Zeit für Familie, Freunde und uns selbst.

In einer über zwanzig Jahre angelegten Erhebung zum Thema Frauen und Geld kam die Virginia-Slims-Meinungsumfrage zu dem Ergebnis, daß Geld die Hauptursache für Streß und Verstimmung im Leben von Frauen darstellt[1]. Über achtzig Prozent der Frauen in meiner Studie gaben an, Geld sei entscheidend für ihr Unabhängigkeitsgefühl; zwei Drittel hatten den Eindruck, an ihrem Verdienst gemessen zu werden, und über zwei Drittel der Frauen fanden, Geld trage wesentlich zu ihrem Wohlbefinden bei.

Befragt man Frauen jedoch zum Thema Geld (was sofort mit Materialismus gleichgesetzt wird), behaupten sie steif und fest, Geld als solches habe für sie keine Bedeutung. Sie gehen sogar noch weiter: In einer großangelegten Untersuchung der Whirlpool Foundation beklagten die Leute sich darüber, daß Geld – und Materialismus – in unserem Leben zuviel Platz einnehmen. Sie fanden, daß »Materialismus, Habgier und Egoismus das Leben in Amerika in zunehmendem Maße beherrschen und einen sinnvolleren Katalog von Werten in bezug auf Familie, Verantwortung und Gemeinschaft verdrängen. Die Menschen äußern ein starkes Bedürfnis nach mehr Ausgeglichenheit in ihrem Leben – nicht, daß sie materiellen Gewinn ablehnen, aber sie möchten ihn in ein sinnvolles Verhältnis zu den immateriellen Dingen des Lebens setzen.«

Was das Geld angeht, befinden wir uns in einem unangenehmen Zwiespalt: Wir verurteilen es als krassen Materialismus, der uns von unseren eigentlichen Werten abbringt; besteht aber die Möglichkeit, dem etwas entgegenzusetzen, lähmen uns plötzlich Angst, keines zu haben, oder die Notwendigkeit, unseren Lebensstil aufrechtzuerhalten. Ein Glücksrezept ist das nicht. Im Gegenteil, diese Dynamik fesselt uns mit imaginären Ketten an eine ungeliebte Arbeit. Sie läßt uns in Beziehungen verharren, die wir nicht wollen. Sie verbraucht Zeit und Energie, die wir auf andere Aktivitäten verwenden möchten. Sie hindert uns daran, unser Leben zu ändern. 1995 kam eine große Untersuchung über das Arbeitsleben von Frauen zu dem Ergebnis, daß »der entscheidende Hinderungsgrund für ein vorwärtsgerichtetes Handeln unter neuen Prioritäten einfach, aber bedeutsam ist: Reichtum und materiellen Gütern stehen wir mit äußerst gemischten Gefühlen gegenüber. Einerseits brandmarken wir den rüden Materialismus unserer Gesellschaft mit all seinen Konsequenzen, wünschen uns aber andererseits ›Erfolg‹ für uns selbst und unsere Kinder. Die meisten Menschen äußern sich sehr zwiespältig über die Möglichkeit von Veränderungen in ihrem eigenen Leben... Sie wünschen sich finanzielle Sicherheit und ein Leben in materiellem Wohlstand, während sie sich im Grunde ihres Herzens nach immateriellen Dingen sehnen«[2]. Damit stehen die widerstreitenden Kräfte fest: Die meisten von uns leben im Zwiespalt zwischen dem absoluten und dem subjektiv wahrgenommenen Bedürfnis. Es muß uns schon schrecklich schlechtgehen, bevor wir irgend etwas unternehmen, was unser Einkommen gefährdet.

Beschäftigt man sich mit Geld, stellt man fest, daß es wie Wasser ist. Kaum faßbar, nimmt es die Form seines Gefäßes an, bleibt selbst jedoch unsichtbar. Was es uns bedeutet, können wir eigentlich nur an dem bemessen, was wir damit kaufen können. Manche dieser Dinge wie Freiheit, Unabhängigkeit und gesellschaftliche Stellung sind nicht greifbar. Dabei bedenken wir allerdings nur selten, daß das Geldverdienen einen Preis von uns verlangt, indem es uns Zeit wegnimmt. Da der Wunsch nach einem Gleichgewicht für die Frauen zu einem ihrer Hauptanliegen geworden ist, müssen wir die Entscheidungen, die wir Tag für Tag treffen, etwas genauer unter die Lupe nehmen. Jede finanzielle Entscheidung bedeutet in gewisser Weise eine Entscheidung zwischen Notwendigkeit, Wunsch und Zeit; die jeweils anderen Anteile unseres Lebens rutschen damit auf unserer Prioritätenliste zwangsläufig um eine Position nach unten.

Ein Gleichgewicht ist erst dann möglich, wenn wir die Verheißungen des Geldes in bezug darauf, wer wir sein, wie wir leben und was wir wert sein werden, durchschaut haben. Es ist kein Wunder, daß wir uns gegen eine exakte Bestandsaufnahme unserer Beziehung zum Geld sträuben; für unser Selbstbild und unser Überleben ist sie von so großer Bedeutung, daß wir es als sehr bedrohlich empfinden, sie näher zu untersuchen. Tun wir es dennoch, stellen wir häufig fest, daß wir Dinge, die wir uns wünschen, unter dem Mantel der »Notwendigkeit« verstecken.

Zur Einschätzung finanzieller Bedürfnisse müssen wir erst einmal genau bestimmen, was Notwendigkeit und was Wunsch ist. Wir müssen zwischen finanziellen Ängsten und finanziellen Gegebenheiten unterscheiden. Andernfalls überlassen wir Fehlwahrnehmungen und Phantomen die Kontrolle über unser Leben.

Definition von Notwendigkeit

Für manche Frauen ist Geld überhaupt kein Diskussionsgegenstand. Wie für Katie Martin, die fünfundvierzigjährige Verwaltungschefin eines Krankenhauses: »Das ist kein Thema. Ich muß arbeiten. Ich bin nicht verheiratet und glaube auch nicht, daß mir demnächst ein Ehemann über den Weg läuft. Meine Eltern sind alt; ich bin die einzige, die für sie aufkommen kann. Und für mein eigenes Alter muß ich auch vorsorgen.« Janet Kennedy, eine seit kurzem geschiedene Mutter zweier Kinder, berichtet: »Ich war immer die Hauptverdienerin in der Familie. Meiner Meinung nach hat mein Mann zum erstenmal erwogen, mich zu verlassen, als ich ihm sagte, ich sei völlig erschöpft und würde mich gern für ein Jahr beurlauben lassen. Ich glaube, daß er ausflippte, als er sich selbst eingestehen mußte, wie abhängig er von meiner Karriere geworden war. Das Gute an der Sache ist wenigstens, daß mein Lebensstil sich mit der Scheidung nicht geändert hat; ich war ja immer diejenige gewesen, die das Geld verdiente.«

Diese Frauen, deren Einkommen notwendig ist, um ihren eigenen Lebensunterhalt oder den ihrer Familien zu bestreiten, sind die neuen Ernährer geworden. Fünfundfünfzig Prozent der Frauen in meiner Untersuchung – ein Prozentsatz, der sich mit dem Ergebnis anderer neuerer Studien aus den Vereinigten Staaten deckt – steuerten mehr als fünfzig Prozent zum Familieneinkommen bei. In anderen Ländern ist das nicht so, aber in einem Großteil der westlichen Welt haben die steigende Arbeitslosigkeit und die anhaltende Tendenz zur Rationalisierung dazu geführt, daß in der Regel die Männer ihre Stelle verlieren. Wenn das passiert, gehen die Frauen (gegen geringere Bezahlung) arbeiten, um die Familie über Wasser zu halten.

Wenn eine Frau die einzige oder Hauptverdienerin ist, sei es für sie allein oder für ihre Familie, müssen sämtliche Karriereprobleme dahinter zurückstehen. Die Prioritäten sind klar, die Alternativen durch die Notwendigkeit begrenzt. Diese Frauen fühlen sich in ihrer Verantwortung wie in einer Falle, haben sich aber zum größten Teil damit abgefunden, daß ihnen kaum eine andere Wahl bleibt. Da es primär ums Überleben und nicht um Fragen des Lebensstils oder der Identität geht, sind die Alternativen klarer, und die Frauen leiden weniger unter Selbstverleugnung und zu hohen Erwartungen. Alles in allem begegneten die Frauen, die wirklich arbeiten mußten, um sich und ihre Familien zu ernähren, ihrer Situation mit mehr Entschlossenheit (um nicht zu sagen Seelenfrieden) als die Frauen, für die das nicht so klar war.

Schleichende Konsumansprüche

Ein nicht so leicht zu fassender Teil der Gelddiskussion liegt jedoch in der Definition von Notwendigkeit. Die meisten von uns leben und arbeiten nicht, um ihre Grundbedürfnisse zu befriedigen, sondern um ihren Lebensstil zu finanzieren. »Sind unsere grundlegenden menschlichen Bedürfnisse erst einmal befriedigt, nimmt die Auswirkung des Konsums auf unser Wohlbefinden heikle Züge an«, erläutert Juliet Schor. »Wie viele von uns, die die erste Autostereoanlage als großen Luxus betrachtet hatten, hielten sie, als der Kauf eines neuen Autos anstand, für eine absolute Notwendigkeit? Oder das Leben vor und nach der Mikrowelle? Es besteht kein Zweifel, daß manche Anschaffungen unser Leben auf Dauer erleichtern. Doch wieviel von dem, was wir konsumieren, läßt uns einfach nur in der Tretmühle weiterlaufen?«[3]

Unser Gefühl für das, was wir wirklich brauchen, wird durch die Tatsache verfälscht, daß wir verpflichtet sind, die Rechnungen für das, was wir uns wünschen, zu bezahlen. Wir geben fortwährend mehr aus, als wir verdienen. Auf diese Weise gaukeln die Schulden uns einen »Bedarf« vor. Und der Schuldenberg ist ständig größer geworden: Die Kreditkartenabrechnung eines durchschnittlichen Haushalts ist von 1993 bis 1996 um dreiunddreißig Prozent gestiegen[4]. Folglich bleibt das Bedarfsdenken konstant, auch wenn das, was wir brauchen, sich zu steigern scheint.

Der Durchschnittsamerikaner konsumiert heute zweimal soviel wie vor vierzig Jahren – und zwar quer durch alle Schichten. (Das gilt sogar trotz des größten Einkommensunterschieds zwischen Arm und Reich seit der Weltwirtschaftskrise in den dreißiger Jahren und trotz der Tatsache, daß in der ärmsten Schicht der Lebensstandard deutlich gesunken ist[5].) Vor fünfzig Jahren hatten weniger als die Hälfte der Haushalte einen Kühlschrank; heute haben alle einen. Außerdem gibt es überall Staubsauger, Radios, Fernseher und Mikrowellengeräte[6]. Die gesamte westliche Nachkriegswelt hat sich dem Trommelschlag des großen amerikanischen Konsumententraums angepaßt. Was vor zwei Jahrzehnten noch ein Kampf ums Überleben war, ist mittlerweile zu einem Wettkampf geworden. Ein Mann aus Texas formulierte es so: »Mit den Nachbarn mitzuhalten bringt mich noch um!«[7]

Das Konsumdenken hat etwas Heimtückisches, und wie Schor bemerkt, »sind Frauen stärker darin verhaftet als Männer. Im Konsumgüterbereich haben sie den aktiveren Part. Ich vermute, daß sie sich stärker darüber definieren. Sie sind in der Wirtschaft die Verbraucher, und zwar schon seit langer Zeit: seit die Hausfrauen sich um den gesamten Einkauf kümmern; nicht, daß sie die volle Entscheidungsbefugnis hätten, aber Frauen kaufen einfach unverhältnismäßig oft ein.« Erziehung und Kinderschuhe erscheinen uns zwar nicht als Konsum, sind es aber doch.

Mit jedem kleinen Ding, das wir kaufen, müssen wir ein bißchen mehr arbeiten, um die höhere Rechnung zu begleichen, und die Bindung an unsere Arbeit verstärkt sich entsprechend. Um unseren Lebensstil zu finanzieren, arbeiten wir länger als vor vierzig Jahren[8]. Amerikaner verbringen heute umgerechnet zwei Monate mehr bei der Arbeit als ihre Kollegen in Deutschland und Frankreich. Es ist nichts Neues, daß unser Leben sich zwar unter materiellen Gesichtspunkten verbessert, wir jedoch oft den Eindruck haben, daß seine Qualität abgenommen hat. Wir sind in einen Kreislauf von Ausgeben, Verdienen, Ausgeben, Verdienen geraten, und herausgekommen ist am Ende eine Verringerung unserer Freizeit. Wenn wir aus dem Büro kommen und die Betten gemacht sind, bleiben uns gerade noch sechzehneinhalb arbeitsfreie Stunden in der Woche. Genaugenommen hat sich in den letzten zwanzig Jahren, entgegen allen Hochrechnungen, für die meisten Menschen die Arbeitszeit verlängert.

Bewertung von Geld und Zeit

Die Bedeutung des Geldverdienens erwies sich in meiner Untersuchung als relativ stabiler Faktor im Leben der Frauen: Fünfundsiebzig Prozent gaben an, es sei für sie jetzt genauso wichtig wie zu Beginn ihrer beruflichen Laufbahn. Die Art, wie Frauen ihre Zeit bewerten, hat sich allerdings drastisch verändert. Während sechzig Prozent der Frauen zu Beginn ihres Arbeitslebens Wert darauf gelegt hatten, Zeit für sich zu haben, sind es heute neunzig Prozent. Die Bedeutung eines Ausgleichs zwischen Berufs- und Privatleben nahm eine ähnliche Entwicklung: Zu Beginn ihrer Karriere empfanden das sechzig Prozent der Frauen als wichtig, heute dagegen dreiundneunzig. Zeitmangel rangiert bei Frauen auf der Liste der Streßfaktoren an erster Stelle, und Erschöpfung ist das Kennzeichen der berufstätigen Frau. Alle meine Interviewpartnerinnen gaben an, für sich selbst zuwenig Zeit zu haben. Der Wunsch nach einem Ausgleich ist ein anderer Ausdruck dafür, daß Frauen sich mehr »freie« Zeit wünschen, um die »vergütete« Zeit beziehungsweise die Arbeit zu kompensieren.

Allerdings messen wir »freier« Zeit nicht denselben Wert bei wie »vergüteter« Zeit. Wendy traut sich kaum, ihren Mann zu bitten, er möge, nachdem sie die ganze Woche zu Hause gewesen sei, samstags morgens ihren Sohn für ein paar Stunden übernehmen, damit sie einen Gymnastikkurs besuchen könne. »Er arbeitet die ganze Woche. Ich habe ein schlechtes Gewissen, wenn ich etwas für mich selbst tue.« Darauf fragte ich sie, ob ein von ihr engagierter Babysitter denn arbeiten würde. »Ja«, antwortete sie. »Arbeiten Sie denn dann nicht auch?« wollte ich wissen. »So habe ich das noch nie gesehen«, entgegnete sie. »Ich empfinde es nicht so, weil ich nicht bezahlt werde.«

Es gibt Leute, die dafür bezahlt werden, daß sie Aerobic, Klettern oder Schreiben unterrichten. Wenn wir uns aber die Zeit nehmen, eine dieser Aktivitäten zu betreiben, und uns selbst oder unseren Lieben damit ein finanzielles Opfer auferlegen, fühlen wir uns oft schuldig oder egoistisch. Das ist ein Zeichen dafür, wie wenig die Kultur um uns herum und wir selbst bereit sind, für Zeit auf Geld zu verzichten.

Eine Zäsur, an der wir anfangen, Zeit ganz bewußt als Wert wahrzunehmen, ist dann erreicht, wenn sie endlich wird, sei es aufgrund von Alter, sei es wegen Krankheit. Für Sheila, eine Wirtschaftsprüferin, die mit vierundvierzig in die Wechseljahre kam, »war es wie ein Weckruf. Bei mir hieß es immer ›mañana‹. Morgen mache ich eine Diät. Morgen fange ich an zu malen. Morgen, morgen, morgen. Doch dann gab es immer etwas ganz Dringendes, was gleich am nächsten Tag erledigt werden mußte, so daß es nie zu diesem Morgen kam. Ich erinnere mich, wie ich aus der Praxis des Gynäkologen kam und dachte, jetzt sei ein gewaltiges Kapitel meines Lebens abgeschlossen, und das veränderte auch mein Gefühl für alle anderen Teile meines Lebens. Ich hatte keine Kinder, und jetzt war es zu spät. Das wollte ich nicht auch noch von anderen Dingen sagen.«

Als man bei Betsy Brustkrebs diagnostizierte, wurde die Arbeit über Nacht vom zentralen Platz in ihrem Leben an den äußeren Rand gedrängt. »Ich hatte kürzer treten wollen, wurde aber jedesmal wieder hineingezogen«, erzählt sie. »Leider mußte ich Krebs bekommen, bevor ich mir selbst zugestehen konnte, lange Spaziergänge zu machen oder mitten am Tag einfach still dazusitzen und eine Tasse Tee zu trinken. Es klingt wie ein Klischee, aber ich habe tatsächlich eine letzte Bestandsaufnahme gemacht, und darin nahm die Arbeit einen viel zu großen Teil meiner Zeit ein. Ich bin sicher, daß es andere, weniger dramatische Wege gibt, von der Arbeit wegzukommen. Jetzt, da ich wieder Vollzeit arbeite, möchte ich an dieser Einstellung festhalten. Bisher hilft sie mir, alles mehr zu genießen.«

Unsere Achtung vor der Zeit kommt mit dem Alter, was auch seinen Sinn hat. Zu Beginn unserer Berufslaufbahn, wenn wir noch jung und unsterblich sind, macht es uns glücklich, fast unsere gesamte Zeit auf etwas zu verwenden, wovon wir uns den Aufbau eines eigenen Lebens versprechen. Zu diesem Zeitpunkt erkennen wir freilich nicht, daß es, je mehr wir in unsere Karriere investieren, desto schwieriger wird, einige dieser Stunden wieder zurückzuerobern. Wenn wir diese Stunden am dringendsten brauchen – während der ersten zehn bis fünfzehn Lebensjahre unserer Kinder –, stellen wir häufig fest, daß wir uns auf dem Höhepunkt unserer Karriere befinden. In der härteren Arbeitswelt fürchten wir oft um unsere Jobs, wenn wir uns die Stunden, die wir für unsere Lieben brauchen, einfach nehmen. Im Zweifelsfall tun wir meistens das, wofür wir bezahlt werden. Heutzutage hat die vergütete Zeit den Vorrang, auch wenn unsere Herzen die nicht vergütete bevorzugen.

Am Ende hängen wir so sehr an der Zeit, die wir für die Arbeit aufwenden, daß viele Frauen es kaum noch schaffen, überhaupt einen Übergang zur Freizeit zu finden. Sogar Urlaub zu nehmen wird schwierig. »Die ersten fünf Tage meines Urlaubs verbringe ich abwechselnd damit, von der Arbeit abzuschalten und mich wie besessen mit ihr zu beschäftigen. Danach spanne ich zwei Tage aus, und dann geht's wieder zurück an die Arbeit«, erzählt Sarah, eine Medienplanerin. Wir sind so sehr daran gewöhnt, daß unsere Zeit uns »genommen« wird, daß wir sie gar nicht zu schätzen wissen, wenn wir sie uns selbst schenken. »Lange

Arbeitszeiten waren ein richtiges Macho-Ding«, meinte Ellie. »Je mehr Stunden man hineinsteckte, um so wichtiger war man.« Kein Wunder, daß es schwerfällt, mit freier Zeit umzugehen. Jill, eine Gewerbeimmobilienmaklerin, machte an einem der ersten Frühlingstage einen Nachmittagsspaziergang. »Ist es nicht ein herrlicher Tag?« fragte sie. »Wir schummeln«, antwortete ihr Mann. »Ich nicht«, erwiderte Jill. »Ich habe meine Arbeit für heute beendet.« – »Es ist Schummelei«, wiederholte ihr Mann, »aber ich genieße es.« Zeit außerhalb der Arbeit ist »gestohlen«, »weggenommen«. Wir »schwänzen«. In unserem Sprachgebrauch und unserer täglichen Praxis bewerten wir die Arbeitszeit eindeutig höher als die Freizeit.

Der Vorgang des Geldverdienens zehrt unsere Zeit buchstäblich auf, und wir bleiben ausgehungert zurück. »Wir hätten uns auch für den Vierstundentag entscheiden können«, meint Juliet Schor. »Oder ein Arbeitsjahr von sechs Monaten. Oder *jeder Arbeiter in den Vereinigten Staaten könnte von jetzt an jedes zweite Jahr freinehmen – mit Lohnfortzahlung.* So unglaublich es klingen mag, das ist die Arithmetik des derzeitigen Produktivitätszuwachses.«[9] Wenn das stimmt, welche starken Kräfte widersetzen sich dann dieser Art von Freiheit? Die Macht der Konsumgewohnheiten, lautet Schors Antwort. Der letzte Widerstand gegen eine Veränderung unseres Lebens besteht darin, daß wir unser Geld höher bewerten als unsere Zeit.

»Die meisten Leute können ihre Ausgaben um zwanzig Prozent kürzen und trotzdem ihren Lebensstil beibehalten«, stellt Schor fest, und das hätte eine Viertagewoche zur Folge. Laut einer Studie über Frauen und wirtschaftliche Sicherheit sprachen sich tatsächlich achtundfünfzig Prozent der Frauen für genau diese flexiblen Arbeitszeiten aus[10]. Obwohl der Widerstand der Unternehmen gegen ein neues Arbeitszeitmodell immer noch das Haupthindernis für eine Viertagewoche darstellt, bemerkt Schor, daß es auch auf der Ebene der Werte echte Argumente gegen eine Reduzierung von Arbeitszeit und Verdienst gibt. Die Menschen fürchten, weniger ernst genommen zu werden. Doch wie Schor betont, »ist auch das Konsumdenken ein wesentlicher Hemmschuh für eine Veränderung«.

Dr. Lillian Rubin berichtet, daß sie tagtäglich mit Frauen zu tun hat, die sagen, sie würden für ein besseres Leben gerne auf Geld verzichten. »Viele von ihnen kommen aus Familien mit zwei guten Einkommen«, ergänzt sie. »Was sie jedoch zurückhält, ist die Tatsache, daß ihr Lebensstil so viel Geld erfordert. Und den aufzugeben, sind sie nicht bereit, egal, ob er sich in Restaurant- oder Kinobesuchen, einem Kindermädchen für die Kleinen, den besten Schulen der Umgebung oder einem Autotelephon für den ständigen Kontakt äußert. Für sie ist das alles notwendig geworden, und sie können sich das Leben anders gar nicht mehr vorstellen.«

Dr. Rubin sieht, in welchem Maße dieser schleichende Konsumzwang sich der Frauen bemächtigt hat. »Ich glaube nicht, daß die Psychologie sich in einem luftleeren Raum entwickelt. Dazu bedarf es eines soziokulturellen Rahmens«, stellt sie fest. In ihren Untersuchungen ebenso wie in ihrem Freundeskreis begegnet sie Menschen, die »Yuppietypen sind und wegen ihrer fünfjährigen Kinder in Panik verfallen. Sie sind alle davon überzeugt, daß sie nicht die Möglichkeiten haben werden, die wir hatten. Wenn man wirklich in dieser Angst lebt – und Leute tun das heute –, dann beginnt sie, das eigene Leben zu beherrschen. Ich sage den Leuten, daß sie ihr Leben für etwas hergeben, was möglicherweise nie eintreten wird, und daß es für sie nicht das kleinste bißchen sinnvolle Zeit gibt. Daraufhin sehen sie mich an und erwidern: ›Aber das machen doch alle so.‹« Wenn eine solche Angst den Ton angibt, büßen Menschen gerne Zeit für Geld ein. Diese Entscheidung (die sich als Notwendigkeit, nicht als freie Wahl ausgibt) hat tiefgreifende Konsequenzen. Wir lechzen buchstäblich nach Zeit. Frauen sind erschöpft. Frauen, die keine Familie zu ernähren haben, arbeiten länger, um sich ein angenehmes Leben leisten zu können: Fitneßtraining, Urlaub, schöne Wohnungen und die finanzielle Vorsorge fürs Alter. Am deutlichsten ist der chronische Zeitmangel jedoch bei den berufstätigen Müttern.

Forschungen zeigen, daß Frauen bereit sind, für das Wohl ihrer Kinder einfach alles herzugeben. Dieser Drang kann sie allerdings in einen fürchterlichen Teufelskreis bringen, der ihnen alles raubt, was wir lachend Freizeit nennen. Auf die entsprechende Frage äußern die meisten Frauen, daß sie zwischen dem Wunsch, »das Beste« für ihre Kinder zu tun, und ihrem permanenten Zeitmangel keine Verbindung sehen. Zwischen beiden steht die »Notwendigkeit«, die den Konsumzusammenhang verdeckt und verschleiert. Dennoch sind sie miteinander verknüpft, gekoppelt in dem, was Rubin als Ängste und Erwartungen bezeichnet: die Ängste nämlich, daß ihren Kindern nicht alle Möglichkeiten offenstehen, und die Erwartungen, daß es ihnen, wenn sie nur hart genug arbeiten, möglich sein wird, ihre Sprößlinge mit allem zu versorgen, was sie jeweils brauchen.

Das Ergebnis dieser Dynamik ist ein Umfeld, in dem Frauen bis zum Zerreißen angespannt sind. »Ich kenne keine berufstätige Frau um die Vierzig mit kleinen Kindern, die nicht mit zwei widerstreitenden Impulsen zu kämpfen hat«, erklärt Rubin. »Und das sind nicht bloß Werte, sondern *Impulse*. Diese Frauen wollen und brauchen eine berufliche Identität außerhalb von Familie und Haushalt, und sie wollen und brauchen eine Identität als Mutter. Diese Frauen befinden sich immer in einer Zwickmühle. Es ist ein Nullsummenspiel. Man hat pro Tag nur eine bestimmte Anzahl an Stunden und ein bestimmtes Potential an Energie zur Verfügung, und ein Kind ist auch nur für eine begrenzte Zeit wach. Geht man also um neun zur Arbeit und kommt um sechs nach Hause, bleibt für das Kind nicht mehr viel Zeit übrig.« Rubin erlebt hektische Frauen, hektische Männer, hektische Familien. »Die Leute haben das Gefühl, ihr Leben spiele sich auf einem Karussell ab. Die Männer arbeiten vierzig, fünfzig, sechzig Stunden die Woche. Sie möchten andere Väter sein als ihre eigenen Väter, was um neun Uhr abends allerdings schwierig ist. Kleinkinder bleiben dann, völlig übermüdet, bis zehn Uhr auf, so daß dem Elternpaar keine Zeit mehr für sich selbst, für Freunde oder zum Nachholen von Arbeit aus dem Büro übrigbleibt.« Nur allzuoft macht das Streben nach einem angenehmen Leben und dem Besten für die Kinder genau das unmöglich, was es eigentlich zum Ziel hat; zurück bleiben dann Menschen, die unter Depressionen, Erschöpfung und Vereinsamung leiden (aber ausgezeichnete Schulen und Autos haben). Bevor sie nicht bereit sind, sich von der Angst zu befreien und für ihre Kinder weniger teure Schulen in Betracht zu ziehen, werden Frauen und Männer durch den Konsumzwang an eine für sie nicht kontrollierbare Stechuhr gekettet bleiben. Im gleichen Verhältnis wie die Zahlen auf der Kreditkartenabrechnung wächst die Zahl der Stunden, die dahinschwinden.

Die Verheißungen des Geldes

Wenn die einzige Bedeutung des Geldes darin läge, den äußeren Schein zu wahren oder sich gute Schulen, neue Mikrowellengeräte oder Autostereoanlagen leisten zu können, wäre es nicht ein so heikles Thema. Der Wunsch nach Geld hat jedoch viel mit dem Kampf gegen die Angst zu tun. »Die Frauen haben panische Angst davor, Stadtstreicherinnen zu werden«, erklärt Kathleen Boyle, die sich als Finanzplanerin auf Geldanlagen für Frauen spezialisiert hat. »Das ist ihre größte Sorge. Sie wollen einfach nur wissen, daß sie sicher, sicher, sicher sind.« Der Besitz von Geld verheißt die Abwendung jenes drohenden Unheils. Weder Obdachlosigkeit noch die Unfähigkeit, für sich selbst zu sorgen, noch der Verlust von Ansehen in der Gemeinschaft werden die Frauen ereilen. Mit Geld werden ihre Kinder niemals in Armut oder Not geraten.

Für Frauen bedeutet der Besitz von Geld Überleben, Kontrolle und Freiheit. Es vermittelt uns selbst und der Welt, ob wir erfolgreich sind oder nicht. Für Geld gibt es Sicherheit. Geld entschädigt für die Demütigungen und Ungerechtigkeiten, unter denen Frauen in der von Männern beherrschten Unternehmenswelt zu leiden haben. Geld hat beileibe nicht nur mit Komfort und Luxus zu tun, sondern ist gleichbedeutend mit der Gewißheit, nie als bloßes Anhängsel auf dem Formular eines anderen Steuerpflichtigen zu erscheinen.

Es ist zwar unbestreitbar richtig, daß wir alle Geld zum Leben brauchen und die meisten von uns sich Anerkennung von Freunden, Familie und Mitarbeitern wünschen; problematisch wird es allerdings, wenn wir einer Sache – dem Geld nämlich – erlauben, uns die Macht zur Linderung der Probleme unseres Lebens zu verleihen. Dadurch wird Geld für uns so wichtig, daß wir keine andere Wahl haben, als es über alles andere zu stellen. Damit aber messen wir auch dem, was wir tun, um es zu verdienen, einen höheren Wert bei. Auf diese Weise geraten wir in ein sonderbares Dilemma: Wir brauchen (unserer Meinung nach) das Geld für unsere materielle und psychische Existenz, können aber die Werte des Umfeldes, in dem wir es verdienen, immer weniger ertragen.

Die Verheißung der Unabhängigkeit

»Wirtschaftliche Abhängigkeit führt – fast unausweichlich – zu emotionaler Abhängigkeit«, meint Lillian Rubin. Die Vermeidung dieses Zustands trieb die Frauen aus einer materiellen und psychischen Notwendigkeit heraus in die Welt der Arbeit. Außer wenn sie die absolute Not bedeutet, schätzen Frauen ihre Unabhängigkeit über alles. Rubin selbst erinnert sich, wie sie, als sie frisch verheiratet war und noch studierte, in wirtschaftlicher Abhängigkeit von ihrem Mann lebte. »In den ersten Jahren meiner Ehe mit Hank war ich Studentin. Hank arbeitete und sorgte für unseren Lebensunterhalt«, entsinnt sie sich. »Sogar ein Geschenk für ihn zu kaufen war hart, obwohl er nie im Leben gesagt hätte: ›Du darfst kein Geld ausgeben.‹ Er meinte, es gehöre uns beiden, und wir hätten genug davon. Für mich dagegen stand außer Frage, daß es sein Geld war.«

Als Rubin anfing zu arbeiten und Geld zu verdienen, ging es ihr wesentlich besser. »Ich weiß tief im Inneren, wo der Unterschied liegt«, sagt sie. »Ich weiß, daß ich nie fünfhundert oder tausend Dollar genommen und ausgegeben hätte, ohne das Gefühl zu haben, daß ich nachfragen und

Hank um Erlaubnis bitten müßte. Wenn ich jetzt fünftausend ausgeben wollte, würde ich es tun. Ich würde es ihm sagen, ihn aber nicht fragen, mich nicht rechtfertigen. Und ich hätte und habe ein anderes Gefühl dabei.«

Geld zu verdienen gibt Frauen Macht, Freiheit und eine von Partner oder Familie unabhängige Identität. Diese Verdienstmöglichkeit ist der Klotz, aus dem Selbstachtung, Zielstrebigkeit und persönliche Freiheit geschnitzt sind. Frauen haben immer wieder betont, daß sie hauptsächlich deswegen eine Karriere angestrebt haben, weil sie niemandem erlauben wollten, ihnen ihre Lebensbedingungen vorzuschreiben.

Im Laufe der Zeit kann sich der klare Himmel der Unabhängigkeit jedoch eintrüben. Wir treffen winzige Entscheidungen, die nach und nach zu einer Lebensweise führen, die uns an unsere Gehaltsschecks fesselt. Wir sehen die Ketten um uns herum nicht, die Träume mit den Kontrollabschnitten auf unseren Gehaltsschecks verbinden. Viele Frauen gaben zu, daß sie das Gefühl hatten, ihre Wünsche seien zu Geiseln des Geldes geworden. Karen, zweiunddreißig, ist Single und unterstützt ihre kränkelnde Mutter. Zudem hat sie gerade die Verlobung mit einem Mann gelöst, von dem wirtschaftlich abhängig zu sein sie sich hätte vorstellen können. Sie »pausierte« freiwillig für ein halbes Jahr, um sich von den Strapazen ihres Bankjobs zu erholen und ihrem Traum vom Schreiben nachzugehen. Als aber ihre Ersparnisse aufgebraucht waren, war ihr klar, daß sie wieder arbeiten gehen mußte. Der Job im Bankgeschäft gefiel ihr überhaupt nicht, und sie rief mich an, um zu erfahren, ob sie im Verlagswesen, von dem sie dachte, es würde ihr eher liegen, gutes Geld machen könnte. Statt sofort »nein!« zu sagen – was zutreffend gewesen wäre –, fragte ich sie, wie wichtig ihr das Geld sei. »Ausgesprochen wichtig«, antwortete sie. »Ich bin arm gewesen und möchte es nie wieder sein. Ich will nicht frieren. Ich will nicht fürchten müssen, daß ich kein Ticket für einen Flug nach Hause kaufen kann, und ich möchte nie von einem Verkäufer angebrüllt werden, ohne daß ich die Möglichkeit habe, auf dem Absatz kehrtzumachen, hinauszugehen und woanders einzukaufen.«

Ich klärte Karen darüber auf, wieviel Geld die Arbeit im Verlagswesen einbringt. »Da gehe ich lieber ins Bankgeschäft zurück«, entgegnete sie. »Ich kann nicht arm und glücklich sein. Ich habe nicht das Zeug, noch einmal von vorn anzufangen. Lieber langweile ich mich bei der Arbeit und habe ein gutes Einkommen.« Vom Gefühl her brauchte Karen die Sicherheit und Freiheit, die der Besitz von Geld bietet. Ihr Unabhängigkeitsbedürfnis war so groß und hatte so viel mit ihrem psychischem Überleben zu tun, daß sie bereit war, diesen Handel einzugehen, obwohl er andere sinnvolle Alternativen in ihrem Leben ausschloß. Da Karen wie so viele von uns Geld brauchte, um ihre emotionale Unabhängigkeit zu sichern, mußte sie sich mit der unschönen Realität abfinden, daß Freiheit mit der Zeit, die sie eigentlich auf andere Dinge verwenden wollte, erkauft wurde.

Die Beraterin Janet Andre macht die Beobachtung, daß das Streben nach Unabhängigkeit uns manchmal genau in das Machtverhältnis zur Arbeit bringt, dem wir durch sie zu entkommen suchten. »In diesem wie in jedem anderen Land basiert alles auf wirtschaftlicher Freiheit. Sie ist es, die Frauen in ungeliebten Jobs und unguten Beziehungen festhält. Einer der Gründe, warum wir Frauen an unserer Karriere hängen, besteht darin, daß die Arbeit deswegen übergroße Bedeutung annimmt, weil wir so viel aufgegeben haben, um sie zu bekommen. Für mich war es nie der Job an sich, es waren die Bewegungsfreiheit und die Gewißheit, daß ich mich weder heuchlerisch noch unterwürfig zu verhalten hätte. Ironischerweise wurde aber genau das bei der Arbeit von mir verlangt. Und zwar um so mehr, je weiter ich aufstieg.« Viele Frauen berichteten von ähnlichen Erfahrungen wie Janet: Sie hatten gekämpft, um sich von der Kontrolle oder Kritik ihrer Väter oder Partner zu befreien, nur um sich anschließend in fragwürdigen ökonomischen Beziehungen mit ihrem Arbeitgeber wiederzufinden.

Für viele von uns hängt unsere ganze Identität an der Fähigkeit, unseren Lebensunterhalt selbst zu verdienen. Jane erinnert sich, daß »die zwei schwierigsten Phasen meines Lebens in bezug auf meine Unabhängigkeit nicht mit der Zeit zusammenfielen, als ich heiratete, sondern als Alex, mein Zukünftiger, in diese Wohnung einzog und, in noch viel stärkerem Maße, als ich finanziell (wenn auch nur für kurze Zeit) von ihm abhängig war. Ich hatte mein ganzes Leben lang gearbeitet. Bis ich fünfundvierzig war, hatten wir getrennte Kassen«, erzählt sie mit sichtlichem Unbehagen. »Ich hatte mein Geld, er hatte seines. Jeder von uns hatte sein eigenes Konto. Als wir dann aufhörten zu arbeiten und der Einkommensstrom versiegte, erschien es plötzlich unsinnig, so weiterzumachen. Wir hatten, was wir hatten. Und das waren Einkünfte aus Alex' Gesamtabfindung und unseren Geldanlagen. Alles mußte umorganisiert werden. Wir eröffneten unser erstes gemeinsames Konto, was ganz schrecklich war. Ich bekam eine Kreditkarte unter seinem Namen. Er verwaltete das Geld. Mir war, als würde mir der Boden unter den Füßen weggezogen. Er ist ein sehr großzügiger Mann. Nicht, daß er mich kontrollierte, aber ich verdiente plötzlich kein Geld mehr. Das Geld hatte einen großen Teil meiner unabhängigen Identität ausgemacht.«

Auf der gesamten Einkommensskala empfinden Frauen mehr oder minder so wie Jane: Um ihrer Identität willen brauchen sie ein eigenes Einkommen. Nur ein Drittel der Frauen in meiner Untersuchung meinten, es würde ihnen nichts ausmachen, auf das Geld von jemand anderem angewiesen zu sein, wenn sie für eine Weile nicht arbeiteten. Lediglich fünf Prozent gaben an, Geld sei für ihr Unabhängigkeitsgefühl ohne Bedeutung. Von allen statistischen Zahlen in der Studie war das die dürftigste.

Wirtschaftliche Autonomie mag zwar ein Herzstück unserer Identität sein, sie verleiht Frauen aber auch Macht. Geld und Macht gehen Hand in Hand. »Es gibt keinen besseren Stabilisator als das Geld«, erklärt Dr. Rubin. »Frauen, die ordentlich Geld verdienen, haben ein gewisses Machtbewußtsein. Sie können in meine Praxis kommen und völlig hilflos wirken – vor allem in der Phase, in der es sie in Panik versetzt, daß sie keinen Mann oder kein Baby haben. Was sie aber an ihrer Arbeit festhalten läßt, ist die Gewißheit, daß sie sich ohne sie wirklich wie ein Nichts vorkämen. Sie verfügen über das nötige Geld, um sich ein sehr angenehmes Leben leisten zu können.«

Geld und Erfolg

Der gängigste Erfolgsmaßstab ist das Geld, das jemand verdient. Wenn Leute schwärmen: »Oh, sie ist wirklich erfolgreich!«, meinen sie: »Sie hat eine Menge Geld.« Macht und Status basieren auf Geld. Wenn wir anfangen, unsere Beziehung zum Geld unter die Lupe zu nehmen, steht uns zunächst einmal die Angst im Weg, mit unserem Erfolg könnte es vorbei sein, wenn wir Geld gegen Zeit eintauschen oder eine Arbeit annehmen, die schlechter bezahlt ist, uns aber mehr befriedigt. Im männlichen Erfolgsmodell gilt: Je mehr Geld man verdient, um so wertvoller ist man. Im Streben nach Wertschätzung haben auch Frauen diesen Maßstab übernommen. Solange wir uns um Gleichberechtigung bemühen, ist Geld die Zählkarte, die zeigt, wo wir im Spiel stehen. Allerdings erfaßt sie nur einen Bruchteil dessen, was uns ausmacht.

Hohes gesellschaftliches Ansehen ist eng mit Geld verknüpft. Als Juliet Schor Berufstätige, die mit niedriger eingestuften Jobs liebäugelten, nach ihren finanziellen Bedenken fragte, stellte sich heraus, daß das größte Hemmnis für eine Veränderung nicht etwa die Angst vor wirtschaftlicher Unsicherheit war, sondern davor, sich gesellschaftlich zu blamieren. Wie Schor berichtet, fürchteten die Menschen, daß sie bei einem Einkommensverlust ihre Fähigkeit, den äußeren Schein einer Mittelklasseexistenz zu wahren, einbüßen könnten. »Das ist ein schwerwiegender und guter Grund, weiterzuarbeiten.«

Wir nehmen uns nicht allzuoft die Zeit, zu bestimmen, was zu diesem äußeren Bild gehört. Alison, die ihre eigene Firma aufmachen möchte, aber das Gefühl hat, es sich augenblicklich nicht leisten zu können, räumt ein, daß sie ein älteres Auto fahren könnte. Sie möchte aber in ihrer neuen Umgebung nicht aus dem Rahmen fallen. Ihre Wahrnehmung ist auf die Notwendigkeit der Finanzierung des Autos gerichtet, nicht jedoch auf den einen Tag pro Woche, den sie möglicherweise dafür arbeitet. Sosehr wir auch darüber spotten mögen, die Wahrung des äußeren Scheins ist immer noch sehr wichtig für unser Selbstbewußtsein. Auf einer Party für eine Dreijährige sagte eine Mutter, sie habe sich für ihre fünf Dollar teuren kleinen Fingerpuppen geschämt, als sie die feinen Geschenke der anderen Mütter gesehen habe. Als man sie darauf hinwies, daß das Mädchen gar keinen Unterschied zwischen einem Geschenk für fünf Dollar und einem für fünfzig Dollar machte, erwiderte die Mutter: »Sie nicht, aber ihre Mutter schon.«

Die soziale Stellung hängt weitgehend vom finanziellen Erfolg ab. Einkommensgruppen haben die Klassen abgelöst. Menschen, die außer Dollarzeichen nichts vorzuweisen haben, füllen regelmäßig die Seiten von Zeitschriften, deren einziger Daseinszweck darin besteht, genau diese Leute hochzujubeln. Unsere gesamte Gesellschaft verehrt den Erfolg mittlerweile in einem Maße, daß wir oft übersehen, was wir aufgeben, um sicherzustellen, daß wir unseren Einkommensfluß nicht gefährden. Lillian Rubin erinnert sich an eine Klientin, die mit Anfang Vierzig tieftraurig und deprimiert zu ihr kam. Diese Frau hatte ein Jahreseinkommen von über einer Million Dollar, und dennoch behauptete sie, ihr einziger Wunsch bestünde darin, schwanger zu werden. Sie weigerte sich jedoch, weniger zu arbeiten. Die Kombination ihres prall gefüllten Reiseterminkalenders und der Ambivalenz ihres Mannes war fast eine Garantie dafür, daß sich keine Schwangerschaft einstellte. »Wir müssen uns darüber im klaren sein«, bemerkte Dr. Rubin, »daß Frauen, auch wenn sie meinen, sich noch nicht entschieden zu haben, bis zu ihrem vierzigsten Geburtstag durch Tausende von Entscheidungen genau an diesen einen Punkt gekommen sind. Diese Frau wollte es nicht zugeben, aber ihr Erfolg und das Geld, das sie verdiente, waren ihr wichtiger als ihr Wunsch, Mutter zu sein.«

Wenn die Versprechungen, die an den Besitz von Geld geknüpft sind, sich laut genug vernehmen lassen, verlieren wir jeglichen Blick dafür, wieviel Geld genug ist. In Interviews mit Frauen, die die fetten achtziger Jahre in der

Finanzwelt erlebt hatten, kam das sehr deutlich zum Ausdruck. »Egal, wieviel Geld man verdiente, immer war jemand anderes noch erfolgreicher. Dadurch blieb man dran, es schien, als würde die Latte immer höher gelegt. Wenn ich mich allerdings mit meiner Schwester vergleiche, die Krankenschwester ist, falle ich aus den Charts heraus«, sagt JoAnn Peletier, eine fünfundvierzigjährige ehemalige Börsenmaklerin. Wie Ellie hielt sich auch JoAnn für erfolgreich, bis sie sich einmal nach anderen umsah. »Es ist relativ«, fährt sie fort. »Heute definiere ich neu, was Erfolg für mich bedeutet. Aber ich mußte erst durch die ganze Mühle hindurchgehen, bevor ich das tun konnte. Ich mußte mich in die Hölle des Erfolgs begeben und wieder zurückkommen.« Wenn wir das Geld als obersten Erfolgsmaßstab akzeptieren, werden wir immer Wege finden, uns als unzulänglich zu betrachten. Unseren Wert und unser Glück an das zu knüpfen, was man mit Geld erkaufen kann, ist ein gefährlicher Schritt. Es kettet uns an unsere Gehaltsschecks und Beförderungsstufen und wertet unser übriges Leben mangels Vorhandensein ab.

Die Diskrepanz der Werte

Erfolg, Macht und Unabhängigkeit sind für die meisten berufstätigen Frauen eminent wichtig. Gute Schulen, gutes Essen, hübsche Kleidung, gute Musik und geschmackvolle Wohnungen finden sich normalerweise ebenfalls auf der Liste der »wichtigsten Dinge«. Diese Dinge sind auch Männern wichtig. Da aber das Leben von Frauen – aufgrund der Verantwortung für die Familie – vielschichtiger ist als das von Männern, legen wir, um alle diese Dinge zu haben, am Ende mehr in die Waagschale als sie. Von frühester Kindheit an wird Männern vermittelt, daß ihre Aufgabe darin besteht, der heiligen Dreifaltigkeit aus Geld, Macht und Erfolg nachzujagen. Sie lernen, Geld und was es ihnen bringt als Beweis ihrer Männlichkeit zu werten. Im übrigen wissen sie, daß sie in der Tat kaum eine andere Wahl haben: Die westliche Welt schätzt Männer mit Respekt vor Geld und vor Männern, die es verdienen. Bei den Frauen dagegen ist es weniger eindeutig. Wir haben von jeher ein indirekteres Verhältnis zum Geld: Um welches zu besitzen, mußten wir einen Mann anziehen und an uns binden. Für viele gilt das auch heute noch. Dazu meint Gloria Steinem: »Die wirtschaftliche Macht eines achtzehnjährigen Mädchens überwiegt vermutlich die eines achtzehnjährigen Jungen, weil sie Jugend und Schönheit gegen das Geld des Mannes tauschen kann. Ein lausiges Geschäft, denn fünfzig selbstverdiente Dollar sind besser als fünfhundert, die einen abhängig machen.« Mittlerweile schätzen wir Jugend und Schönheit nicht mehr nur als solche, sondern auch wegen ihrer Ertragskraft.

Da unsere Arbeitswelten so strukturiert sind, daß sie Männern optimale Bedingungen bieten, um das zu erreichen, was die Gesellschaft von ihnen verlangt, verwundert es nicht, daß Frauen, wenn sie in einem solchen institutionellen Rahmen arbeiten, nur zwei Möglichkeiten haben, sich selbst und ihr Leben zu bewerten. Frühere Generationen kannten keine Wertediskrepanz – für sie gab es einfach zwei getrennte Welten. Doch jetzt, wo die beiden Welten (für beide Geschlechter) immer mehr zusammenwachsen, haben wir die Kluft, die sie vorher trennte, verinnerlicht. In meiner Umfrage zeigten sich große Diskrepanzen zwischen der Art, wie Frauen ihre Zeit verbrachten, und dem, was sie ihren eigenen Angaben zufolge am höchsten bewerteten. Dabei gab es immer Umstände, die die

Diskrepanz erklärten, und diese Umstände liefen letztlich immer auf das Bedürfnis nach mehr Geld hinaus.

Unsere letzte und schwierigste Bindung an die Arbeit ist also das Geld. Wir meinen, daß wir erst dann das Problem des Ungleichgewichts in unserem Leben angehen können, wenn wir genug verdienen und wirtschaftlich ausreichend abgesichert sind. Die Unlogik dieser Denkweise liegt natürlich darin, daß wir, solange wir das Geld über alles andere stellen, weiterhin in dem Erfolgssystem feststecken, das dieses Ungleichgewicht erst geschaffen hat. Um es mit Shelly Lazarus' Worten zu sagen: »Möge Gott Ihnen beistehen, wenn Sie arbeiten, aber keinen Spaß daran haben. Dann wird Sie nämlich kein Geld der Welt glücklich machen. So funktioniert es einfach nicht.«

Der Preis des Geldes

Für dieses Geld bezahlen wir mit unserm Seelenfrieden. In einer aufschlußreichen Momentaufnahme zeigte die Virginia-Slims-Umfrage, daß die am meisten gestreßten Menschen Amerikas voll berufstätige Frauen mit Kindern unter dreizehn sind. Einen Prozentpunkt darunter lagen Frauen, die sich als Akademikerinnen oder Führungskräfte bezeichneten (und sich teilweise mit der ersten Gruppe überschnitten). Neunundachtzig Prozent der Frauen fanden, daß sich im Laufe der letzten zwanzig Jahre die ihnen offenstehenden Jobs verbessert hatten, ebenso wie die Vergütung (sechsundachtzig Prozent) und die Möglichkeiten, Führungspositionen einzunehmen (sechsundachtzig Prozent). Dagegen meinten fünfundvierzig Prozent, ihre Ehen hätten sich verschlechtert, und jede Studie zeigt, daß berufstätige Mütter fürchten, ihre Kinder könnten unter ihrem Zeitmangel leiden. Solche Bedingungen sind der Nährboden für jene Spannungen, die Frauen aus ihrer beruflichen Laufbahn hinauskatapultieren und ihr Leben außer Kontrolle geraten lassen.

Obwohl die meisten Frauen glauben, mehr Geld würde ihr Leben leichter machen, zählten sie als Antwort auf die Frage in meiner Untersuchung, was sie denn von ihrem Leben erwarteten, fast ausnahmslos immaterielle Dinge auf. Zuwendung, persönliche Beziehungen, mehr Zeit (und Gewichtsabnahme, dieser alte Renner) wurden am häufigsten genannt, wenn Frauen gefragt wurden, was ihr Leben und ihr Umfeld lebenswerter machen würde. Tatsächlich brachte die 1995 unter dem Titel *Sehnsucht nach Gleichgewicht* durchgeführte Untersuchung verblüffende Ergebnisse: »Immaterielle Bedürfnisse rangierten grundsätzlich weit vor materiellen ... eine Mehrzahl von Amerikanern wäre viel zufriedener, wenn sie mehr Zeit für Familie und Freunde haben könnten ... wenn es in ihrem Leben weniger Streß gäbe und wenn sie mehr zum Wohl der Gemeinschaft beitragen könnten.«[11] Die Autoren der Studie waren erstaunt darüber, daß die Befragten Dinge im Zusammenhang mit Familie und menschlichen Beziehungen höher bewerteten als materiellen Erfolg. Als sie fragten: »Was hält Menschen davon ab, diese [immateriellen] Bedürfnisse zu befriedigen? Was hindert sie am Zusammensein mit Familie und Freunden und verursacht den Streß in ihrem Leben?«, war die Antwort klar: der Versuch, Schritt zu halten oder vorwärtszukommen.

Die Frage, ob sie Geld gegen Zeit eintauschen würden, bejahten alle Frauen, schoben jedoch ein riesiges »Aber« nach: Ihnen war klar, daß sie mehr als nur Geld hergeben würden. Auch ihre Ambitionen und Leistungen wären Teil des Geschäfts. Juliet Schor weist darauf hin, daß die Bereitschaft, auf Einkommen zu verzichten, bedeutet, »daß Leute sich im Grunde von dem gängigen Erfolgsmodell verabschieden müssen. Sprechen wir von den Akademikerinnen und Managerinnen: Die Arbeitsnormen bieten ihnen tatsächlich kaum Möglichkeiten, nur eine begrenzte Anzahl von Stunden zu arbeiten und trotzdem beruflich und finanziell erfolgreich zu sein. Wollen sie mehr Ausgeglichenheit in ihr Leben bringen, mehr Zeit haben, nicht in eins dieser Kabuffs gesteckt werden und sowohl eine gute Mutter sein als auch Karriere machen, dann werden sie vermutlich die Laufbahn oder wenigstens die Stelle wechseln müssen, denn die wenigsten Leute schaffen es, innerhalb ihres Jobs weniger zu arbeiten. Sie wechseln dann in eine Laufbahn über, die ihnen mehr Ausgeglichenheit verspricht, steigen völlig aus dem Arbeitsleben aus oder begeben sich in ihrem Beruf in eine Position ohne Aufstiegschancen.«

Man kann davon ausgehen, daß Frauen arbeiten wollen und daß eine Karriere ihnen viel mehr einbringt als nur Geld – nämlich Selbstachtung, Ausdruck der eigenen Persönlichkeit, Unabhängigkeit und Identität. Offenbar haben sie aber einen toten Punkt zwischen zwei Wertordnungen erreicht, deren Konflikte ihnen Streß und Überforderung bescheren. Nur unter Mühen lernen wir, Dinge in unserem Leben, die vorher überhaupt keinen Wert hatten, neu zu bewerten.

Frauen haben für wirtschaftliche Gleichberechtigung gekämpft, und die Tatsache, daß sie dafür buchstäblich mit der Qualität ihres übrigen Lebens zahlen müssen, sollte sie eigentlich zur Weißglut bringen. Daß sich offenbar so wenige Frauen laut und vernehmlich beschweren, erschreckt Gloria Steinem, denn es bedeutet, wie sie hervorhebt, daß viele Frauen »die Vorstellung geschluckt haben, irgendwie eben nicht gut genug gewesen zu sein«. Statt die Werte und Verhaltensweisen, die unsere erfolgsorientierte Kultur verlangt, zu kritisieren, machen Frauen sich selbst für die Enttäuschung ihrer Erwartungen verantwortlich. »Unsere Kultur versucht mit aller Macht, die Schuld auf das Individuum abzuwälzen, indem sie sagt: ›Es liegt nur an dir, wenn du nicht alles unter einen Hut bringst‹«, empört sich Steinem. »Damit können wir uns nicht abfinden, denn es suggeriert den Frauen, daß sie selbst daran schuld sind. Sie fragen: ›Wie kommt es, daß ich nicht Superwoman bin?‹ Ganz einfach, weil niemand Superwoman ist. Es ist unmöglich, alles zu schaffen, was Frauen glauben schaffen zu müssen. Man kann nicht alles unter einen Hut bringen, ohne die Struktur der Arbeit zu verändern«, betont sie. »Solange die Arbeitswelt so funktioniert wie jetzt, können wir uns nicht in sie integrieren. So etwas wie eine gleichberechtigte Eingliederung der Frauen in die bestehende Struktur des Wirtschaftslebens kann es nicht geben, das ist nicht möglich. Nicht bei all den anderen Verpflichtungen, die Frauen haben. Nicht bevor Männer im Haushalt genauso gleichberechtigt sind wie Frauen draußen. Nicht bevor wir das System verändert haben.«

So wie die Arbeit strukturiert ist, sind wir gezwungen, eine Entscheidung zu treffen. Was soll an erster Stelle stehen? Wenn es das Geld ist, müssen wir einsehen, daß es nicht all das bewirken wird, was es uns versprochen hat. Wir können erst dann anfangen, unser Leben zu verändern und an unseren Wünschen auszurichten, wenn wir offen die Bedeutung und die Priorität, die wir diesen Versprechungen beimessen, in Frage gestellt haben. Solange wir das nicht tun, leben wir in der Diskrepanz zwischen dem, was wir unserer eigenen Aussage nach wollen, und dem, was wir tatsächlich tun. »Es bedeutet eine Neuordnung unserer Werte«, erklärt Lillian Rubin. Sie hat Recht. Wir werden es nicht schaffen, irgendwelche Änderungen in unserem Leben vorzunehmen, solange wir uns nicht völlig darüber im klaren sind, welche Bedeutung das Geld für uns hat.

Kapitel 7

Veränderung

Ich unterscheide mich in nichts von anderen Frauen: Ich verändere Dinge in meinem Leben, weil ich etwas nicht mag oder weil ich etwas will. Wie ich dabei vorgehe, erinnert jedoch häufiger an einen Akt des Aussortierens als an eine echte Wahl. Die richtig großen Schritte unternehme ich erst, wenn völlig klar ist, daß etwas passieren *muß*. Wenn es nicht gerade um meine geistige Gesundheit geht, finde ich irgendeinen Weg, an dem, was mich niederdrückt, festzuhalten, weil es mir richtig erscheint. Ich bin eben ein braves Mädchen.

Nachdem ich die ersten Monate in meinem neuen Job dahingestolpert war, als befände ich mich auf dem Grunde eines Schachts, ging ich zu einer Beraterin. Ich hatte mit dem Ratschlag gerechnet, das Für und Wider abzuwägen, und war deshalb erstaunt, als sie mir statt dessen die Geschichte einer Frau erzählte, die mit einem Stein in der Hand über einen See schwamm. Als die Frau sich der Mitte des Sees näherte, wurde sie vom Gewicht des Steins langsam hinabgezogen. »Lassen Sie den Stein los«, riefen ein paar Leute, die sie vom Ufer aus beobachteten. Doch die Frau schwamm weiter, wobei sie ab und zu unter der Wasseroberfläche verschwand. »Lassen Sie den Stein los!«

schrien die Zuschauer lauter. Die Frau hatte die Mitte des Sees erreicht und befand sich jetzt ebenso häufig unter wie über dem Wasserspiegel. »Lassen Sie den Stein los!« drängten die Leute wieder. Doch als die Frau zum letztenmal auftauchte, hörten sie sie sagen: »Ich kann nicht. Er gehört mir.«

Mir gefiel diese Geschichte überhaupt nicht. Aber die Botschaft hatte ich verstanden: Um mein Leben positiver zu gestalten, mußte ich loslassen, was mich niederdrückte. Ich erwartete mehr von meiner Karriere, als sie mir tatsächlich geben konnte. Zwischen der Veränderung des Betriebsklimas, die sich im Laufe meiner Karriere vollzogen hatte, und dem Anspruch an meine Arbeit, meine Existenz zu definieren (wenn nicht meine Seele zu belohnen), hatte ich einfach etwas überfrachtet, was dem Gewicht nicht mehr standhalten konnte. Und als meine Karriere mir nicht mehr die Anerkennung oder Befriedigung verschaffte, auf die ich angewiesen war, stellte ich fest, daß ich kaum etwas anderes hatte, worauf ich mein Selbstwertgefühl und meine Identität stützen konnte. Woher auch? Zwanzig Jahre lang hatte ich mich von morgens bis abends die meiste Zeit mit kaum etwas anderem beschäftigt.

Ich lebte schon lange genug, um zu wissen, daß ich in der Vergangenheit zwei Arten von Veränderungen vorgenommen hatte: oberflächliche zum einen und tiefgreifende Perspektivenwechsel zum anderen. Ohne letztere erwiesen sich erstere nur selten als dauerhaft. Wenn ich eine nachhaltige Veränderung wollte, war für mich der Zeitpunkt gekommen, den Stein loszulassen. Ich mußte mich von dem Stein meiner Angst, nicht genug Geld zu haben, dem Stein meiner großen Erwartungen, alles zu schaffen, und zwar mit Bravour, trennen. Hätte meine Karriere nicht auf dem Spiel gestanden, hätte ich der Tatsache, daß ich völlig am Ende war, gar nicht so viel Aufmerksamkeit geschenkt. Ich hatte jedoch den Punkt erreicht, an dem es hieß: Schwimm oder geh unter! Nun war ich endlich bereit, diese im Grunde unrealistischen Vorstellungen, die ich von meinem Leben und meiner Arbeit hatte, aufzugeben. Jetzt ging es darum, für mich selbst eine Definition des Erfolgs zu entwickeln.

Die Veränderung auslösen

Ich wußte, wie die möglichen Alternativen aussahen: Ich konnte so weitermachen wie bisher – unglücklich, aber in einer erstklassigen Position. Da ich jedoch meiner inneren Einstellung dazu wieder und wieder hatte Starthilfe geben müssen, war ich mir ziemlich sicher, daß meine innere Batterie die Ladung nicht mehr lange halten würde. Ich konnte die Stelle wechseln (was ich in den vorangegangenen sechs Jahren dreimal getan hatte), aber keine erschien mir besser als die, die ich damals hatte. Oder ich konnte tatsächlich das Risiko eingehen, eine Zeitlang nicht zu arbeiten und mir darüber klar zu werden, was ich mit meinem Leben anfangen wollte. Da ich keine Lust auf eine Veränderung hatte, die mir womöglich wieder nichts brachte, nahm ich meinen ganzen Mut zusammen und wagte den Schritt ins Unbekannte.

Daß ich beschloß zu kündigen, ergab sich einfach so. Aber die meisten Frauen brauchen in der Regel einen äußeren Anlaß, der ihnen gestattet, ihr Leben in eine andere Richtung zu lenken. »Es ist sehr schwierig, auf den eigenen Auslöser zu drücken«, meint die Beraterin Janet Andre und bezieht sich dabei auf die unterschiedlichsten Katalysatoren, die eine Frau letztlich so aufrütteln, daß eine Veränderung die Folge ist.»An Ellie Daniels habe ich bewundert, daß sie in der Lage war, ohne äußeren Vorwand ihren Auslöser zu drücken. Die meisten von uns brauchen irgendeinen Grund wie zum Beispiel: ›Ich hatte Kinder‹, ›ich hatte gerade geheiratet‹, ›meine Mutter war krank‹ oder was auch immer. In der Regel sind es familiäre Gründe. Nur in sehr seltenen Fällen sagt jemand: ›Ich möchte das nicht mehr machen, weil es der Person, die ich sein möchte, nicht entspricht.‹« Bei mir war der Auslöser ein Wechsel im Management, bei Jane eine Veränderung des Arbeitsklimas im Unternehmen.

Allgemein gaben die Frauen an, daß sie aufhörten zu arbeiten oder die Stelle wechselten, weil sie entweder arbeitslos wurden oder es unmöglich war, allem gerecht zu werden, als ihre Jobs immer höhere Anforderungen stellten. Das gilt besonders für bestimmte Phasen im Leben einer Frau. Angesichts der Kombination wenig flexibler Arbeitszeiten und höherer Erwartungen (weil wir Frauen sind) müssen wir für unseren Erfolg noch härter und besser arbeiten, und das macht es nahezu unmöglich, bei der Stange zu bleiben, wenn auch noch die Belastungen außerhalb der Arbeit stärker werden. Janet Andre stellte fest, daß »nur die am besten organisierten und zugleich begabtesten Frauen fähig waren, die Strapaze aus Mutterschaft, Ehe, Familienkram und den ganzen Anforderungen des Jobs durchzustehen«. Der andere Grund, warum Frauen ihre Arbeit aufgaben, lag Andre zufolge darin, »daß sie den Job ohnehin nicht bekommen hätten, selbst wenn sie in der Lage gewesen wären, sich durchzubeißen. Ist eine Frau schon einmal willens, sich auf dem Altar der Führungsträume zu opfern, sind ihre Chancen, sich bei der Bewerbung um den Job gegen einen Mann durchzusetzen, der weniger qualifiziert, weniger engagiert, aber wegen seines

Geschlechts und seiner Fähigkeit, sich anzupassen und einer von den Jungs zu sein, attraktiver ist, so gering, daß viele Frauen es nicht der Mühe wert fanden. Deshalb nahmen sie andere Jobs an. Ich habe [für ein bedeutendes Kreditinstitut, das achtzig Prozent seiner begabten weiblichen Angestellten auf dem Höhepunkt ihrer Produktivität verloren hatte] eine Umfrage unter den Ehemaligen durchgeführt; dabei kam heraus, daß über neunzig Prozent dieser Frauen immer noch arbeiteten. Das versetzte meinen Auftraggebern einen Schock.« Die Frauen gaben ihre Stelle nicht auf, um zu Hause zu bleiben, sondern um auf gesündere Art weiterzuarbeiten.

Rosabeth Moss Kanter fand in ihrer Untersuchung heraus, daß die Unzufriedenheit der Frauen wächst, wenn ihre Aufstiegschancen schwinden. Folglich sind sie eher bereit, etwas zu verändern, wenn die Gegenleistungen für ihre bisherigen Bemühungen sich stetig und nachweislich verringern. Da viele Frauen zu dem Zeitpunkt Familie haben, wo die Beförderungen ins Stocken geraten oder aufhören, kann man leicht behaupten, sie hätten aus familiären Verpflichtungen heraus ihre Stelle aufgegeben oder gewechselt.

Dennoch gaben alle Interviewpartnerinnen, wenn die Oberfläche erst einmal angekratzt war, zu, daß sie sich zwar in der Tat mehr Flexibilität und Zeit für ihre Kinder wünschten, es jedoch auch so irgendwie geschafft hätten, wenn sie nur mit ihrer Arbeit glücklicher gewesen wären. Die Arbeit war ihnen sowohl aus wirtschaftlichen Erwägungen als auch um ihrer Identität willen zu wichtig, um sie vollkommen aufzugeben. Im übrigen wollte jede Frau, mit der ich sprach, arbeiten. Meine Untersuchung zeigt, daß, auch wenn es finanziell keine Probleme gäbe, nicht einmal zehn Prozent der befragten Karrierefrauen

Nurmütter wären. Zu Beginn meines Interviews sagte Alicia Daymans, daß sie beschlossen hatte, ihre Position aufzugeben, weil sie mehr Zeit mit ihrer Tochter verbringen wollte. Nach einem längeren Gespräch kam jedoch der wahre Grund zum Vorschein: Sie hatte echte moralische und philosophische Differenzen mit den Inhabern der Zeitschrift. Sicher war ihr das Zusammensein mit ihrer Tochter im vorpubertären Alter ein Anliegen; sie gibt aber zu, daß das allein noch keinen so radikalen Wandel in ihrer beruflichen Laufbahn bewirkt hätte.

Alicia quälte sich eine Weile mit ihrer Situation herum, doch was die Veränderung letztlich auslöste, war etwas eher Unerwartetes. »Es klingt sonderbar«, gesteht sie, »aber meine Tochter wollte zur Sonntagsschule gehen, und weil ich nicht religiös bin, landeten wir schließlich über eine Freundin von ihr in einer Methodistenkirche. Damit sie die Sonntagsschule besuchen konnte, mußte ich sie hinbringen und den Gottesdienst absitzen. Plötzlich hatte ich jede Woche eine Stunde, in der ich einfach dasaß und nachdachte.« In dieser Umgebung, in der Menschen sich aus sozialer Verantwortung heraus engagierten, fand sie den Mut, sich nach einer Arbeit umzusehen, die ihr eine Viertagewoche ermöglichte und ihr zudem Gelegenheit bot, den Traum von einer Rückkehr ins Lehrfach auszuloten.

Bei anderen Frauen hingegen ist es »normalerweise so, daß ein Ereignis die Veränderung auslöst«, erklärt Shoya Zichy, die genau an diesem Punkt von vielen ihrer Klientinnen aufgesucht wird. »Sie sind dem Personalabbau zum Opfer gefallen. Was unter anderem passiert, wenn es einem schlechtgeht, ist, daß es auf ganz subtile Weise zum Vorschein kommt. Man arbeitet nicht so lange, man ist nicht gerade übereifrig, es gibt also wirklich deutliche Anzeichen. Dann wird man ein Kandidat für Personaleinsparungen.«

Auch das Alter kommt als Auslöser in Frage. Wenn es nicht, wie im Fall von Jane, die Gesundheit eines Angehörigen ist, kann sich auch unsere eigene Sterblichkeit als echter Katalysator für eine Veränderung erweisen. Donna, eine IBM-Führungskraft, wurde erst durch eine schwere Krankheit lange genug gebremst, um ihr Leben in die richtige Perspektive zu rücken. »Ich tat nichts anderes, als jeden Tag von sieben Uhr morgens bis Mitternacht zu arbeiten. An Wochenenden arbeitete ich durch. Ich wußte, daß ich mich auf unheimlichem Terrain bewegte. Ein Teil von mir fand, daß ich das tun mußte, weil ich nicht wollte, daß irgend jemand über mich herzog und behauptete, ich schaffte es nicht. Die Unfähigkeit, nein zu sagen und auf mich selbst aufzupassen, zwang mich in die Knie. Ich kam mir vor, als wäre ich eine Gefangene und müßte Lösegeld zahlen, und ich hatte nicht die Energie, etwas zu verändern. Ich wurde völlig davon absorbiert und hatte gar keinen Maßstab mehr für das, was normal ist. So als rutschte ich durch einen Schacht, ohne zu wissen, wie ich anhalten sollte, und wartete darauf, daß mich jemand festhielt. Es war schlimmer, als Krebs zu bekommen, denn mir war klar, daß ich eine Schußfahrt in die Hölle machte und keine Ahnung hatte, wann der Boden des Schachts erreicht war.«

Eines Tages entdeckte Donna einen Knoten in ihrer Brust. »Als ich feststellte, daß ich Krebs hatte, arbeitete ich weiter, als sei nichts geschehen. Nach drei Tagen sah ich ein: *Das kann ich nicht machen.* Dann kippte ich buchstäblich um. Ganz selbstverständlich war das Wichtigste in meinem Leben, wieder gesund zu werden, und ich ließ meine Arbeit wie eine heiße Kartoffel fallen. Ich verschwendete keinen weiteren Gedanken daran. Und siehe da – ich hatte tatsächlich eine unabhängige Identität! Ich zweifelte keinen Moment an meinen Zielen, gesund zu werden und jeden Tag in seiner ganzen Fülle zu erleben. Unter anderem sagte ich mir: ›Ich könnte mein Leben ein Jahr lang auf Eis legen, da ich eine einjährige Chemotherapie machen muß. Was aber, wenn ich am Ende dieses Jahres tot bin? Was, wenn ich es nicht schaffe? Dann wird dies das letzte Jahr meines Lebens gewesen sein. Deshalb denke ich, ich sollte mich lieber amüsieren.‹ Also benutzte ich meine Arbeit als Anker. Ich machte nur, was mir guttat, und strich jeden Menschen, der mir nicht guttat, aus meinem Leben. Es war das intensivste Jahr überhaupt, und ich werde es nie bereuen.«

Nach der einjährigen Chemotherapie versuchte Donna, sich wieder in ihrer Arbeit einzurichten, aber sie fand kein Interesse mehr daran und ließ sich beurlauben. »Es war das Unheimlichste, was ich je gemacht habe. Es waren harte Zeiten bei IBM, und ich wußte, daß sie Leute entließen, aber ich mußte es einfach tun.« Während ihrer Beurlaubung heiratete Donna, und als ihr schließlich eine Abfindung angeboten wurde, willigte sie ein. »Wenn ich nicht Krebs gehabt hätte, hätte ich sie nicht angenommen«, sagt sie. »Ich sah ja, was bei IBM passierte, und fragte mich: ›Willst du diese Art von Druck?‹ Ich habe die Abfindung gerne angenommen. Es war unglaublich. Ich erinnere mich noch, wie ich die Papiere unterschrieb und zu meinem Chef sagte: ›Das ist ein Wahnsinnsgeschäft!‹«

Veränderung als Ursache von Trauer

Nie und nimmer hätte die fünfundfünfzigjährige Robin Ingram damit gerechnet, gefeuert zu werden. Erleichtert hatte sie soeben einen neuen Vertrag mit ihrem Unternehmen unterzeichnet, in dem sie zwanzig Jahre lang Leiterin der Abteilung für Unternehmenskommunikation gewesen war. Robin ging davon aus, daß sie die letzten drei Jahre ihrer Berufslaufbahn ohne größere Anstrengung hinter sich bringen würde. Als aber sechs Monate nach Abschluß ihres Vertrags die Firmenspitze wechselte, wurde sie aus dem Job, der ihr Leben gewesen war, hinausmanövriert, weil sie zu eng mit der früheren Geschäftsführung verbunden gewesen war. »Ich hatte immer gewitzelt, Unternehmen seien ein Werkzeug des Teufels«, sagt sie, »war aber nie auf den Gedanken gekommen, daß das auch für mich galt. Ich hatte erlebt, wie andere behandelt wurden, mich aber immer irgendwie retten können. Jetzt bin ich an der Reihe. Ich schwanke zwischen Depression und Wut.«

Ich erzähle Robin, daß ich, nachdem ich meinen Job aufgegeben hatte, ein gutes Jahr brauchte, bis ich wieder Boden unter den Füßen spürte. Auch jetzt habe ich gelegentlich noch Alpträume, in denen ich gefeuert werde (aufgrund von Übernahmen oder Zusammenschlüssen von Unternehmen war ich tatsächlich zweimal entlassen worden). Obwohl ich diesmal selbst gekündigt hatte, war ich kaum draußen, als mir bewußt wurde, daß ich eine Menge zu betrauern hatte. Ich mußte mich von mehr als nur dem Job verabschieden, mußte meine ganze Art zu leben ändern. Meine Liste der zu erledigenden Dinge hatte mich immer in Trab gehalten. Mein voller Terminkalender lieferte mir die Bestätigung, daß ich gebraucht und gemocht wurde. Dank des Geldes geriet ich nicht bei jeder Anschaffung ins Schwitzen, und der Titel auf meiner Visitenkarte machte mich zu einer Person, die man gerne auf Dinnerparties vorstellte. Ich betrauerte den Verlust einer sehr realen Gemeinschaft, zu der ich tagtäglich dazugehört hatte. Am meisten trauerte ich jedoch um meinen Lebenstraum – der Wirklichkeit geworden wäre, wenn nur ...

An meinem Kummer am schwersten zu verkraften war das plötzliche Gefühl, mir allein, ohne meine Arbeit, die mich jeden Tag beschäftigt hatte, einfach nicht zu genügen. Ich wurde mit der Nase darauf gestoßen, wie abhängig ich von etwas war, über das ich letztlich keine Kontrolle hatte – meine Karriere. Ich erkannte, wieviel Kraft ich aus ihr geschöpft hatte, und als die Stromquelle abgeschaltet war, wurde es dunkel in mir. Auf emotionaler Ebene gab es durchaus Parallelen zwischen mir und den Müttern von Freundinnen, die sich ihrer Identität und ihres Lebensinhalts beraubt sahen, als ihre Ehemänner sie nach dreißig Ehejahren sitzenließen, um eine in der Regel jüngere Frau zu heiraten. Manche von ihnen blieben ihrer Trauer verhaftet. Andere standen auf, schüttelten sich einmal kräftig und bauten sich ein neues Leben auf, das viel reicher war als das alte.

Trauer spielt bei der Veränderung eine große Rolle. Sie hilft uns, aus der Vergangenheit zu lernen und sie loszulassen. Indem wir etwas betrauern, machen wir eine Bestandsaufnahme. Im Fall der Arbeit erkennen wir, wo sie uns erfüllt und wo sie uns aufgezehrt hat. Wenn wir nicht durch den Trauerprozeß hindurchgehen, werden wir gefühlsmäßig nicht in der Lage sein, den nächsten Schritt zu tun. Bei all meinen Interviews habe ich nicht eine Frau getroffen, die ihren Job verloren oder freiwillig aufgegeben hatte und bereit gewesen wäre, unter denselben Bedingungen wieder ins Arbeitsleben zurückzukehren. Sie alle bestätigten, daß das, was ihnen widerfuhr, ihnen deutlich vor Augen führte, daß sie sich auf etwas verlassen hatten, was von Natur aus unzuverlässig ist. Sie mochten sich auf eine neue intellektuelle oder kreative Herausforderung an ihrem neuen Arbeitsplatz, ein besseres Gehaltspaket oder eine sinnvollere Arbeit freuen, aber sie kehrten gewiß nicht mit den alten Erwartungen zurück, daß man sich besonders um sie kümmern, sie anerkennen oder loben würde. Sie gingen arbeiten, um ihre Arbeit zu tun, nicht mehr und nicht weniger.

Das galt gewiß für Petra Baker, die bei der Umstrukturierung des Technologieunternehmens, in dem sie arbeitete, vor der Alternative stand, entweder eine niedriger eingestufte Arbeit (bei gleicher Bezahlung) zu akzeptieren oder ganz aufzuhören. Abgesehen von dem schmerzlichen Verlust ihrer Position fühlte Petra sich von ihrem Chef und Mentor, dem neuen Generaldirektor der Firma, betrogen. Sie hatte das Gefühl, über Nacht vom Schützling zum Prügelknaben geworden zu sein. Erst als Petra anfing, das Geschehene zu akzeptieren, spürte sie, daß sie die Situation langsam wieder in den Griff bekam. Sie sah ein, daß das, was passiert war, außerhalb ihrer Macht lag, die Art, wie sie damit umging, dagegen nicht. Eine Kündigung konnte sie sich nicht leisten, also nahm sie die angebotene Stelle an. Die Erwartungen, die sie mit der Arbeit verknüpfte, sahen allerdings völlig anders aus. Sie trennte den Menschen, der sie war, von dem, was sie tat, und einige Monate später erzählt sie, daß es ihr mit der Arbeit und mit sich selbst viel besser geht. Es ist ihr sogar gelungen, ein paar Dinge zu finden, die ihr an dem neuen Job besser gefallen als an ihrem alten: ein kreatives Team und manche anregende Aufgabe. Ihr Drang, es jedem recht zu machen und perfekt zu sein, hat so stark abgenommen, daß ihr die Arbeit sogar wieder Spaß macht. Wie im Fall von Petra kommt es oft vor, daß wir die Probleme erst dann deutlich erkennen können, wenn wir gezwungen sind, uns von etwas zu trennen. Erst wenn wir diesen Punkt erreicht haben, wächst die Bereitschaft, unsere Sichtweise zu ändern und eine neue Prioritätenliste aufzustellen.

Balance

Ich will, was die meisten Frauen wollen, nämlich eine gute Mischung aus Arbeit, Vergnügen, Liebe und Sinn, kurz: Balance. Ich war jedoch so stark auf die eher meßbaren Dinge in meinem Leben – Geld und Erfolg – konzentriert, daß ich meine inneren, weniger quantifizierbaren Anteile vernachlässigt habe. Shoya Zichy empfiehlt ihren Klientinnen, sich vorzustellen, daß sie ihr Leben genauso neu aufbauen wie ein Töpfer ein Gefäß. »Wir haben eine innere und eine äußere Hand«, erklärt sie, »und das Gefäß entsteht dadurch, daß wir den Druck zwischen den beiden immer konstant halten. Die äußere Hand, das sind Faktoren wie Erbanlagen, Intelligenz, Unterstützung durch die Familie, Erwartungen, Bildung und Chancen im Leben. Wenn wir unser ganzes Leben danach beurteilt haben, wie die äußere Hand abschneidet, fällt das Gefäß in sich zusammen; genau das ist das Burnout-Syndrom. Die innere Hand ist der eigene, angeborene psychologische Typus, der über unsere Vorlieben bestimmt, über das, was die meiste Energie in uns freisetzt. Das ist die Seite, die wir nicht im Griff haben.« Zichy, die erlebt hat, wie Hunderte von Frauen ihr Gleichgewicht gefunden haben, kommt zu dem Schluß: »Wenn wir erst einmal gesehen haben, was wir wirklich tun müssen und tun wollen, haben wir keine Angst mehr davor. Nicht, daß wir es über Nacht schaffen, aber wenn wir ungefähr wissen, wohin wir gehen, wachen wir plötzlich morgens auf und sagen: ›Jetzt habe ich das Steuer wieder selbst in der Hand.‹«

Wer in Arbeit und Leben gleichermaßen Freude und Erfüllung finden will, muß die beiden Kräfte in ausgeglichener Weise nutzen, so daß sie sich zu einem Ganzen zusammenfügen. In unseren ursprünglichen Erwartungen an das Leben waren wir gar nicht so weit davon entfernt – ein ungeteiltes Leben verbindet die Arbeit mit dem persönlichen Bereich. Und dazu bedarf es keiner Lackschicht aus Erfolgskultur, Konsumdenken und Visitenkartenidentität. »Ein zu großes Gewicht auf der äußeren Hand, und schon haben wir die Kontrolle über dieses Gefäß verloren«, mahnt Zichy. »Erst wenn wir anfangen, der inneren Hand zu vertrauen, werden wir Gleichgewicht und Kontrolle wiedererlangen.« Dieser »inneren Hand« zu vertrauen bedeutet allerdings, Abschied zu nehmen von dem männlichen Erfolgsmodell mit seiner Goldwährung, in der nur Leistung, Macht und Geld zählen. Es bedeutet, sich auf sein Gespür für das zu verlassen, was einem wichtig ist; es bedeutet, in der Werteskala Freundschaft, Familie und Zeit auf eine Stufe mit dem Erfolg zu stellen. Es bedeutet, die Checkliste und den Fahrplan des Erfolgs in bezug auf Inhalt und Reihenfolge zu ändern. Es bedeutet, das Private in die Öffentlichkeit zu bringen. Und dabei hat man das Gefühl, die Anerkennung und Zustimmung einer ganzen Kultur aufs Spiel zu setzen.

Wie bei den Frauen in meiner Untersuchung hatten auch bei mir Ehrgeiz, Geld, Position und Macht im Laufe meiner Karriere an Stellenwert verloren. Statt dessen wurden Freundschaft, Familienleben, Spaß und Unabhängigkeit immer wichtiger. Dennoch waren es genau diese Dinge, von denen die Mehrheit der Frauen behaupteten, sie hätten keine Zeit, sie zu genießen. Ihr äußeres Leben bestimme, welchen Raum das innere einnehmen dürfe.

Und je anspruchsvoller die Jobs würden, desto kleiner würde der innere Raum.

Um ein erfülltes Leben zu haben, müssen wir unser inneres und unser äußeres Leben ins Gleichgewicht bringen. Wir müssen also lernen, unser Selbstbild an dem auszurichten, wer wir sind, und nicht an dem, was wir tun. Anna Quindlen formuliert es so: »Wir müssen stark genug werden, um unseren eigenen Werten den Vorrang vor denen der Kultur und des Unternehmens zu geben. Wir werden stark genug, um zu sagen: ›Natürlich weiß ich, wie die Welt Erfolg definiert. Aber ich bin einfach zu alt, zu schlau und zu erfahren, um irgend jemand anderen definieren zu lassen, was für mich Erfolg heißt.‹«

Uns selbst zurückgewinnen

Es wäre schön, wenn Veränderungen hübsch ordentlich und in der richtigen Reihenfolge vonstatten gehen könnten – dann würden wir erst unsere Perspektive und danach unser Handeln ändern. Bei den meisten von uns funktioniert es jedoch nicht so. Wir finden uns nämlich, während wir so im Dunkeln herumtappen, mitten in einem chaotischen Prozeß des Abwägens zwischen Außen und Innen, zwischen dem Konkreten und dem Formlosen, dem Bewährten und dem Riskanten wieder. Um vier Uhr morgens wissen wir genau, was wir mit unserem Leben anfangen werden. Und drei Stunden später läßt diese Gewißheit nach, um mit den Abendsternen vollends zu verschwinden.

May Benson befand sich vor ein paar Jahren genau in dieser Situation. Ihre Geschichte ist ein typisches Beispiel für den Kampf von Frauen, die wieder selbst bestimmen wollen, wer sie sind und was ihnen am Herzen liegt. May definierte sich durch ihre Arbeit, wünschte sich aber ein Leben, das Gleichgewicht, Sinn und Qualität einschloß. Sie glaubte, sie hätte einen Weg gefunden, die zwei Welten in Einklang zu bringen. Es stellte sich jedoch heraus, daß sie letztlich beide verwerfen und sich etwas ganz Neues ausdenken mußte.

Wie die meisten befragten Frauen ging May, die Mitte der siebziger Jahre ihr Studium abschloß, einfach »davon aus, daß ich arbeiten würde. Ich ging davon aus, daß ich irgendwann heiraten, Kinder bekommen und nach der Geburt meiner Kinder weiterarbeiten würde. Denn ich war zu der Haltung erzogen worden, daß ich das alles schaffen würde. Ich wollte Karriere machen, hatte aber keine Ahnung, was das war. Mein erstes Karriereziel war der Beruf der Psychotherapeutin, doch mir wurde schnell klar, daß ich, wenn ich in diesem Bereich etwas werden wollte, den Doktor- und nicht nur den Magistertitel brauchte; weiter zu studieren kam aber nicht in Frage.«

Schließlich ging May mit ihrem Freund nach Seattle. »Ich suchte nach einem dieser Jobs, die allgemein als anspruchsvoll, interessant und gut bezahlt galten. Es spielte fast keine Rolle, unter welchem Titel er lief, solange die anderen Kriterien erfüllt waren.« May fand es schwierig, an eine solche Stelle heranzukommen; deshalb arbeitete sie vorübergehend in einem Kaufhaus. Fünf Jahre später war sie Einkäuferin für dessen größte Abteilung. Sechs Jahre später beschloß May, unter dem Eindruck von Langeweile und einem Gefühl der Stagnation, Betriebswirtschaft zu studieren. »›Mathematik und Wirtschaftslehre haben mir immer gelegen, warum also nicht?‹ dachte ich. Über so etwas hatte ich vorher nie richtig nachgedacht. Ich horchte viel in mich hinein, wurde aber eindeutig von der Tatsache mitgerissen, daß wir die frühen Achtziger schrieben, ich außerdem Spaß daran hatte und es mir zu dem Zeitpunkt richtig erschien.«

Nach dem Studium verbrachte May zehn Jahre im Finanzierungsbereich eines Unternehmens, in dem sie recht schnell die Karriereleiter erklomm. Sie heiratete einen Mitarbeiter (»Wir blieben beide im Unternehmen, aber er wechselte die Abteilung; in diesen Jobs arbeitet man am Ende so viel, daß man außer den Leuten in der Firma überhaupt niemanden mehr kennenlernt«) und übernahm als erste Frau den Posten des Geschäftsführers ihrer Abteilung. Nach acht Jahren in dieser Tätigkeit wurde sie mit ihrem ersten Kind schwanger. »Ich dachte: ›Das ist ja super! Jetzt muß ich anfangen, mich bei den Leuten nach Möglichkeiten der Kinderbetreuung zu erkundigen. Wie kommt man bloß an die heran? Und wie soll man hier um sechs Uhr abends fortgehen, wenn alle meinen, man hätte erst einen halben Arbeitstag hinter sich?‹« erinnert sie sich. »Ich sah mich in meiner Abteilung nach Leuten um, die Kinder hatten und versuchten, eine Lösung für dieses Dilemma zwischen Beruf und Familie zu finden, mußte aber feststellen, das es niemanden gab, mit dem ich hätte reden können. Sicher gab es nur sehr wenige Frauen mit Kindern, die sich auf einer Position oberhalb des Einstiegsniveaus befanden, und nur sehr wenige Männer, deren Frauen nach der Geburt ihrer Kinder wieder angefangen hatten zu arbeiten. Mir wurde klar, daß ich zum erstenmal in meiner Karriere das Gefühl hatte, anders zu sein als alle anderen. Es war, als versuchte und täte ich plötzlich etwas, was sich von der übrigen männlich geprägten Kultur unterschied.«

Größer als Mays Besorgnis war ihre Verärgerung darüber, daß sie ganz allein herausfinden mußte, wie sie die Veränderungen angehen sollte. Sie hatte viel Ahnung von

Unternehmensfinanzierung, aber überhaupt keine von Kinderbetreuungsmöglichkeiten und den nötigen Schritten, um sie ausfindig zu machen. »Ich hatte kein Vorbild, nach dem ich mich hätte richten können«, entsinnt sie sich. »Ich wollte nie aufhören zu arbeiten; nicht einmal der Gedanke daran war mir je gekommen. Ich wußte, daß ich nicht in demselben Zeitrahmen arbeiten wollte wie bisher und daß die Unvorhersehbarkeit aufhören mußte. Mit meinen Vorgesetzten, die mich alle sehr unterstützten, redete ich offen. Sie entsprachen ganz dem traditionellen Bild: verheiratete Männer mit Kindern, und jeder hatte eine Frau, die zu Hause blieb und sich um alles kümmerte. Ich hatte damals sogar einen Chef, der aus reiner Freundlichkeit fragte: ›Dürfen Sie denn überhaupt Treppen steigen?‹ Worauf ich entgegnete: ›Ich bin nicht behindert, ich bin schwanger.‹ Und er erwiderte: ›Ich bewundere, daß Sie zurückkommen wollen, kann es aber nicht verstehen.‹ Immerhin schien es nicht unmöglich zu sein. ›Ich kann es hinkriegen‹, dachte ich. Einen Dämpfer versetzte mir allerdings die Tatsache, daß ich kein Unterstützungssystem und keine Rollenmodelle zur Verfügung hatte.«

Im achten Monat ihrer Schwangerschaft wurde May eine ansehnliche Beförderung angeboten. Ihr wurde versichert, sie könne in den Mutterschaftsurlaub gehen, und man würde ihr den Job so lange freihalten. May trug sich mit dem Gedanken, ihn abzulehnen, denn sie fürchtete, er würde zu hohe Ansprüche an sie stellen, aber alle ihre männlichen Mentoren rieten ihr, ihn anzunehmen – sie werde sonst nie wieder ernstlich in Erwägung gezogen. May nahm das Angebot an und ging nach Hause, um ihre Tochter zur Welt zu bringen.

Der Mutterschaftsurlaub dauerte drei Monate, für May eine sehr schwierige Zeit. »Ich war die typische Mutter eines ersten Kindes, die bei der Arbeit lernte, und es war eine harte Arbeit. Anders als im Büro sagte niemand zu mir: ›Das hast du heute gut gemacht.‹ Oder: ›Das war nicht so gut, aber morgen machst du's besser.‹ Mir wurde klar, daß ich nach dieser Art von Feedback lechzte.« May erkannte, daß sie sich an das Benotungssyndrom gewöhnt hatte. »Es muß ja keine Note sein, aber wenigstens *irgend etwas*, und von einem Säugling bekommt man das nicht. Diese ersten sechs Wochen waren mit die schlimmsten in meinem Leben. Ich hatte schreckliche Probleme mit dem Stillen und fühlte mich total unter Druck. Alles, was ich bisher gemacht hatte, hatte ich gut gemacht. Und jetzt versagte ich, weil ich nicht stillen konnte. Ich verspürte einen starken moralischen Druck, als ich auf einer Fertigmilchpackung las: ›Es ist das Zweitbeste, was Sie für Ihr Kind tun können.‹ Mein Kind ist erst drei Wochen alt, und schon tue ich nur noch das *Zweit*beste! Ich war aber zu leistungsorientiert, um zu erkennen, daß ich Hilfe brauchte.«

May fing wieder an zu arbeiten, und nach einem Jahr ergab sich eine Gelegenheit: Ihr Unternehmen (das weltweit hunderttausend Menschen beschäftigte) beschloß, daß es eine Abteilung »zur Lösung der besonderen Probleme« von Frauen brauchte, die arbeiten und zugleich Familie haben wollten. May, die damals mit ihrem zweiten Kind schwanger war, boten sie den Posten der Abteilungsleiterin an. »Drei Dinge hätten mich beinahe abgehalten«, erinnert sie sich. »Erstens begeisterte es mich, ein Rollenvorbild und damit der lebendige Beweis dafür zu sein, daß man auch in einer Viertagewoche wichtige Geschäftsabschlüsse tätigen konnte. Zweitens war ich in meiner Abteilung eine Führungskraft, die, wie ich fand, eine ›richtige‹ Arbeit hatte, ganz im Gegensatz zu dieser nebelhaften ›Arbeit-und-Familie‹-Geschichte. Drittens hörte ich eine innere Stimme sagen: ›Zweites Kind – das schafft sie nie. Soll sie doch in den Personalbereich gehen, wo das Leben um einiges leichter sein wird.‹ Obwohl ich mich nie bewußt auf die Erfolgsschiene begeben hatte, würde ich jetzt zum erstenmal bewußt davon heruntersteigen.«

Die zwei Motoren Balance und Sinn

May nahm den Job an, und zum erstenmal nach Jahren stellte sie fest, daß sie ihre Tage mit Dingen zubrachte, die nichts mit dem Streben nach traditionellem Erfolg zu tun hatten. Anfangs fühlte sie sich als Versagerin: Das Telephon klingelte nicht mehr ununterbrochen, sie hatte nicht mehr ein Meeting nach dem anderen, ihr Terminkalender wies noch Lücken auf, und sie ging zeitig nach Hause, um das Abendessen zu machen.

Doch ganz langsam, Schritt für Schritt, wurde May klar: »Das war eine Arbeit, die ich *liebte*. Das Investmentgeschäft hatte ich gemocht. Mir lag viel am Inhalt meiner Arbeit, an dem Ziel, die Führungskräfte des Unternehmens zu der Einsicht zu bringen, daß die Zusammenhänge zwischen Arbeit und Familie außerordentlich wichtig waren – daß das Leben eben nicht immer so spielte wie in der heilen Welt des TV-Paars *Ozzie and Harriet*. Sie mußten unbedingt begreifen, daß es eine gute Sache war, Menschen auf unterschiedlichste Weise bei der Bewältigung ihrer Karriereprobleme zu helfen. Daß es keinen guten oder schlechten Weg gab. Es war die Geschäftsführerin in mir, die sagte: ›Das ist wichtig für die Leute, für alle möglichen, wirklich guten Leute, die gute Arbeit für das Unternehmen leisten. Sie werden nicht alle bis zum Ende ihrer Laufbahn sechzig Stunden arbeiten wollen; ebensowenig werden sie alle umziehen wollen, wenn das Unternehmen es verlangt.‹« May liebte ihre Arbeit, die sie als durch und durch sinnvoll empfand. »Vom Standpunkt meiner Identität her war es das erste Mal in meinem Leben, daß ich sagte: ›Das will ich machen.‹ Anstatt daß jemand kam und zu mir sagte: ›Wir hätten gerne, daß Sie dies oder das tun.‹ Immer hatte ich auf das reagiert, was die Firma von mir wollte. Jetzt sagte ich zum erstenmal selbst, was ich wollte. Im Grunde fand ich nach all den Jahren fast zu meinem ersten Karriereziel zurück, dem der Psychotherapeutin.« May fing an, Erfolg daran zu messen, wieviel Unterstützung sie anderen Menschen gab, und nicht daran, wieviel sie verdiente.

Erfolg für sich selbst neu definieren

Nach zwei Jahren beschloß das Unternehmen jedoch, das Programm – aus »Budgetgründen« – nicht weiterzuführen. Völlig niedergeschmettert stritt May mit ihrem Management. »Diese Arbeit ist so wichtig«, argumentierte sie. »Ich kann es Ihnen nicht in Zahlen darstellen, aber ich bin sicher, daß ich Leute, die Sie nicht gerne hätten kündigen sehen, von einer Kündigung abgehalten habe. Ich habe Menschen in Streßsituationen geholfen und Manager und Angestellte miteinander ins Gespräch gebracht.« Die Firma reagierte damit, daß sie ihr jede andere Position ihrer Wahl anbot. »Zu diesem Zeitpunkt bekam ich schon bei dem bloßen Gedanken daran, wieder im Anlagebereich zu arbeiten, einen Schlaganfall. ›Ich glaube, daß es aus unternehmerischer Sicht die falsche Entscheidung ist‹, beharrte ich. Aber die Firmenleitung sah es anders, und so lief es für mich auf die Wahl zwischen dem Investmentgeschäft und einer Kündigung hinaus. Ich entschied mich für die Kündigung.«

Die Tatsache, daß sie kündigen mußte, machte May rasend. Zwölf Jahre hatte sie hart für die Firma gearbeitet, und sie lag ihr immer noch am Herzen. Ihr Mann arbeitete noch dort, genau wie viele ihrer Freundinnen. Aber sie war einfach wütend. »Sie haben mein unternehmerisches Argument nicht verstanden. Ebensogut hätten sie sagen können: ›Wir verstehen sie nicht mehr. Erst haben wir sie zwölf Jahre lang aufgebaut, und jetzt ist sie nicht mehr dieselbe wie damals, als sie Geschäftsführerin war und gute Abschlüsse tätigte wie alle anderen auch. Mit ihr ist nicht mehr gut Kirschen essen, sie will lauter Dinge, die wir nicht mehr verstehen. Sie paßt einfach nicht in unser System.‹«

Die anderen Führungskräfte – in ihrer Abteilung alles Männer – rieten ihr zu dem Versuch, ihren Verantwortungsbereich zu erweitern, einen größeren Teil des Organigramms zu übernehmen. »Aber das bedeutete mir nichts mehr. Genaugenommen hatte es das nie getan, aber ich hatte mich mitreißen lassen. Sicher war es nie mein Ziel gewesen, die erste ›dies‹ und die wichtigste ›das‹ zu sein. Aber jetzt hatte ich eine Aufgabe, die mir so am Herzen lag, daß es mir egal war, wie sie mich nannten oder wieviel sie mir bezahlten.« May versuchte sogar, sie dazu zu überreden, ihr weniger zu zahlen und dafür die Stelle beizubehalten, aber sie begriffen es nicht. »›Ein ganzes Jahr verbringt sie damit, eine Gehaltskürzung auszuhandeln‹, wunderten sie sich. ›Bei der muß eine Schraube locker sein.‹«

In Mays Ohren klang das wie: »Wir legen keinen Wert darauf, und das sollten Sie auch nicht tun.« – »Als Mitspielerin im Team war ich disqualifiziert, was es mir in gewisser Weise leichtermachte zu gehen. Das Witzige daran ist, daß ich mich plötzlich fragte: ›Warum bin ich eigentlich nicht früher darauf gekommen?‹ Irgendwie hatte ich mich zu lange dort festgeklammert, und erst, als ich die Klinke schon in der Hand hatte, wurde mir klar, daß ich endlich Kurs auf das nahm, was mir wichtig war.«

Als May ankündigte, daß sie sich selbständig machen würde, dachten die meisten Leute, sie täte es, um mehr Zeit für ihre Kinder zu haben. »Das war zwar schön, aber nicht der ausschlaggebende Grund«, lautete ihre Antwort. »Mein ganzes Erwachsenenleben nach dem Studium hatte ich in Unternehmen verbracht und mich immer an deren Tagesordnungen gehalten. Jetzt war es an mir, zu tun, worauf es meiner Meinung nach ankam. Wenn das unter anderem bedeutete, als Freiwillige für gelegentliche Aktivitäten in der Kindertagesstätte meines Sohnes zur Verfügung zu stehen, um so besser. Am ersten Tag meiner Selbständigkeit hatte ich Gelegenheit, einen Vortrag von Anna Quindlen über ihren Abschied von der *New York Times* zu hören, und das gab mir das Gefühl, daß ich es schaffen könnte – daß es das Richtige war. Sie zu hören bestätigte mich darin, daß mit den anderen etwas nicht stimmte und nicht mit mir.«

May gewann zurück, was ihr wichtig war. Sie brauchte fast zwanzig Jahre dazu, aber sie fand einen Weg, ihre Liebe zur Arbeit, Zeit für ihre Familie und sogar ihren ursprünglichen Traum, Psychotherapeutin zu werden, unter einen Hut zu bringen. Allerdings mußte sie für ihr neues Leben einiges in die Waagschale werfen: einen prestigeträchtigen Titel, finanzielle Sicherheit, einen erkennbaren gesellschaftlichen Wert und das Gefühl, zum Rudel dazuzugehören. Es habe viele Augenblicke gegeben, räumt May ein, in denen sie sich egoistisch, ein bißchen verantwortungslos, leicht verrückt und natürlich auch unglücklich gefühlt habe. Noch Jahre später fängt sie an zu weinen, wenn sie ihre Geschichte erzählt. »Mir war nicht klar, daß ich mich durch all das immer noch verletzt fühle«, entschuldigte sie sich. »Ich kam mir einfach so betrogen vor. Nicht nur von meiner Firma, sondern von all meinen Erwartungen. Ich hatte wirklich gedacht, es sei richtig, das Richtige zu tun. Das war es aber ganz und gar nicht. Sie hatten einfach etwas anderes vor.«

Als ich May frage, ob sie jetzt glücklicher sei als vorher, bejaht sie das, allerdings mit einer Einschränkung: »Mir gefiel dieses dynamische Leben. Ich genoß meinen großen Einfluß und die Möglichkeit, das Leben der Menschen zum Besseren zu wenden. Das kann ich jetzt auch tun, aber in einem viel kleineren Rahmen. Und sosehr ich auch meine Selbständigkeit liebe, ich fühle mich einfach nicht so erfolgreich wie vorher. Aber das möchte ich ja auch gar nicht sein.« Die Befriedigung durch eine Arbeit, die ihr am Herzen lag, und die Flexibilität, die sie als ihre eigene Chefin hatte, waren mehr als eine Entschädigung für ihr Ausscheiden aus der von Männern beherrschten Erfolgswelt. Indem May das in Angriff nahm, was ihr wichtig war, verabschiedete sie sich von dem Leben in permanentem Streß. »Befreit!« lacht sie. »So fühle ich mich. Ich habe die Freiheit, mich einer Arbeit zu widmen, die ich liebe und für unverzichtbar halte.« Ihr ging es so wie den Frauen, die Shoya Zichy beschreibt: »Die Frauen, die den Schritt tatsächlich gewagt haben, sehen die Dinge völlig anders. Es ist, wie wenn man eine Party deswegen nicht besucht, weil man sich nicht danach fühlt, und nicht, weil man nicht eingeladen ist.« Bei den meisten Frauen ist leider ihr Unglück der Auslöser für die Abkehr von dem alten Muster. Wenn aber immer mehr von ihnen die Werte unserer Kultur in Frage stellen, werden die nachfolgenden Generationen es leichter haben und auf weniger Unverständnis stoßen.

Ohne es zu beabsichtigen, tauschte May ein Leben, das dem konventionellen Erfolg huldigt, gegen eines, das auf Authentizität beruht. Und das ist gleichbedeutend mit einem ausgewogenen und sinnerfüllten Leben. Irgendwann im Laufe dieses Prozesses wurden ihre eigenen Werte ihr wichtiger als das, was sie sein zu müssen glaubte oder was die Welt eventuell von ihr denken könnte. Am Wendepunkt zur Veränderung gibt es keine größere Herausforderung.

Wenn Frauen merken, daß sich nach dem Zusammenbruch der Arbeitsidentität ihr wahres Selbst wieder durchsetzt, überkommt sie eine Welle von Zuversicht und Erleichterung. Es entstehe, so schreibt die Autorin Mary Pipher, »auch neue Kraft, wenn Zusammenhänge hergestellt werden, die Klientin sich der Dinge bewußt wird, statt sie zu verdrängen, und Verschwiegenes ausspricht«[1]. Mays Erfahrung ist ein typisches Beispiel für die Entwicklung hin zu einem ganzheitlichen Leben – dem neuen Modell, das Frauen, wie sie selbst sagen, gern hätten, aber nicht haben. Sie mußte Entscheidungen treffen, sich über ihre Werte Klarheit verschaffen. Sie mußte all die kulturell bedingten Erwartungen und Anweisungen abschütteln, die ihr in den Ohren dröhnten und jede ihrer Bewegungen lenkten. Was für ihre männlichen Mentoren richtig war, war für sie nicht richtig. Und sie mußte sich ihre Entschlossenheit bewahren, als es darum ging, gerade den Leuten, die ihr Chancen geboten hatten, Widerstand entgegenzusetzen. Wie bei einem Flußlauf kamen die Biegungen und Windungen in Mays Entwicklung von der Erosion an den Stellen des Systems, die dem größten Druck ausgesetzt waren. Hätte sie aber ihre eigenen Wünsche ignoriert oder deren Berechtigung nicht erkannt, hätte May der äußeren Arbeitswelt gestattet, sie in eine immer kleiner werdende Form zu drücken.

Das Bedürfnis nach Bestätigung

Eine Frau findet am ehesten dann zu einer neuen Art der Selbstbewertung, wenn sich gezeigt hat, daß die alte nicht mehr funktioniert. Der Wunsch nach mehr Gleichgewicht und Sinn in unserem Leben muß so stark, die Empörung über die Ungleichheiten oder Wertvorstellungen am Arbeitsplatz so heftig und unser Eindruck des persönlichen Scheiterns oder der Erschöpfung so plastisch sein, daß sämtliche Kräfte des kulturellen und inneren Widerstands überwunden werden können. Und da die Veränderungen, die wir vornehmen, den Übergang von einem objektiven zu einem subjektiven Maßstab mit sich bringen, sind wir auf Unterstützung, Bestätigung, Zustimmung und Erlaubnis von außen angewiesen. Wir sind es von klein auf gewohnt, beurteilt, bewertet und benotet zu werden, und unser erster Impuls ist, eine Widerspiegelung unserer Leistungen außerhalb von uns selbst zu suchen. »Da wir das, was kein Geld einbringt, geringschätzen«, bemerkt Shoya Zichy, »brauchen Frauen etwas anderes, was ihnen erlaubt, die zu sein, die sie wirklich sind. Wer ein Börsengenie ist, wird von der Welt dafür belohnt. Wer eine Begabung als Physiotherapeut hat, wird diese nicht so hoch bewerten, weil er damit nicht reich wird. Nehmen wir aber einmal den Mann an der Spitze von General Motors: Selbst wenn sein Leben davon abhinge, wäre er nicht in der Lage, die Arbeit des Physiotherapeuten zu machen. Er wüßte nicht, wie man einem Mann das Laufen beibringt oder ihn aus seinem Rollstuhl herausholt.« Wenn wir die Physiotherapeuten im Vergleich so schlecht bezahlen, verbinden wir damit die klare Botschaft, daß sie für die Gesellschaft nicht so wertvoll sind – daß man als Chef eines Unternehmens höhere, bedeutendere Ziele hat.

Frauen wissen, daß das nicht wahr ist. Aber allzuoft leben wir so, als wäre es doch wahr. Von einer kulturell anerkannten Wertordnung zu einer eher persönlichen überzugehen erscheint fast unmöglich – vor allem, wenn es keine echten Rollenvorbilder gibt, an denen wir uns orientieren können. Aber wir müssen es selbst tun: Jemand anders wird es uns nicht abnehmen. Eine rückhaltlose Bilanz erweist sich als nützlich, wenn wir ins Wanken geraten. Solange wir Erfolg und Wert nicht so umdefinieren und erweitern, daß Balance und Sinn in unser Leben einziehen, verharren wir in einer Karriere, die von uns verlangt, eine künstlich abgespaltene Welt gegen eine andere abzuwägen.

Kapitel 8

Arbeit, die funktioniert

Die Umstände, unter denen wir arbeiten, sind ein Relikt aus einer anderen Zeit. Und wir alle wissen das. Wenn wir aber auf eine Weise arbeiten wollen, die rundherum stimmt, müssen wir diejenigen sein, die die Veränderung herbeiführen. Wir müssen aufhören, Regeln zu befolgen, die uns zur Zurückhaltung mahnen; wir müssen unsere Angst davor, wer wir sein oder nicht sein werden, wenn wir den Mund aufmachen, überwinden und uns für Arbeitsformen stark machen, die das einbeziehen, was uns wichtig erscheint. Wir waren wie die Kanarienvögel der Bergleute: Nachdem wir uns abgerackert hatten, mußten wir feststellen, daß unter den gegebenen Arbeitsbedingungen der Sauerstoff nicht ausreicht, um unser Leben zwischen persönlichen und beruflichen Ansprüchen im Gleichgewicht zu halten. Nun liegt es an uns, diese Bedingungen zu verändern.

Wäre es nicht eine elegante Lösung, wenn sechs einfache, für alle Frauen nachvollziehbare Schritte zu einer Arbeitsform führten, die sie befähigte und bestärkte und den vielfältigen Ansprüchen und Wünschen in ihrem Leben gerecht würde? Das ist jedoch ein ebensolches Hirngespinst wie die Vorstellung, alles unter einen Hut zu bringen. Beides wird sich nie bewahrheiten. Tatsache ist, daß es nicht eine einzige Lösung für alle Frauen gibt – dafür sind unsere Lebensläufe zu unterschiedlich und zuwenig vorhersehbar. Manche von uns haben keine Kinder, andere zehn. Manche ernähren ihre Familie, andere arbeiten mehr zur eigenen Befriedigung als zum Geldverdienen. Der Raum, den die Familie im Leben einer Frau einnimmt, erweitert und verengt sich im Laufe der Jahre in verschiedenen Zyklen. Wenn eine Frau ein achtzehn Monate altes Kind hat, wird sie ihre Berufstätigkeit anders angehen, als wenn ihr Sprößling achtzehn Jahre ist. Jede Frau und jede Situation ist anders; zu verschiedenen Zeiten in unserem Leben können wir uns an verschiedenen Punkten eines Kontinuums einordnen. Es kann nicht nur ein Modell für rundherum stimmige Arbeit geben; würden wir versuchen, eins zu entwerfen, würde auch das sich am Ende als zu starr erweisen, um den Erschütterungen des nächsten durch die Umstände bedingten Erdbebens standzuhalten.

Arbeit wird nicht funktionieren, solange unsere Bewertung von Erfolg und die eigene Beurteilung unserer Fortschritte auf dem Weg dorthin die gleichen bleiben wie bisher. Wenn wir nicht bei unseren Werten anfangen, wird es nur kosmetische Veränderungen geben. Deswegen ist es von so entscheidender Bedeutung, daß Frauen an die Stelle ihrer emotionalen, psychischen und wirtschaftlichen Abhängigkeit von ihrer Arbeitsidentität eine durchlässigere, weitergehende und flexiblere Art der Selbsteinschätzung setzen. Eine, die Balance über Leistung, Sinn über Status, Einbeziehung über Hierarchie und das Produkt über den Prozeß stellt. Nur wenn wir uns diese Werte zu eigen machen, können wir ein neues Bild von einem erfolgreichen Leben entwerfen, in dem es möglich ist, daß Prioritäten sich mit der Zeit geänderten Bedürfnissen anpassen. In dem Arbeit eine wichtige, aber nicht die einzige Rolle spielt. Das ist ungeheuer schwierig, weil die Frauen der Babyboom-Generation keine Rollenmodelle dafür haben. Erfolg kennen wir nur als eine Variante des Alles-oder-nichts-Prinzips unserer Väter. Insgeheim vermuten jedoch die meisten von uns, daß es noch eine andere Art zu leben geben muß; deshalb sprechen uns die Geschichten von Frauen an, die tatsächlich die Karriereleiter hinauf- und dann aussteigen.

Als die Schauspielerin Sherry Stringfield, die in der populären Fernsehshow ER Dr. Susanne Lewis spielte, beschloß, ihren großen Ruhm gegen ein normaleres Leben einzutauschen, sorgte sie landesweit für Schlagzeilen. »›Will ich diesen Weg weitergehen?‹« fragte sie sich. »›Oder will ich einen anderen einschlagen?‹ Ich habe zur Genüge erfahren, was die Arbeit im Showbusineß für mein Leben bedeutete, und gemerkt, daß es nichts für mich ist.«[1] Stringfield wollte einfach mehr Zeit für sich und ihre persönlichen Beziehungen haben, wollte die Dinge langsamer angehen und ihr Leben genießen. Doch diese bescheidenen Wünsche schockierten die Nation, was sich auf den Titelseiten der Zeitungen niederschlug. »Mir ist klar, daß das, was ich tue, beispiellos ist. Manche Leute mögen es vom Standpunkt des amerikanischen Arbeitsethos aus für fragwürdig halten. Aber was ist mit dem amerikanischen Familienethos? Es gibt anscheinend Leute, die es eigenartig finden, daß ich nicht berühmt sein will... Ist es denn so eigenartig, daß ich mehr Zeit für mich und meine Familie haben möchte?«[2] Mit ihrer Entscheidung setzte Stringfield sich über die geltende Wertordnung hinweg, die auf Geld und Erfolg beruht. Und es ist keineswegs so, daß sie nicht arbeiten will – sie arbeitet sogar sehr gern. Aber sie möchte unter gesunden Bedingungen arbeiten. Und nicht unter Ausschluß ihres Lebens.

Wenn wir wie Stringfield dahin kommen, unseren Wert in vielen verschiedenen Dingen zu sehen – und nicht nur in unserer Arbeit –, dann werden wir das, was wir tun, uneingeschränkter genießen. Unser Selbstwertgefühl, das wir dann aus mehr Dingen in unserem Leben beziehen, wird dafür sorgen, daß die Arbeit nicht mehr soviel Macht über uns besitzt. Aus diesem Grund besteht der einzige Weg, eine wirklich stimmige Arbeit zu finden, darin, unsere Karriere zu einem Stein von vielen im Mosaik unseres Lebensinhalts zu machen. Und Frauen wissen das. Aber es ist so bequem, sich in den geschlossenen Kreislauf des Erfolgs hineinziehen zu lassen, daß wir leicht unsere eigene Perspektive verlieren. Außerdem ist es dann auch einfacher, zu beurteilen, wie weit wir es im Leben bringen – dazu brauchen wir uns nur umzusehen und uns an den vorgefertigten Bildern unserer Kultur zu messen.

Erst wenn Frauen, gewissermaßen die Gewehrmündung vor Augen – »Karriere oder Leben!« –, zu sich selbst finden, wie ich es getan habe, sind sie bereit, diese Bilder hinter sich zu lassen. Und sofort sind unsere Ängste da, wir könnten aufgrund unserer eigenen Entscheidungen negativ beurteilt werden. Das werden wir tatsächlich, und zwar nicht nur von anderen, sondern auch von uns selbst. Es scheint, als würde eine Frau immer kritisiert, ganz gleich, für welche Alternative sie sich entscheidet. Ich fürchtete, die Leute würden sagen: »Sie hat's nicht geschafft«, oder daß ich, bisher eine Rabenmutter, jetzt zu Hause bliebe. »Ich schäme mich, daß ich nicht mehr mache«, sagte eine Mutter in unserer Kindergruppe. »Obwohl mir vom Kopf her klar ist, daß ich lieber das Wohlbefinden meiner Töchter als den Gewinn eines Unternehmens steigere, habe ich doch das Gefühl, ich sollte mehr tun.« Andere Mütter trösten sich mit Untersuchungsergebnissen, denen zufolge Kinder glücklich sind, wenn ihre Mütter es sind. Selbst Frauen, die sich für die traditionell männliche Rolle des Ernährers entscheiden, trifft das strenge Urteil unserer Erfolgskultur. Während ein Mann, der eine große Karriere, aber keine Familie hat, unsere Billigung findet, weckt eine Frau mit dem gleichen Profil oft Mitleid – bei anderen wie bei sich selbst. Sogar unsere Kinder haben die Sichtweise übernommen, der zufolge die Frau in beiden Fällen die Verliererin ist. Als Stephanie ihre Karriere als Geschäftsführerin in einem japanischen Unternehmen aufgab, kam ihre achtjährige Tochter aus der Schule und bekniete ihre Mutter, wieder arbeiten zu gehen. Es war ihr peinlich, weil die Mütter all ihrer Freundinnen arbeiteten. Und im Vergleich zu ihnen schien Stephanie nicht genug zu tun. Eine andere Frau erzählte, warum sie in ihrer Anwaltskanzlei nicht Partnerin geworden war: Nachdem sie sich mit Fünfzehnstundentagen ins Zeug gelegt hatte, bekam sie von ihren Chefs zu hören, sie wollten keine Frau als Partnerin haben, der ihre Familie so wenig bedeutete. »Gleichgültig, welche Wahl wir treffen, wir kriegen immer eins drauf«, meinte Anna Quindlen. »Da können wir uns genausogut für das entscheiden, was uns glücklich macht.«

Da die meisten von uns arbeiten müssen, stehen wir vor der Notwendigkeit, unser Leben mitten im dicksten Trubel neu zu ordnen. Nur die wenigsten können ganz neu anfangen. Statt dessen müssen wir auch Kinder, Hypotheken, Ehen oder Eltern in fortgeschrittenem Alter in unsere Überlegungen einbeziehen. Viele Frauen finden es egoistisch, ihr Einkommen für eine Viertagewoche zu reduzieren. »Was ist mit der Lebensqualität meiner Familie?« fragen sie.

»Wie kann ich etwas tun, was so negative Auswirkungen hat?« Es ist schrecklich einfach für uns, unseren Beitrag an der Summe auf unserem Gehaltsscheck statt an der aufgewandten Zeit zu messen. Um jedoch einen Zustand der Unabhängigkeit und Balance zu erreichen, müssen wir bereit sein, uns die Werte hinter *allen* unseren Prämissen genau anzusehen – das heißt aufrichtig zu prüfen, wo der reine Lebensunterhalt endet und die Ausgaben für die »Lebensqualität« beginnen. Irgendwo haben wir eine unsichtbare Grenze zwischen dem Geldverdienen um der Unabhängigkeit willen und einer ganz realen Gefangenschaft überschritten. Wir sind an unsere Schulden und unseren Lebensstil gekettet und zahlen teuer mit den Tagen unseres Lebens.

Die neuen Regeln des Erfolgs

Als ich mich erst einmal mit meiner Angst vor dem Urteil der Leute auseinandergesetzt und erkannt hatte, daß diese Angst und mein Verlangen nach Barem mich in der Stagnation verharren ließen, kamen die Dinge langsam in Bewegung. Ich erkannte allmählich, daß es einiges gab, was ich kontrollieren, und anderes, was ich nicht kontrollieren konnte. Ja, es gab Sexismus am Arbeitsplatz; es gab Vorurteile, Schikanen und ungleiche Chancen. Das waren nach wie vor ganz reale Probleme. Aber ich allein war verantwortlich für meine beharrliche Überzeugung, daß keines dieser Probleme meine Karriere berühren würde, wenn ich nur hart und gut genug arbeitete. Meine Identität als braves Mädchen sagte mir, daß es für mich keine Grenzen aufgrund des Geschlechts gäbe, und wenn ich mich anständig verhielte, würde ich die Privilegien genießen, die mein Vater gehabt hatte, und die Arbeit würde schon alles richten.

Jetzt war die Zeit gekommen, der Tatsache ins Auge zu sehen, daß ich mich in diesem Punkt gründlich getäuscht hatte. Selbst für Männer trifft dieses Versprechen nicht mehr zu. Die Arbeit würde nie das sein, was ich mir erhofft hatte; und indem ich weiterhin versuchte, sie meinen Erwartungen anzupassen, half ich lediglich ein System zu konservieren, das mich bei seiner Entstehung nicht im Auge gehabt hatte. Statt dessen mußte ich mit meiner Arbeit einen neuen Vertrag schließen und eine neue Beziehung zu ihr aufbauen – eine Beziehung mit ein paar neuen Regeln. Die Liebe zu meiner Arbeit war zu groß, um in einer Partnerschaft mit ihr zu verharren, die mir Werte und Verhaltensweisen aufdrängen wollte, die besser zu einer Frau ohne Privatleben (falls es ein solches Wesen überhaupt gibt) passen. Diese neue Beziehung würde einige Kompromisse in meinem Leben mit sich bringen; ich würde aufhören müssen, verbrauchte Identitäten des Perfektionismus und der Zugehörigkeit »zu den Jungs« anzuhäufen. Identitäten, die mittlerweile nicht mehr meine Passierscheine zur Welt, sondern meine Gefängniswärter waren.

Im Rückblick sah ich die ungeschriebenen Regeln, die ich für meine Karriere als verbindlich anerkannt hatte, in einem etwas anderen Licht. Solange ich im Gegenzug etwas bekommen hatte, war ich bereit gewesen, sie zu befolgen. Als diese Investition sich jedoch nicht mehr auszahlte, wurde mir klar, daß die Regeln im Grunde von mir verlangt hatten, weniger als die zu sein, die ich tatsächlich war. Arbeit konnte gar nicht funktionieren, wenn ich für einen guten Job die besten Anteile meines Ichs begraben mußte.

Ich begann, einige Frauen, die ich bewunderte, Frauen, die keine faulen Kompromisse einzugehen schienen, näher in Augenschein zu nehmen. Diese im Wirtschaftsleben »außergewöhnlichen« Frauen lebten nach ganz anderen, neuen Regeln. Ich stellte mir die neuen Verhaltensweisen in den verschiedensten Arbeitssituationen vor und kam zu dem Schluß, daß sie überall paßten. Alle diese Regeln stehen im Gegensatz zu dem Verhalten, das uns nahegelegt wurde, damit wir als Frauen in der Welt der Männer funktionieren. Deshalb werden wir uns am Anfang unbeholfen und unsicher fühlen. Wenn wir aber dahin kommen wollen, unter vollständiger Einbeziehung unserer Werte als ganzer Mensch zu arbeiten, werden wir mit manch alter Gewohnheit brechen und umgehend bestimmte Schritte unternehmen müssen.

1. Der Abschied vom braven Mädchen

Der vermutlich größte Hemmschuh, der uns in unbefriedigenden Arbeitssituationen festhält, ist die Rolle des braven Mädchens. Da wir jede offene Meinungsäußerung mit Verbannung (und sofortigem Identitätsverlust) gleichsetzen, bleiben wir stumm, passen uns an, schlucken das Ungenießbare. »Da war immer wieder dieser schreckliche Impuls, folgsam und höflich und ladylike zu sein, den ich noch aus grauer Vorzeit kenne«, sagt die Autorin Letty Cottin Pogrebin. »Ich sehe diesen Impuls, ein braves Mädchen zu sein.« Und solange das brave Mädchen weit oben auf der Liste dessen rangiert, was wir an uns selbst schätzen, werden wir wenig daran ändern können. Da seine Aufgabe darin besteht, sich anzupassen, kann es – per Definition – nichts in Zweifel ziehen. Es wird in einer Umgebung, die es nie würdigen wird, von allem abgeschnitten sein.

2. Das Schweigegelübde brechen

Wir können nichts neu aushandeln, wenn wir den Mund nicht aufmachen. Schon als Jugendliche haben wir gelernt, daß es echte Vorteile mit sich bringt, sich selbst zum Schweigen zu verurteilen. Die Psychologin Mary Pipher beschreibt sehr detailliert, wie lähmend dieses Schweigegelübde für junge Frauen ist. Es schmälert das Selbstwertgefühl und führt zu einem Verlust an Authentizität. Wie Pipher erklärt, beginnen die meisten Frauen in den Wechseljahren, sie wieder in ihr Leben zu holen; dann gewinnen sie »ihre Authentizität zurück, die ihnen vor der Adoleszenz eigen war«. Pipher weist darauf hin, daß Margaret Mead dieses Phänomen überall auf der Welt beobachtete. Sie hatte sogar einen Begriff dafür: *postklimakterische Lebenslust*. »Weil sie nun keine schönen Objekte mehr sein müssen, die in erster Linie für andere da sind, können sie wieder zum Subjekt ihres eigenen Lebens werden«, schreibt Pipher[3]. Bei den Frauen, mit denen ich gesprochen habe, ist mir aufgefallen, daß diese »Lebenslust« gar nicht bis zur Menopause warten mußte. Die meisten brauchten sich, so schien es, nur der »Vierzigermarke« zu nähern oder sie zu überschreiten. Angesichts des enger werdenden Horizonts befreite sich ihr Inneres. Aber wozu damit warten, sich für sich selbst einzusetzen? Solange wir warten, verbünden wir uns mit dem Status quo. Wir sorgen selbst dafür, daß wir unter dem Mantel des Konventionellen mit seinen Beschränkungen für Frauen verborgen bleiben. Wir sorgen dafür, daß die Menschen sich scheuen, die Vorteile des Erziehungsurlaubs oder der flexiblen Arbeitszeit in Anspruch zu nehmen. Wir stellen sicher, daß wir zwei getrennte Welten haben, in denen wir nach Erfolg streben müssen, um mit uns selbst zufrieden zu sein. Weit davon entfernt, ein sicherer Hafen zu sein, wird das Schweigen uns am Ende ersticken. Es gibt nichts Schlimmeres, als stumm mitanzusehen, wie unser Traumjob (der, den wir glaubten uns durch unser Schweigen zu sichern) an einen Mann geht, der zwar weniger qualifiziert ist, aber forscher auftritt.

3. Versagen lernen

Ich war wirklich der Überzeugung, daß ich nie, niemals versagen würde, wenn ich nur hart genug arbeitete. In dieser Beziehung würde ich nie zwischen zwei Dingen wählen müssen, sondern könnte – routinemäßig – fortfahren, das Unmögliche zu tun. Nicht zu versagen war meine weibliche Version der Unsterblichkeitsphantasie. Als ich aus der Spur geriet, raste ich gerade mit Höchstgeschwindigkeit auf den beiden Geleisen meines Lebens dahin, und der Zusammenprall meiner Begrenzungen mit denen des Systems brachte mich so aus dem Gleichgewicht, daß ich – zum allerersten Mal – erkennen konnte, daß es vielleicht noch eine andere Art zu leben gab. Da ich mir so sehnlichst gewünscht hatte, erfolgreich zu sein, war mir nie in den Sinn gekommen, daß der Fehler womöglich außerhalb meiner selbst lag. Ich war nie auf den Gedanken gekommen, die Arbeitswelt und ihre Normen anzuzweifeln, sondern nur mich selbst. Wenn ich also versagte – und ich mußte versagen –, dann lag es an mir selbst.

Damals, als meine Wertsysteme angelegt wurden und man mich ermutigte, zu sein, was immer ich sein wollte, lernte ich nicht, daß mein Bestes zu geben nicht das gleiche war, wie das Bestmögliche zu tun. Für mein Empfinden lag mein Wert ebenso darin, mich in schwierigen Situationen nicht unterkriegen zu lassen, wie in der bloßen Anzahl von Aufgaben, die ich mit Bravour erledigen konnte. Ein Ende meiner Leistungsfähigkeit gab es für mich nicht. Falls ich also je etwas aufgäbe, würde mein Wert augenblicklich ins Bodenlose sinken. Ich hielt es tatsächlich für meine Pflicht, alles zu schaffen. Als ich mich jedoch durch meine eigenen Ambitionen und die der Menschen um mich herum in die Ecke gedrängt fühlte, mußte ich diese »Wahrheit« erneut überprüfen.

Die meisten von uns sind ausgesprochen stolz auf ihre perfekte Arbeit. Wie Leanne, die Reiseführer herausgibt, in maßloser Enttäuschung bestätigte: »Ich habe meinen Eltern die ganze Geschichte abgekauft. Perfekt zu sein war für mich ein erreichbares Ziel.« Wenn wir die Perfektion jedoch mit immer mehr wertvollen Stunden unseres Tages und oft auch mit dem vergeblichem Warten auf Anerkennung unserer Bemühungen bezahlen, ist es Zeit, über eine Abkehr von dieser Regel nachzudenken. Hinter unserem Perfektionismus verbergen sich zwei heimliche Bedingungen: »Wir sind vollkommen, wenn du uns nie verläßt (feuerst)«, und: »Wenn wir vollkommen sind, wirst du uns immer lieben (und mit Beförderungen und Geld belohnen).«

Wenn wir versagen (und damit meine ich nicht verhängnisvolle Fehler, sondern eher unspektakuläre Formen des Versagens wie etwa, einen Termin nicht einzuhalten, einem Kunden zu sagen, daß wir unrealistische Erwartungen hatten, oder in einem Artikel einen ganzen Abschnitt zu vergessen), fürchten wir, verlassen und in den Ruin gestürzt zu werden. Was wir tatsächlich riskieren, sind ein paar faule Eier im Gesicht – oder, was noch eher wahrscheinlich ist, eine gewisse Blamage vor uns selbst und anderen. Es ist erstaunlich, was wir alles auf uns nehmen, um nicht dafür gedemütigt zu werden, daß wir Menschen sind. Ich weiß das. Nur zu oft bin ich diesen Weg gegangen. Viele der Frauen in meiner Untersuchung ahnten, daß sie in die Perfektionsfalle getappt waren, und wußten nicht, wie sie wieder herauskommen sollten. Der einzige Weg besteht darin, regelmäßig kleine Fehler zu machen. Nur dadurch wird unsere Definition des Versagens sich ändern.

»Manchmal denke ich, die einzigen wirklich glücklichen Frauen sind die, denen ihr Versagen nichts ausmacht«, erinnert Shelly Lazarus sich an die Worte einer der besten Autorinnen in der Agentur. »Als berufstätige Mütter eignen sich am besten Frauen, denen es nichts ausmacht zu versagen, denn sie versagen dauernd bei irgend etwas – und wenn es sie an den Rand der Verzweiflung bringt, können sie in dieser Doppelrolle nicht weitermachen. Sind sie aber in der Lage, sich irgendwie damit abzufinden, daß sie immer jemanden enttäuschen – sie enttäuschen ihre Kinder oder ihre Freunde oder sich selbst, weil sie nicht für sie da sind, oder ihr Beruf kommt zu kurz, weil sie sich nicht, wie andere, hundertprozentig dafür einsetzen –, werden sie viel glücklicher sein.« Wenn Menschen bereit sind, Perfektion gegen Erfüllung einzutauschen, und Frauen geneigt, weniger als vollkommen zu sein, dann werden wir zufriedene berufstätige Frauen haben.

4. Den Versuch aufgeben, so »erfolgreich« zu sein

Anläßlich des hundertjährigen Jubiläums der Öffnung der Universität von Toronto für Frauen vertrat Claudette Mackey-Lassonde, Vorsitzende des Festkomitees und Generaldirektorin von Enghouse Systems, Ltd., die Meinung, daß »wir irgendwie vergessen haben, jungen Männern und Frauen zu erklären, daß die Entscheidung für eine Sache den Verlust einer anderen bedeutet. Diese einfache Wahrheit scheinen wir übersehen zu haben. Die Entscheidung, einen bestimmten Weg einzuschlagen, verschließt uns einen anderen. Manche mögen den Eindruck vermitteln, alles zu haben – einen glanzvollen Beruf, Einfluß und Ansehen. Was sie aber nicht haben, ist Glück, Zufriedenheit oder ein Sinn in dem, was sie tun.« Ihre Botschaft lautete, daß Frauen für bestimmte Entscheidungen einen Preis zahlen. Sie zitierte Untersuchungen, die zeigten, daß in Kanada die überwältigende Mehrheit der männlichen Führungskräfte verheiratet sind, im Gegensatz zu kaum mehr als fünfzig Prozent ihrer Kolleginnen; wiederum die Mehrheit der kanadischen Männer in den Führungsetagen haben Kinder, während das nur auf knapp die Hälfte ihrer weiblichen Gegenparts zutrifft. Und in scharfem Gegensatz zu der niedrigen Scheidungsrate bei den männlichen Führungskräften waren die Ehen von mehr als der Hälfte der Managerinnen gescheitert. »Ich kenne einige der Frauen hinter diesen Statistiken«, fuhr sie fort. »Sie sind die einsamsten Menschen, die mir je begegnet sind. Ich kenne Frauen, die wegen ihrer Karriere keine Kinder bekommen haben, und andere, die nicht einmal zugeben, Eltern zu sein. Das Ironische daran ist, daß der Preis für den Erfolg häufig auch darin besteht, das Familienleben aufzugeben, obwohl die Familie ursprünglich oft der Grund dafür ist, daß Menschen so viel arbeiten.«

In Mackey-Lassondes Ausführungen ging es nicht nur darum, daß wir einen Preis zahlen, sondern auch darum, daß wir uns die Konsequenzen deutlich vor Augen führen. Wenn wir uns bemühen, den beiden getrennten Bildern des Erfolgs, die wir uns als junge Frauen angeeignet haben, gerecht zu werden, nehmen wir das Unmögliche in Angriff. Statt wieder und wieder diese unrealistischen Ziele anzustreben, sollten wir derartige Versuche lieber aufgeben und unsere Energien darauf richten, in aller Deutlichkeit zu sagen, was für ein Hirngespinst das ist. Andernfalls werden die Frauen sich weiterhin für das verantwortlich machen, was ihrer Befürchtung nach »zu kurz kommt«.

5. Das Privatleben mit ins Büro nehmen

Eine weitere Grundregel, die wir auf dem Weg zu überragender Tüchtigkeit in unserem Beruf gelernt haben, verlangt, das Private für uns zu behalten. Unsere persönlichen und speziell weiblichen Probleme oder Sorgen nicht mit an den Arbeitsplatz zu bringen. Unsere Angelegenheiten selbst zu regeln. Uns aufzuteilen. Da wir aber aufgrund unserer Erfahrung und Reife zunehmend an Selbstvertrauen gewinnen, können wir jetzt neu verhandeln, was öffentlich und was privat ist. Idelisse Malavé bemerkt, daß wir, sobald wir aufhören, die äußeren Normen der Erfolgskultur einzuhalten, anfangen können, eine Arbeitsform zu entwickeln, die andere Werte mit einbezieht. »Es geht darum, in einer gemeinsamen Anstrengung diese Dynamik zwischen Öffentlich und Privat zurückzuweisen. Ich glaube, es geht um den Versuch, das, was wir schon als Mädchen zu verlieren beginnen, nämlich die Autorität unserer eigenen Erfahrung und unseres Wissens, zurückzuerobern. Es geht darum, zu achten, was wir wissen. Es geht darum, festzustellen: ›Das geht einfach nicht‹, statt sich abzuwenden und zu sagen: ›Mit mir stimmt etwas nicht, ich habe es in dem System nicht geschafft.‹ Der Übergang zu einem Leben, das auf unseren eigenen Werten aufbaut, bedeutet, die Autorität unserer Erfahrung zu akzeptieren.« Wenn wir uns also gegen die Tatsache wehren, daß unsere Erfolgskultur bestimmt, was wir in unser Arbeitsleben mitbringen dürfen und was nicht, was erfolgreich ist und was nicht, fangen wir an, neu zu bewerten, was wir mit unserem Leben machen.

Das geschieht bereits, denn immer mehr Frauen unterwandern die Geschäftswelt. Zwangsläufig haben wir unser umfassenderes, kreisförmiges Leben – ein Leben, das sich in dem Maße ausdehnt und zusammenzieht, wie die familiären Ansprüche zu- und abnehmen – auf das lineare System einwirken lassen. Gloria Steinem führt aus, daß »Frauen als letzte ins System integriert werden. Eine gleichberechtigte Integration der Frauen läßt unsere Wirtschaft in ihrer derzeitigen Form jedoch nicht zu. Wir sind aber die Gruppe mit dem stärkeren Drang zur Umgestaltung und Revolutionierung, denn wir müssen die Arbeit auf eine Weise neu bestimmen, daß sie Kindererziehung und Haushalt mit einbezieht – und darauf bestehen, daß die Männer es genauso tun wie wir.«

Die private, verborgene Welt von Frauen und Kindern hat sich vom heimischen Herd ins Büro verlagert. Stelle eine Frau ein, und du stellst ihre Familie mit ein. Die einzige Variable besteht darin, in welchem Maße eine Frau diese Wahrheit zuläßt und entsprechend handelt. Eben weil wir Frauen auch für unsere Eltern, Kinder oder Freunde Verantwortung tragen, ändert unsere zunehmende Präsenz in der Welt der Arbeit allmählich die Regeln und Rollen für alle.

6. Keine Einzelkämpferin sein – die Bedeutung der Gemeinschaft

Solange nicht genügend Frauen angesehene und einflußreiche Positionen innehaben, bleibt jede, die in irgendeiner Weise vom traditionellen Weg abweicht, allein und isoliert. Wir sind oft darauf angewiesen, daß unsere Vorgesetzten uns »einen Gefallen tun« oder uns »besondere Zugeständnisse« machen. Das trennt uns zwangsläufig von der Gemeinschaft unserer Kolleginnen und Kollegen, sei es aus dem Schuldgefühl der Bevorzugten heraus, sei es, weil wir angehalten wurden, vor den weniger Begünstigten nicht damit anzugeben. Also schweigen wir über unseren Sonderstatus. »Nehmen Sie sich den Tag frei«, sagte ich zu Angestellten, die unbedingt einmal die Woche zu Hause bleiben mußten, »aber erzählen Sie es um Gottes willen nicht überall herum!« Die unausgesprochene Konsequenz war, daß entweder das Privileg aufgehoben oder ich Schwierigkeiten mit meinen Vorgesetzten bekommen würde.

Dieses entwürdigende System des Gewähren- und Vorenthaltenkönnens verstärkt die Machtstrukturen. Es hat allerdings einen weiteren, noch verheerenderen Effekt: Es sprengt die Gemeinschaft. Und nur in einer Gemeinschaft können Frauen sich wohl fühlen, während sie die Veränderungen in ihrem Leben vornehmen, die nötig sind, um zu Balance und Harmonie zu gelangen. Damit Frauen beginnen, das, was ihnen wichtig ist, in ihr Arbeitsumfeld einzubringen, müssen sie sich entsprechend sicher fühlen, und der einzige Weg, sich sicher (und nicht obendrein noch verrückt) zu fühlen, besteht darin, Menschen um sich herum zu haben, die einen in dem, was man tut, bestärken.

Wir sind jedoch in einer Gesellschaft aufgewachsen, die das Individuum und die individuelle Leistung verherrlicht. So werden wir zur Selfmade-Woman. In ihrem 1975 erschienenen Buch *Getting Yours: How to Make the System Work for the Working Woman* benutzt Letty Cottin Pogrebin den Begriff der *Bienenkönigin* (den sie von Carol Travis entlehnt hat)[4] und gibt zu, bevor sie Feministin wurde, selbst eine gewesen zu sein. »Die wahre Bienenkönigin hat es in der männlichen Arbeitswelt zu etwas gebracht und managt ganz nebenbei auch noch Haushalt und Familie. ›Wenn ich das ohne ein ganzes Heer von Helfern schaffe‹, brüstet sie sich, ›können es alle anderen ja wohl auch.‹« Eine Bienenkönigin genießt »die Tatsache, daß sie etwas Besonderes ist, daß sie einzigartige Fähigkeiten hat, die ihr erlauben, hochrangige Positionen einzunehmen, die Frauen normalerweise verschlossen bleiben«. Wenn eine Frau eine Bienenkönigin ist, wird sie sofort von anderen Frauen separiert, und die Hoffnung, daß sich im Zeichen des Wandels eine Gruppe zusammenfindet, ist gleich Null. Es ist wirklich tragisch, wie wenig sich in zwanzig Jahren verändert hat.

All das soll nur unterstreichen, wieviel von uns wir für unseren Erfolg hergegeben haben. Wir verwenden unsere ganze wertvolle Energie darauf, ein System zu stützen und zu perpetuieren, das uns dafür belohnt, die privaten Anteile unseres Lebens abzuschneiden oder an den Rand zu drängen. Je weiter wir auf der Karriereleiter emporsteigen, um so weiter entfernen wir uns von Werten, die uns, wie wir im vertraulichen Zusammenhang eines Interviews oder Fragebogens zugeben, am allerwichtigsten sind. Trotzdem sprechen wir nicht mit anderen Frauen darüber, außer, um zu betonen, was für unflexible Dummköpfe unsere Manager sind. Dadurch erhalten wir genau das aufrecht, was verhindert, daß die Arbeit für Frauen funktioniert. Wir zementieren selbst den Ausschluß unserer Werte aus unserem Bild des Erfolgs.

Frauen brauchen sich freilich nur umzusehen, um festzustellen, daß sie in ihrem Widerstand gegen die Starrheit und Enge der Erfolgskultur bereits jede Menge Gesellschaft haben. Frauen wie May und Ellie und Jane. Allerdings brauchen Frauen, wie Shoya Zichy betont, auch Bestätigung. Da die gesamte Kultur die männlichen Normen verstärkt, ist eine Frau, die versucht, ihre Werte in einem Vakuum zu verändern, zum Scheitern verurteilt.»Natürlich müssen Sie auch innerlich einen Wandel vollziehen, aber das tun Sie mit anderen zusammen«, äußert Idelisse Malavé mit Nachdruck.»Es muß nicht alles so getrennt sein. Wenn wir uns aufraffen könnten, diese falschen Gegensätze – öffentlich/privat, Körper/Geist, Gemeinschaft/Individuum – aufzugeben, könnten Frauen anfangen, die Bedeutung des Satzes: ›Das Persönliche ist das Politische‹, auf einer tieferen Ebene zu begreifen; das würde uns weiterbringen. Solange jede Frau für sich allein versucht, ein neues Modell hervorzubringen, wird es nicht klappen«, warnt sie.»Eine Gesellschaft, eine Kultur, eine Gemeinschaft verändert man nicht durch individuelle Aktionen. Dieses Problem betrifft uns alle, und dennoch beharren wir darauf, nach individuellen Lösungen für ein kollektives Problem zu suchen. Das ist strategisch nicht sehr klug. Dazusitzen mit der Haltung: ›Also gut, Leute, Frauen werden unterdrückt und diskriminiert. Und ich? Ich werde sehr hart arbeiten, und wenn ich dreimal mehr arbeite als Männer und mich geschickt anstelle, kann ich mich dem widersetzen.‹«

Gemeinsames Handeln verbessert die Situation für alle. In dem Arbeitspapier *Re-Linking Work and Family* haben Lotte Bailyn vom Alfred-P.-Sloan-Management-Seminar am MIT und ihre Koautorinnen nachgewiesen, daß es

»ohne die kollektive Einsicht, daß persönliche Probleme alle Angestellten betreffen, ... nicht möglich sein wird, sie systematisch mit den Arbeitszusammenhängen und den gewohnten Abläufen im Arbeitsumfeld in Verbindung zu bringen«[5]. (Bailyn definiert *Familie* als alles, was mit Privatleben zu tun hat.) In der Tat fanden sie heraus, daß »die Einstufung der Unvereinbarkeiten von Arbeit und Familie als individuelle Probleme, die individueller Lösungen bedürfen, sogar noch verschiedene unbeabsichtigte negative Folgen hatten, und zwar nicht nur für das Privatleben der Beschäftigten und das Ziel der Gleichberechtigung am Arbeitsplatz, sondern auch für die Unternehmensziele selbst«. Die Wissenschaftlerinnen stellten fest, daß die Vorteile von Gruppendiskussionen oder gar gemeinschaftlichem Handeln die Menschen von ihrer Wahrnehmung befreiten, das Problem seien ihre individuellen Bedürfnisse.

Viele Frauen haben sich jedoch mit dem Gedanken, gemeinsam zu handeln, noch nicht angefreundet. Jahrelang waren wir auf unsere individuellen Leistungen angewiesen. Wir sind für sie belohnt, gelobt und befördert worden. Viele von uns erinnern sich an geringschätzige Bemerkungen über Frauen, die es mit kollektiven Aktionen versucht haben. Pogrebin gibt den Medien die Schuld am Tod der Gemeinschaftlichkeit, weil das Bild, das jedesmal auftaucht, wenn eine Frau sich als Feministin bezeichnet, das einer humorlosen Spielverderberin ist. Am meisten aber beklagt Pogrebin, daß sie auf seiten der Frauen wenig Bereitschaft zur Gründung einer nationalen Bürgerinitiative sieht, die unser Leben so verändert, daß die Werte, die uns am meisten am Herzen liegen, darin Platz finden. »Ich treffe Frauen, die sich ärgern, wenn etwas nicht klappt, und dann sind sie allein mit ihrem Ärger und ihrer Enttäuschung, schlucken sie hinunter und meinen, das sei etwas, womit sie sich eben abfinden müßten. Es kommt ihnen nicht in den Sinn, bei der Frau am Nachbarschreibtisch, im Nachbarbüro oder am Ende des Flurs nachzufragen, um festzustellen, ob zwei oder drei oder acht von ihnen sich über die gleichen Dinge beschweren.« Frauen wollen keinen Tadel riskieren, sie wollen nicht die Privilegien, für die sie so hart gearbeitet haben, aufs Spiel setzen. »Frauen möchten nicht als Lästermaul gelten, denn sie sehen, was mit Lästermäulern passiert. Ohne gemeinsames Handeln«, folgert Pogrebin, »wird man bloß zum Störenfried.«

Mein Mann und ich hatten einmal einen häßlichen Streit über mein für seine Begriffe absurdes Bedürfnis, mit meinen Freunden mein Leben und meine Möglichkeiten durchzudiskutieren. Tatsache ist aber, daß ich ohne ihre Unterstützung nicht die Klarheit oder den Mut gehabt hätte, meinem Leben eine neue Gestalt zu verleihen und meine Prioritäten auf eine Weise, die mir am ehesten entspricht, neu zu ordnen und zu bewerten. Da ich davon ausgehen mußte, im Büro nicht viel Ermutigung zu bekommen, brauchte ich Bestätigung von denen, die mich mögen. Es gab Frauen, mit denen ich alle Stadien teilte – den langsamen Abstieg in die Lethargie, das Gefühl, erdrückt zu werden, und die scheinbar groteske Entscheidung, unsere Jobs zu kündigen. Wir dienten einander als Stütze, während wir Alternativen ausprobierten, Meinungen prüften und Antworten außerhalb der traditionellen Welt der Arbeit suchten.

Wir brauchen die Gemeinschaft, um kulturelle Werte zu verändern. »Ein Wert ist kein Wert, solange er nicht in ein System eingefügt und zur Grundlage des Handelns geworden ist«, betont Mary Wilson zu Recht. »Die Kirche tut nämlich das gleiche: Sie klassifiziert Werte.« Wenn Frauen miteinander sprechen, wird das, was nach individuellen Entscheidungen aussieht, zu einer Wertordnung. Die Veränderungen, die wir in unserem Leben vornehmen, werden zum Teil eines Ganzen, das größer ist als die Summe der Einzelteile. Nur auf diese Weise können wir unsere Definition von Erfolg verändern und erweitern.

7. Im Einklang mit seinen Werten leben

Nichts wird sich ändern, wenn wir nicht im Einklang mit dem leben, was uns wichtig ist, wenn wir nicht laut und deutlich sagen: »Ich kann zu dem Strategieplanungstreffen am Samstag nicht kommen; da hat mein Sohn ein Fußballspiel.« Oder: »Ich habe dienstagsabends Unterricht, deshalb muß ich um siebzehn Uhr dreißig gehen.« Obwohl das mit einem Kind viel leichter zu sein scheint (ich habe regelmäßig jeden, der das Pech hatte, mich um siebzehn Uhr zweiundvierzig anzurufen, darauf hingewiesen, daß er genau drei Minuten Zeit hat, bis ich gehen muß), steht diese Möglichkeit jedem offen. Um sie nutzen zu können, müssen wir die Knechtschaft des männlichen Arbeitszeitmarathons überwinden. Heißt das, jemand, der um neunzehn Uhr noch da ist, könnte die Beförderung bekommen, für die man selbst so hart gearbeitet hat? Schon möglich. Es bedeutet aber auch, daß wir jedesmal, wenn wir uns darin üben, eine Grenze zwischen Arbeit und dem übrigen Leben zu ziehen, und unser Leben zur Priorität erklären, etwas mehr Kontrolle zurückgewinnen. So beschrieb es Marian Woodruff, eine Wirtschaftsprüferin aus Denver: »Mir ist, als hätte ich zwei Hunde in meinem Leben – einen wirklich süßen, geduldigen, zärtlichen und einen wilden, struppigen, knurrenden. Jahrelang fütterte ich den bösartigen Hund, um ihn ruhig zu halten, damit er mir nichts tat. Nach vielen Jahren mußte ich dann feststellen, daß der liebe Hund immer schwächer wurde, weil er nichts zu fressen bekam. Ich hatte den falschen Hund gefüttert.«

Shelly Lazarus hält eisern an ihren Prioritäten fest: Sie geht samstagsabends nicht aus und verbringt das Wochenende mit ihrer Familie – komme was da wolle. »Ich bin sicher, daß ich dadurch ein paar Freunde verloren habe«, meint sie. »Aber ich muß mir völlig darüber im klaren sein, was mir am wichtigsten ist.« Lazarus liebt ihre Arbeit und hat sie immer geliebt; sie lebt im Einklang mit ihren Werten. »Viele Frauen kommen zu mir und erzählen mir etwas von Balance«, lautet ihr Kommentar. »Ich sage immer, das erste, was man machen muß, ist, sich über seine Prioritäten klarzuwerden. Dann muß man den Mut aufbringen, dafür zu sorgen, daß andere sie verstehen, so daß man in Übereinstimmung mit seinen Prioritäten leben kann. Wenn man Angst hat, zu seinem Chef zu sagen: ›Ich werde nicht da sein, weil ich zur Schulaufführung gehen muß‹, wird man Probleme bekommen.«

Lazarus erinnert sich an die Rede, die sie anläßlich ihrer Ernennung zur Werbefachfrau des Jahres hielt. »Ich erzählte, wie mir einmal der größte Kundenetat der Agentur übertragen wurde. Ich war also beim ersten Treffen mit dem Mann, der das gesamte Marketing der Firma unter sich hatte, und er sagte: ›Es ist toll, daß Sie jetzt zu uns stoßen; in drei Wochen haben wir nämlich ein ganztägiges Meeting außerhalb der Firma, bei dem die zwanzig Leute, die am meisten an diesem Geschäft interessiert sind, an einem Tisch sitzen und den strategischen Fünfjahresplan entwerfen.‹ – ›Schön‹, erwiderte ich, ›aber ich werde erst um dreizehn Uhr kommen können.‹ Er fragte mich nach dem Grund, und ich antwortete, mein Sohn habe an diesem Tag Sportfest. ›Sie machen wohl Witze?‹ entfuhr es dem Mann, worauf ich verneinte: ›Keineswegs. Mein Sohn hat Sportfest, und es ist doch eine Tatsache, daß Sie sich drei Wochen nach dem Meeting nicht mehr werden erinnern können, wer von neun bis dreizehn Uhr im Raum war, während mein Sohn es nie vergessen wird, wenn ich nicht zu seinem Sportfest komme.‹« An dieser Stelle in ihrer Rede bemerkte Lazarus, daß einzelne Frauen im Publikum begonnen hatten zu weinen. »Wissen Sie, was sie so aus der Fassung brachte?« fragte sie mich. »Sie waren nicht zum Sportfest gegangen. Aber diese Denkweise macht den Leuten immer noch zuviel angst. Man braucht eine Menge Mut, um sich vor einen solchen Kunden hinzustellen und zu sagen, man käme erst um dreizehn Uhr«, sinnierte sie. »Ich glaube, ich habe diesen Frauen einen schlechten Dienst erwiesen, denn ich habe ihren Konflikt noch verschärft. Ich weiß, daß manche von ihnen denken: ›Shelly Lazarus, die kann so etwas durchziehen, die ist ja wer, aber ich habe noch nicht das Recht dazu.‹ Es war aber immer so. Und deswegen habe ich, glaube ich, auch immer gern gearbeitet.«

Wenn wir unserer Arbeit die Macht verleihen, uns entweder zu bestätigen oder uns Chancen vorzuenthalten, geben wir die Möglichkeit auf, selbstbewußt und wirklich unabhängig zu werden. Solange wir die Prioritäten in unserem Leben nicht an dem ausrichten, was uns persönlich wichtig ist, werden wir weiterhin auf die äußere Bestätigung, die wir aus unseren Jobs beziehen, angewiesen sein. Uns ist nur allzu klar, welche Opfer wir der Arbeit bringen, aber wenn wir sie nicht auf die Tagesordnung setzen, wird die Arbeit immer an erster Stelle stehen. Wenn Shelly Lazarus recht hat, können wir beides haben. Solange wir in erster Linie nach unseren eigenen Werten leben, wird der Rest sich von selbst ergeben.

8. So etwas wie »Frauenarbeit« gibt es nicht

Um wirklich etwas zu verändern, werden wir unsere Vorstellungen von Erfolg um das erweitern müssen, was die Gesellschaft als »Frauenarbeit« abgewertet hat. Wenn wir Tätigkeiten wie die, sich in der Gemeinschaft und für andere zu engagieren, einen Haushalt zu führen oder Beziehungen zu pflegen, und andere »unentgeltliche« oder relativ schlecht bezahlte Beschäftigungen ebenso hoch bewerten, schaffen wir augenblicklich »erfolgversprechendere« Alternativen, die für Männer wie für Frauen von Vorteil sind. Als beispielsweise Männer in den siebziger Jahren anfingen, in der Krankenpflege zu arbeiten, wurde die Bezahlung stetig besser, und dem Stigma, mit dem Männer sich möglicherweise behaftet sahen, weil sie in einem »Frauenberuf« arbeiteten, wurde allmählich der Boden entzogen. Damit wuchsen die beruflichen Chancen für Männer, und die Vergütung der Frauen verbesserte sich. Es besteht keine Hoffnung, eine äußerlich ausgeglichene Arbeitswelt für Frauen zu schaffen, wenn wir der unbezahlten Arbeit in Gemeinwesen und Familie nicht denselben Wert zubilligen. Wir behaupten, Fürsorglichkeit und Sinn höher zu schätzen als alles andere; wenn wir aber nicht entsprechend handeln, werden sie weiterhin an den Rand unserer Arbeitstage gedrängt werden.

9. Arbeiten außerhalb der Schublade

So oder so – und man kann es auf zweierlei Weise sehen – beginnen die meisten Frauen ihre berufliche Laufbahn in Unternehmen, die nach dem Zeitmuster »von neun bis fünf« strukturiert sind. Wir akzeptieren den zweiwöchigen Jahresurlaub, die jährliche Gehaltserhöhung, die Unternehmenshierarchie und die Nahrungskette des Erfolgs, denn das ist die Form, die wir gewohnt sind. Und das entspricht im wesentlichen auch dem, was jungen Hochschulabsolventen angeboten wird. Dieses Modell ist allerdings nur so heilig, wie wir es machen. Wenn wir bereit sind, herkömmlichen Erfolg – Status, Titel, Geld und Einfluß – aufs Spiel zu setzen, entdecken wir vielleicht, daß es andere gibt, die zu ihren eigenen Bedingungen und auf ihre Art erfolgreich sind.

Aussetzen

Eine Pause von mehr als einem Monat zu machen ist nur nach sorgfältiger finanzieller Planung möglich. Die damit verbundenen Risiken sind der Wiedereinstieg, der Wiedereinstieg und noch mal der Wiedereinstieg. Die am weitesten verbreitete Art auszusetzen besteht darin, sich Zeit (meistens achtzehn Monate) zu nehmen, um für sein Kind da zu sein. Einige Mütter arbeiten einen Tag in der Woche, andere, wie eine Gruppe von Rechtsanwältinnen in Washington, gründen Organisationen wie »Anwältinnen zu Hause«, die Frauen helfen, in Kontakt zu bleiben, den Anschluß nicht zu verlieren und sich gegenseitig zu unterstützen. Diese Frauen sehen sehr wohl, daß viele ihre Möglichkeiten der Teilhaberschaft opfern, aber man kann das, was sie tun, auch als eine Infragestellung der Nonstopfahrt auf der Einbahnstraße der Karriere betrachten. Vorübergehende Unterbrechungen spiegeln das eher kreisförmige Leben von Frauen wider – sie tragen der Tatsache Rechnung, daß Frauen mit Familie in verschiedenen Phasen ihres Lebens vermehrtem Streß ausgesetzt sind.

Die anderen Frauen, die pausieren, sind wie Ellie: ausgebrannt und kaputt von Jahren des Workaholismus. Eine solche Pause bedarf sorgfältiger Planung, und zwar nicht nur finanzieller Art. Janet Andre empfiehlt, daß eine Frau sich, eher aus psychischen als aus beruflichen Gründen, in ihrer alten Welt einen Anker bewahrt – sei es ein Berufsverband, eine organisierte Gemeinschaft oder ein Netz von Beziehungen. »Ohne einen Anker als Hilfe in der Übergangszeit geraten viele Frauen nach etwa einem Jahr in Panik und eilen in ihre alte Welt zurück«, bemerkt sie. Da unser Leben so lange durch das bestimmt war, was wir taten, fühlen sich viele Frauen, die diese Alternative ausprobieren, »unsichtbar«, sobald sie aufhören zu arbeiten, und ihre Selbstachtung sinkt augenblicklich auf den Nullpunkt. Statt diese unangenehme Phase durchzustehen, bis wir anfangen, uns nach anderen Kategorien zu definieren, beginnen wir verständlicherweise, voller Stolz unsere alte Identität zu betrachten, oder kehren manchmal in die Vertrautheit eines wenn auch nicht erfüllenden Arbeitslebens zurück – eine Koalition mit dem uns wohlbekannten Teufel erscheint uns besser als der falsche Eindruck, plötzlich ein Niemand zu sein, der nirgendwohin gehört.

Die Vorteile einer solchen Arbeitspause können jedoch enorm sein. Rachel fühlte sich nach achtjähriger Tätigkeit als Anwältin in einer riesigen Anwaltskanzlei völlig ausgebrannt. »Sieben von den acht Jahren, die ich in der Firma war, hatte ich an einem einzigen Fall, einem Antitrustfall, gearbeitet. Von den Männern, die am Anfang der Arbeit verheiratet waren, waren am Ende alle geschieden. Drei der vier mit dem Fall befaßten Frauen verließen die Kanzlei. Ich mußte bis an meine äußersten Grenzen gehen. Die Firma beurlaubte mich für ein Jahr – ich glaube, sie hatten es mit der Angst bekommen, weil so viele Frauen kündigten. Also ging ich für ein Jahr nach China, um Englisch zu unterrichten, woraus dann zwei Jahre wurden.« Bei ihrer Rückkehr in die Vereinigten Staaten hatte sie keine Lust, ihren alten Zeitplan und Lebensstil wiederaufzunehmen, aber sie mußte Geld verdienen und fühlte sich ihrer Firma gegenüber verpflichtet, weil man ihr dort versichert hatte, sie könne ihren Job wiederbekommen. Es stellte sich heraus, daß ihre neu erworbenen Kenntnisse in Mandarin sie für die Kanzlei sehr attraktiv machten, denn diese vertrat ein großes Unternehmen, das auf dem chinesischen Markt Fuß fassen wollte. Da sie ein paar Jahre außerhalb des kulturellen Einflußbereichs ihrer Arbeitsstätte zugebracht hatte, war sie nicht mehr so darauf erpicht, Teilhaberin zu werden oder eine der Topfrauen ihrer Firma zu sein. Statt dessen konnte sie mit einer reduzierten Anzahl von Stunden ausschließlich für den Mandanten mit Ambitionen in Asien arbeiten. Das lief so gut, daß Rachel schließlich beschloß, sich einer größeren Herausforderung zu stellen, Justitiarin des Unternehmens wurde und nun ihre Zeit zwischen Los Angeles und Hongkong teilt. »Wenn ich nicht meine Auszeit genommen und gemerkt hätte, daß ich auch ohne meinen Job leben kann, wäre ich nie dahin gekommen, wo ich heute bin. Ich kann das nur empfehlen«, schloß sie lächelnd.

Alternative Arbeitsmodelle

Eine Auszeit ist etwas Großartiges, aber die meisten Frauen können sie sich finanziell nicht leisten. Für viele Frauen ist es praktischer, alternative Arbeitsmodelle zu entwerfen. Das kann von flexibler Arbeitszeit über eine reduzierte Stundenzahl und Telearbeit bis hin zum Job-sharing gehen. Die meisten Firmen haben für jeden dieser Fälle theoretische Modelle in der Schublade. Der Grund, warum dennoch kein Gebrauch davon gemacht wird, liegt darin, daß die Beschäftigten zu große Angst haben, von interessanter Arbeit oder neuen Möglichkeiten ausgeschlossen zu werden, weil die Arbeit bei ihnen nicht an erster Stelle rangiert. Ihre Befürchtungen sind durchaus begründet. In ihrer Catalyst-Untersuchung kam Marcia Brumit Kropf zu dem Ergebnis, daß der größte Stolperstein auf dem Weg zu praktikablen alternativen Arbeitsformen für Frauen in der Wertordnung der Erfolgskultur liegt. »Jeder strukturellen Veränderung muß ein Wertewandel vorausgehen«, betont sie. »Sonst stößt man sofort an die bestehenden Normen. Wir müssen den Beschäftigten neu vermitteln, was wichtig ist. Ich kann mich an viele Unternehmen erinnern, die eine wunderbare Firmenpolitik haben – man liest ihre Arbeitnehmerhandbücher und denkt: ›Das ist ja großartig!‹ Aber nur wenige Leute werden diese Programme nutzen, weil sie negative Auswirkungen auf ihr Berufsleben befürchten.« Kropf weist darauf hin, daß eine Frau, die eine flexible Arbeitszeitregelung in Anspruch nimmt, oft den Zorn einer ganzen Abteilung auf sich zieht. Ihre Kollegen ärgern sich darüber, daß sie auch noch die Arbeit von jemandem, der nicht da ist, machen müssen. Die Lösung dieses Problems liegt in einer Veränderung der Art und Weise, wie wir in bezug auf unsere Arbeit beurteilt werden. Wir müssen uns auf das Produkt konzentrieren, nicht auf den Produktionsprozeß. In dem bei Xerox durchgeführten Experiment mit dem Teammodell wurde die Zeit, die nötig war, um ein neues Produkt auf den Markt zu bringen, auf einen Rekordstand verkürzt. Auch Texas Instruments hat mit alternativen Strukturen phantastische Erfolge erzielt.»Flexible Arbeitszeitvereinbarungen sind eine Art ›Laisser-faire-Modell‹«, erklärt Kropf, »bei dem es heißt: ›Hier ist unsere Vision; am Ende des Prozesses wollen wir folgendes Ziel erreichen.‹ So wird man nicht danach beurteilt, ob man von Montag bis Freitag oder von sieben bis sieben anwesend war. Man wird nach dem beurteilt, was man produziert hat.« Diese Art, nicht in Schubladen zu denken, fordert die traditionellen Arbeitszusammenhänge, ja unsere gesamte an Befehls- und Kontrollgewalt gebundene Arbeitsstruktur heraus. Sie erlaubt den Frauen mehr Flexibilität in bezug darauf, wo und wann sie arbeiten. Eine Flexibilität, von der die Frauen sagen, sie sei mehr oder weniger entscheidend für die Frage, ob sie in einem Unternehmen bleiben.

Frauen werden diese alternativen Vereinbarungen nicht in Anspruch nehmen, solange sie die alten Regeln befolgen. Wir müssen uns fragen, was wichtiger ist – in den Augen unserer Unternehmen eine gute Figur zu machen oder auf eine Weise zu arbeiten, die die Spannungen zwischen Berufs- und Privatleben reduziert. Wir kennen die Antwort: Wir brauchen bloß unserer Überzeugung gemäß zu handeln.

Für sich selbst arbeiten

Natürlich gibt es Unternehmen, in denen Job-sharing oder flexible Arbeitszeiten einfach nicht erlaubt sind. Dann besteht eine sehr reale Alternative für uns darin, uns selbständig zu machen. Nach Erkenntnissen von Dr. Sharon G. Hadary, Vorstandsmitglied der National Foundation for Women Business Owners, arbeitet in den Vereinigten Staaten heute jeder vierte Arbeitnehmer für eine Frau, die ihr eigenes Unternehmen besitzt und leitet[6]. Ihrem Bericht zufolge liegt einer der Gründe, warum Frauen ihr eigenes Unternehmen aufbauen, darin, daß sie sich in ihren alten Firmen nicht wohl gefühlt haben. Während andere Frauen die Glasdecke als Grund für ihre Selbständigkeit angeben, wieder andere ihr Bedürfnis nach Flexibilität, sieht Hadary noch einen weiteren zwingenden Faktor: die Kontrolle über ihr Leben. »Auf die Frage«, bemerkt Hadary, »was der größte Gewinn ihrer Selbständigkeit ist, nennen diese Frauen die Kontrolle über ihr eigenes Geschick.« Geht man davon aus, daß die meisten Frauen arbeiten, um unabhängig zu sein, kommen sie als Selbständige der Erfüllung dieses Bedürfnisses noch einen Schritt näher. Steinem pflichtet dem bei: »Die wirklich richtungweisende, entscheidende Alternative sind Frauen, die entweder, gewissermaßen als Freiberuflerinnen, ihr eigenes Unternehmen gründen oder Mitinhaberinnen eines Unternehmens sind – in welcher Form auch immer. Diese Frauen befinden sich außerhalb der gängigen Strukturen. Wenn wir je zu einer wirklich einflußreichen Bewegung werden wollen, müssen einige von uns Jobs haben, aus denen sie nicht gefeuert werden können. Das ist von absolut entscheidender Bedeutung.«

Frauen, die ihr eigenes Unternehmen haben, können Vorbildcharakter für eine ebenso menschliche wie effiziente Unternehmensführung haben. Was aber noch wichtiger ist, sie können für sich entscheiden, worauf sie ihre Energien verwenden und wie sie Erfolg definieren wollen.

Hadary hat festgestellt, daß solche Frauen tatsächlich andere Werte haben und daß Werte den Unternehmerinnen überhaupt wichtiger sind als den Unternehmern. »Ich glaube, daß viele Frauen, die ihre eigene Firma gründen, Erfolg neu definieren. Sehr oft wird auf die Tatsache hingewiesen, daß Unternehmen, die im Besitz von Frauen sind, zwar in bezug auf ihre Zahl und Größe eine gewaltige Zunahme zu verzeichnen haben, aber offenbar nicht so schnell wachsen wie Firmen, deren Inhaber Männer sind. Unter ihnen scheint es nicht so viele ›Gazellen‹ zu geben. Was mir indes begegnet, wenn ich mit Frauen spreche, ist echtes Interesse an einem *verantwortlichen* Wachstum. ›Was uns wirklich unterscheidet‹, sagen sie, ›und unseren Wettbewerbsvorteil ausmacht, sind unsere Qualität und unser persönliches Engagement für die Kunden.‹ Diese Frauen wollen für ein Wachstum sorgen, das Beziehungen nicht gefährdet.« Wie Hadary betont, sind diese Frauen nicht etwa dagegen, daß ihre Firmen wachsen, nur betrachten sie Wachstum nicht als Selbstzweck. Sie messen Erfolg eher an der Frage, was für ein Geschäft sie betreiben und ob sie etwas Sinnvolles tun.

Untersuchungen zeigen, daß Frauen, die sich selbständig machen, von überall her kommen: aus Unternehmen, die Personal abgebaut haben, oder aus den oberen Etagen des Managements, wo sie vergeblich nach jemandem Ausschau gehalten haben, der aussieht wie sie. Manchmal geben sie ihre Arbeitsstelle auch auf, weil sie das Gefühl haben, sie könnten es besser oder anders machen. Sie kommen auch von zu Hause. Und eine beträchtliche Anzahl von ihnen sind »reife« Frauen, von fünfzig aufwärts. Wir brauchen nicht zu warten, bis wir hinausgedrängt werden, um unser eigenes Geschäft aufzubauen. Als Selbständige können wir unsere Wertvorstellungen in die Tat umsetzen;

wir können die Definition von Arbeit erweitern, einen neuen Begriff von Erfolg gewinnen und Vorbilder für die nachfolgende Generation werden.

Wandel

Alle diese Alternativen zeigen einen Weg in die Zukunft auf. »In welcher Weise die Arbeit verändert wird, ist nicht nur für die Frauen von Bedeutung«, betont Marie Wilson. »Es geht einzig und allein darum, ob wir überhaupt einen Weg finden, Arbeit zu haben. Gerade im Moment durchleben wir einen ungeheuren Wandel. Wir haben eine Vielzahl einzelner Momente, die zusammenwirken: Tatsache ist, daß es nie wieder genügend Arbeitsplätze geben wird. Wenn wir wollen, daß für die Menschen jemals wieder genug Arbeit da ist, werden wir die Arbeit teilen müssen. Deswegen muß es daneben noch etwas geben, was einen anerkannten Teil unseres Selbst ausmacht – nicht nur: ›Hallo, was für einen Job hast du?‹ Und um diese Veränderung zu vollziehen, müssen wir tatsächlich die Werte für unsere ganze Gesellschaft neu einschätzen und neu ordnen.« Wilson glaubt, daß die Faktoren der Arbeitsplatzunsicherheit, der im Wandel begriffenen Rolle der Männer und der Anzahl der Frauen im Erwerbsleben so zusammenwirken, daß sie allmählich die Wertordnung unserer Kultur verändern werden.

Es erscheint so offensichtlich, so einfach, so vernünftig; weshalb ist es dann noch nicht geschehen? Die recht simple Antwort lautet, daß noch nie zuvor eine Gruppe von Frauen in dem Maße versucht hat, erfolgreich zu sein, wie wir es versucht haben. Das einzige Modell, das wir dabei hatten, war eins, das auf Männer zugeschnitten war. Und wir brauchten eine ganze Weile, bis wir genug geleistet hatten, um festzustellen, daß das Modell uns nicht paßte. Wir traten in eine Arbeitskultur ein, deren attraktive Vorteile wir gleichermaßen begehrten und verdienten. Mit diesen Privilegien ging allerdings ein Wertsystem einher, auf das wir uns zunächst eingestellt haben, um uns dann vollends zu integrieren. Männer haben zu ihrem linear verlaufenden Leben, das auf die Jagd nach »mehr« ausgerichtet ist, keine gesellschaftlich anerkannte Alternative, so daß ihre einzige Wahl darin bestand, der drohenden Veränderung zu widerstehen.

Doch nun, da genug Frauen die sehr realen Begrenzungen des Erfolgssystems erlebt haben, wird ihnen allmählich klar, daß nicht einmal die Zusicherung der Gleichberechtigung selbst einen realen Hintergrund hatte – und es möglicherweise auch nicht wert war, ein eigenes Leben dafür aufzugeben. Wir entdecken langsam, daß die Frauen immer noch von den eigentlichen Machtpositionen ferngehalten werden. Ein Überblick über die Topjobs für Frauen, der 1996 in der Zeitschrift *Working Woman* veröffentlicht wurde, war regelrecht peinlich – ihr Nettoeinkommen und ihr Einflußbereich waren zwar um ein Vielfaches größer als vor dreißig Jahren, aber nicht ansatzweise mit denen der Männer zu vergleichen. Da eine Veränderung der Rolle der Frau auch eine Veränderung der des Mannes bedeutet, stemmt sich dem eine ganze Kultur entgegen. »Es war schon immer die aufrichtigste Form der Schmeichelei, wenn die Gruppe der weniger Mächtigen die Gruppe der Mächtigen imitierte«, bemerkt Steinem. »Wenn aber die Mächtigen anfangen, die Machtlosen zu imitieren, nennt man das Subversion, Revolution, weshalb es für Männer ebenso entscheidend ist, Frauen ähnlicher zu werden, wie für Frauen, Männern ähnlicher zu werden. Vollständige Menschen eben.« Und da

Revolution bedeutet, die Mächtigen zu stürzen, wird die Aufrechterhaltung ihrer Strukturen und Werte für sie zu einem Akt puren Überlebens.

Mittlerweile gibt es genug berufstätige Frauen, so daß keine das Gefühl haben muß, einen einsamen Kampf zu führen, um die Formen der Arbeit zu zerstören, damit sie sich dem Inhalt besser widmen kann. Zwei Dinge müssen sich allerdings ändern, wenn dieser Wandel weitergehen und vorangetrieben werden soll: Frauen werden sich aus dem Würgegriff der Erfolgsnormen unserer Kultur befreien müssen – was ihnen nur mit Unterstützung anderer Frauen gelingen wird –, und Männer werden erkennen müssen, daß dieser Wandel auch für sie von Vorteil ist.

»Wenn man von Meinungsumfragen ausgeht, ist heute die Mehrheit der Bevölkerung fest davon überzeugt, daß Frauen genau das gleiche tun können wie Männer; als nächstes gilt es nun, darauf zu vertrauen, daß Männer auch das gleiche tun können wie Frauen«, erklärt Steinem. »Das ist der nächste psychologische Schritt nach vorn, den wir brauchen.« Indem sie beide Welten gleich bewerten, können Frauen und Männer Teile von beiden miteinander kombinieren, ohne um ihre Selbstachtung und ihr Selbstwertgefühl fürchten zu müssen und ohne die Bestätigung und den Respekt ihrer Kolleginnen und Kollegen und der Gesellschaft aufs Spiel zu setzen. Bei gleicher Bewertung beider Welten könnten wir unsere Identität auf dem aufbauen, was uns wichtig erscheint, nicht auf dem, was die Gesellschaft uns als schätzenswert vorgibt.

Die Kräfte der Geschlechtertrennung und der Gewohnheit haben uns künstlich von uns selbst und voneinander abgespalten. Uns Frauen wurde erzählt, wir seien keine echten Frauen, wenn wir keine Kinder hätten. Oder wir seien keine guten Mütter, wenn wir arbeiten gingen. Oder wir seien keine erfolgreichen Frauen, wenn wir keine großen oder bedeutenden Jobs hätten. Und die Männer, die sich dafür entscheiden, zu Hause bei den Kindern zu bleiben, gelten in unserer Kultur auch nicht als echte Männer. Wir haben der äußeren Hand gestattet, die innere zu beherrschen, und sind dafür auch belohnt worden. Solange den wirtschaftlichen Möglichkeiten in der westlichen Welt scheinbar keine Grenzen gesetzt waren, konnten wir uns dieses synthetische Hirngespinst leisten. Doch wirtschaftliche Unsicherheit und die hinreichende Zahl von Frauen, die zu herkömmlichem Erfolg gelangt sind, wirken als Kräfte zusammen und machen die Zeit reif für eine Veränderung.

Frauen stehen bei dieser Veränderung an vorderster Front, denn wir sind die Kanarienvögel der Bergleute: Wir versuchen, etwas zu tun, was in der Geschichte noch nie dagewesen ist. Und viele der Begabtesten und Leistungsfähigsten unter uns geben ausgehungert und erschöpft auf. Auf uns selbst gestellt, schaffen wir es nicht. Allein können wir kleine Korrekturen und Verbesserungen bewirken, werden im Grunde aber immer noch vor die Alternative »Vogel friß oder stirb!« gestellt.

»Am Arbeitsplatz wird sich nichts ändern, solange nicht eine kritische Menge von Männern das ebenfalls verlangt«, gibt Gloria Steinem zu bedenken. »Aber sie werden sehen, daß sie auch etwas davon haben. Sie werden ihre Kinder kennenlernen. Sie werden nicht in dreißig Jahren mit einer gravierten Uhr und sonst nichts dasitzen.« Männer erkennen das. Aber wir leben in einer Kultur, die auf den Fortbestand der Ernährerrolle ausgerichtet ist. Erst wenn die Frauen, Schwestern, Freundinnen und Kolleginnen die Strukturen und Normen der Erfolgskultur in Frage stellen, werden Männer sich autorisiert fühlen, ihrerseits Dinge zu ändern.

Wenn die Frauen ihren Problemen nicht Ausdruck verleihen und den Männern eine Chance geben, sich damit zu identifizieren, wird sich nichts ändern. Wenn sie nicht ihr Terrain abstecken und aufhören, jedem alles zu sein, wird sich nichts ändern. Warum auch? Den meisten Männern hat die verstärkte Präsenz von Frauen in der Arbeitswelt ein zweites Einkommen und einen höheren Lebensstil verschafft. Warum sollte irgend jemand das aufgeben wollen? Die Frauen haben sie nicht darum gebeten, und sie selbst haben es nicht angeboten. So beschreibt es Steinem: »Erst sagt die von Männern dominierte Kultur, die wir alle durch unsere Poren aufsaugen: ›Nein, Herausgeber, Mechaniker, Störungssucher kannst du nicht werden. Du bist eine Frau, du kannst das nicht.‹ Dann machen wir es trotzdem. Als nächstes sagt die Kultur: ›Also gut, aber du mußt alles machen, was du bisher gemacht hast, denn wir wollen hier nicht gestört werden. Du kannst Herausgeberin, Störungssucherin oder Mechanikerin sein, aber nur, wenn du weiterhin alles tust, was du vorher getan hast – alle Mahlzeiten zubereiten, dich um die Männer kümmern, Kinder kriegen und versorgen, dich für den Erfolg schick anziehen und bis zum Morgengrauen einen Orgasmus nach dem anderen haben.‹ Solange Frauen versuchen, zwei Jobs zu erledigen, brauchen die Männer sich nicht zu verändern.«

Aber jetzt, wo die Frauengeneration des Babybooms angefangen hat, die Normen der Erfolgskultur in Zweifel zu ziehen oder sogar anzugreifen, können wir neu verhandeln. Wir können Arbeit finden, die für uns stimmig ist, wenn wir ein paar alte Regeln brechen, und wir können eine kulturelle Veränderung herbeiführen, wenn wir die Männer um uns herum ermutigen, es uns gleichzutun. Aus der Veränderung unserer engen Definition von Erfolg und unserer Art zu arbeiten können die Männer großen Nutzen ziehen, aber wir müssen ihnen den Weg zeigen. Das erste Stadium des Einzugs der Frauen in die männliche Erfolgssphäre hat den Männern keine Veränderung abverlangt; sie brauchten nur etwas aufzurücken, um uns ein bißchen Platz zu machen. Das nächste Stadium, das des Übergangs, muß sie herausfordern und in ihrer Rolle und ihrer Verantwortung tief erschüttern.

Kapitel 9

Männer, Beruf und Identität

Mein Mann verdient gut. Das ist eine bedeutende Feststellung. Sie bestimmt seinen exakten Wert in der Welt und enthebt zugleich meinen Vater aller Sorgen um seine Tochter. Manche Bürde geht immer noch von einem Mann auf den anderen über. Ich lernte zwar, daß ich bei gleicher Bezahlung denselben Job wie jeder Mann übernehmen konnte, atmete aber auch den Duft der Sicherheit (und des potentiellen Luxus), die mir als Ehefrau eines Mannes mit einer gut bezahlten Arbeit winkte. Diese beiden Voraussetzungen verliehen mir ein Gefühl der Freiheit, des Wählenkönnens. Nicht daß ich auf einen Mann hätte angewiesen sein wollen. Zwei Jahrzehnte lang habe ich selbst für mich gesorgt und die großen Vorteile einer unabhängigen Frau genossen. Aber ich wäre alles andere als ehrlich, wenn ich nicht zugeben würde, daß irgendwo in meinem Hinterkopf, in den dunkelsten Winkeln verborgen, die beruhigende Vorstellung schlummerte, daß sich eines Tages auf die eine oder andere Weise jemand um mich kümmern würde.

Bevor jedoch mein Mann die einzige stabile Einkommensquelle unserer Familie wurde, hatte ich nie darüber nachgedacht, was die Gleichung »guter Ernährer gleich

Sicherheit« für irgend jemand anderen, insbesondere meinen Mann, bedeutete. Und da ich ein gutes Gehalt bezogen hatte, hatte auch er sich nicht mit seinen dumpfen Ahnungen auseinandersetzen müssen. Doch an dem Tag, als ich arbeitslos und deprimiert erwachte, ohne jede Vorstellung von dem, was ich in Zukunft tun würde, ging er, der mich bei meiner Kündigung so tatkräftig unterstützt hatte, mit leicht sorgenumwölkter Miene zur Arbeit. Und mit der Zeit entwickelten sich daraus dichte, schwarze Wolken.

Geschichtliche Zusammenhänge, kulturelle Erwartungen und eigene Erfahrungen waren der Grund für seinen Sinneswandel: An diesem Punkt hatte mein Mann schon einmal gestanden. Wie manch anderer Mann an der Spitze der Babyboom-Kurve hatte er, noch bevor er offiziell in die Midlife-Crisis kam, unter zwei verschiedenen gesellschaftlichen Konventionen in zwei unterschiedlichen Ausprägungen gelebt. In seiner ersten Ehe hatte er die Rolle des traditionellen männlichen Ernährers gespielt. Seine Frau hatte den Haushalt und die Kinder versorgt. Für ihn war es immer selbstverständlich gewesen, daß er derjenige war, der jeden Tag ins Büro ging. Sein Leben unterschied sich nicht wesentlich von dem seines Vaters, ebensowenig wie seine Erwartungen, Verpflichtungen und Zuständigkeiten. Er lebte inmitten einer Gesellschaft von Männern, die mit denselben Zügen fuhren, dieselben Fußballspiele besuchten und die gleichen Spesenabrechnungen einreichten. Sie taten, wozu sie erzogen worden waren. Sie taten, was richtig und ehrenwert war.

»Worüber machst du dir solche Sorgen?« fragte er mich frustriert, wenn ich mich wieder einmal darüber aufregte, daß er einfach nicht verstand, daß ich um meiner Selbstachtung und meines Unabhängigkeitsgefühls willen arbeiten *mußte*. »Ich verdiene so viel, daß du zu Hause bleiben kannst, wenn du möchtest.« Damals dachte er nicht an die psychische Bedeutung, die die Arbeit für mich hatte. Allerdings muß ich fairerweise zugeben, daß ich unterschätzte, wie überaus hart er jahrelang gearbeitet hatte, um diesen Satz jetzt mit aller Zuversicht, deren er fähig war, aussprechen zu können. Mein Mann liebt mich, und als es mir schlechtging, wollte er mir die Freiheit schenken, mit der Verwirrung in meinem Leben fertig zu werden, ohne jeden Tag in die U-Bahn steigen zu müssen.

Als ich ihn jedoch beim Wort nahm, ballten sich kleine dunkle Wolken an seinem emotionalen Horizont zusammen. Jetzt war es *wirklich* seine Sache. Jetzt konnte er seinen Träumen, an der Senior Pro Golf Tour teilzunehmen oder Therapeut oder Börsenmakler oder Hausmann zu werden, nicht länger nachhängen. Obwohl er gern die ganze finanzielle Last unseres gemeinsamen Lebensunterhalts auf seine Schultern genommen hatte, rebellierte gleichzeitig tief in ihm etwas gegen die Vernichtung sogar des kleinsten Hauchs von Freiheit. Erbitterung stellte sich ein; das Wissen, daß seine Wahlmöglichkeiten nahezu auf Null gesunken waren, drückte auf seine Stimmung.

Wenn mein Mann das liest, wird er vermutlich beteuern, bei seinem Angebot keinerlei Vorbehalte gehabt zu haben – was auch der Wahrheit entsprechen dürfte. Das bedeutet jedoch nicht, daß sich unter allem anderen nicht auch eine leise, schleichende Ernüchterung breitmachte, als das zweite Einkommen zu einem Rinnsal verkam und dann vollends versiegte. Ein Einkommen, das ein potentielles Sicherheitsventil und ein Polster dargestellt hatte. Obwohl er tat, was erwartet wurde – ja mehr noch, was er selbst tun wollte –, war es in gewisser Hinsicht einfach nicht fair, daß ich aufhören durfte und er nicht.

An manchen Tagen witzelte ich, wenn ich reich sei, könne er aufhören zu arbeiten und jeden Tag Golf spielen. »Ich kann es gar nicht erwarten!« antwortete er dann und machte sich auf den Weg ins Büro. Obwohl die meisten Männer etwa so reagieren würden, fiele es ihnen sehr schwer, es dann tatsächlich zu tun. Ein ungemein großer Anteil ihres Selbst hängt davon ab, was sie tun – oder nicht tun. Die meisten zwischenmenschlichen Kontakte meines Mannes finden in seinem Büro statt – das ist seine wichtigste Bezugsgruppe. Mit diesen Männern und Frauen arbeitet er seit über zwanzig Jahren zusammen – sie machen einen großen Teil seines Lebens aus. Im übrigen verdankt er seiner Position Identität und Selbstachtung. Er ist stolz auf die Tatsache, daß er es sich leisten kann, für die ihm nahestehenden Menschen zu sorgen; es vermittelt ihm das Gefühl, seine Tage mit Sinn und Zweck zu füllen. Wenn seine Arbeit gut läuft, verspürt er eine große persönliche Befriedigung. Das gibt ihm die Gewißheit, daß er einen Platz in dieser Welt und eine Aufgabe zu erfüllen hat. Er arbeitet mehr und geht häufiger auf Reisen, als ihm lieb ist, aber bei aller Mühsal beflügelt ihn seine Arbeit auf eine Weise, wie es nur wenige andere Dinge im Leben vermögen. Irgendeine andere Rolle als die des Hauptverdieners zu übernehmen bedeutet für ihn – und für viele seiner Freunde –, daß Werte, Stolz und Identität vollkommen neu geordnet werden müssen. Diesen Männern gibt die Arbeit mehr als Selbstbestimmung und Erfüllung; sie bringt (was auch den Frauen nicht neu ist) Unabhängigkeit und ein gewisses Maß an Kontrolle über ihr Leben mit sich. Das ist ein Recht, für das Frauen hart gekämpft haben. Und bisher habe ich noch keinen Mann getroffen, der die Kontrolle über sein Leben und seine Karriere auch nur ein Stück weit hätte aufgeben wollen.

Ich habe einen außerordentlich klugen Mann. Ihm ist sehr wohl klar, daß es eine ganze Menge Alternativen zu seinem Berufsalltag gibt. Er weiß, daß verschiedene Formen der Einkommensreduzierung ihm mehr Zeit zu Hause, mehr Zeit mit mir und unserem Kind einräumen würden. Ihm ist bewußt, daß auch ich diejenige sein könnte, die täglich zur Arbeit geht, und er derjenige, der unser Kind großzieht. Und er ist sich darüber im klaren, daß bisher keine dieser Alternativen in der Gesellschaft auf besondere Gegenliebe stößt. Für einen Mann wie ihn, den ersten in seiner Familie, der studierte und den Sprung in die Führungsetagen schaffte, stellen diese Alternativen eine Beschränkung des Möglichen dar. Schlimmer noch, sie bedeuten einen Schritt weg vom Pfad des amerikanischen Traums. Erfolgreich zu sein, in seinem Leben das Beste aus den schwer erkämpften Möglichkeiten zu machen ist für ihn mehr als ein Ehrenabzeichen am Revers; es verleiht seinem Leben Wertschätzung, Bedeutung, Gestalt und Sinn. Angesichts so gewichtiger Faktoren ist es nicht schwer, diese Alternativen im rein gedanklichen Stadium zu belassen.

Kleinen Jungen wird durch unser Vorbild immer noch vermittelt, daß ihre berufliche Karriere und ihr Lebensweg miteinander verflochten sind. Obwohl Frauen heute die Hälfte der Beschäftigten ausmachen, haben wir, statt diese Botschaft um andere Werte zu erweitern oder die Anhäufung von Geld, Macht und Erfolg als oberste Priorität abzulösen, denselben Wertekatalog einfach auf Mädchen ausgedehnt. Wenn wir Erwachsenen unsere Vorstellung von einem erfolgreichen Leben nicht so erweitern, daß die Werte des Engagements für die Gemeinschaft, der Beziehungspflege und der gegenseitigen Hilfe einen ebenbürtigen Platz darin erhalten, und wenn wir weiterhin die zehn Stunden, die wir arbeiten, um ein Auto mit CD-Stereoanlage zu kaufen, niedriger einstufen als ihren materiellen Gegenwert, welche Wahl lassen wir dann letztlich jemandem, der sich von dem in unserer Gesellschaft so hochgeschätzten Erfolg lossagt?

Als mein Vater nach dem Zweiten Weltkrieg in die Vereinigten Staaten zurückgekehrt war, studierte er unter Inanspruchnahme des »GI Bill of Rights« (eines Bundesgesetzes, das entlassenen Kriegsteilnehmern unter anderem die Finanzierung einer vierjährigen Universitätsausbildung anbot) Rechtswissenschaften. Ihm eröffneten sich Möglichkeiten, die seine Eltern nie gekannt hatten. Er selbst hatte Armut und Hoffnung erlebt. Deshalb genoß er es, mir ein angenehmeres Leben zu bieten, als er es gehabt hatte. Mein Vater war davon überzeugt, daß soziale und wirtschaftliche Mobilität nur eine Richtung kannten: aufwärts. Es war seine Pflicht, dafür zu sorgen, daß seine Familie davon profitierte – nicht um der bloßen Macht willen, sondern um denen, die er liebte, materielle Sicherheit, Lebensfreude und Wachstum zu ermöglichen. Doch obwohl ich schon lange für mich selbst sorge, arbeitet mein Vater immer noch, als hinge mein Leben davon ab. Für die Männer seiner Generation ist Mann und Ernährer zu sein fast dasselbe. Für ihn ist das, was ihn als Mensch ausmacht, so vollkommen mit dem verschmolzen, was er tut, daß ich schon oft gedacht habe, er wird an seinem letzten Arbeitstag auch seinen letzten Atemzug tun. Überraschen würde es mich nicht. So etwas habe ich schon erlebt.

Eine Arbeitswelt für Ernährer und Helden

Der Autor Warren Farrell führte eine Studie an, nach der das Bild und die Gleichsetzung von Männlichkeit und

Ernährertum in diesem Land so tief verwurzelt sind, daß es für einen Mann sogar einfacher wäre, sein Geschlecht umwandeln zu lassen, als die soziale und kulturelle Konditionierung auf das Männerbild unserer Gesellschaft aufzuheben[1]. Obwohl das, was wir eine traditionelle Familie nennen – mit der Mutter als Nurhausfrau und dem Vater als Alleinverdiener –, heute nur noch weniger als drei Prozent der amerikanischen Familien ausmacht[2], ist dieses zählebige Bild im geistigen Haushalt der meisten Babyboomer an zentraler Stelle installiert. Demnach beziehen Männer ihre Identität und ihren Wert zum größten Teil aus ihrem Beruf. Die Gesellschaft bemißt ihre Anerkennung für Männer danach, wieviel Macht ein Mann ausübt, wie wichtig seine Arbeit für die Gemeinschaft ist oder wieviel Geld er verdient.

Als Admiral Jeremy Boorda im Mai 1996 Selbstmord beging, dachte ich unwillkürlich, daß er ein tragisches, wenn auch extremes Beispiel dafür darstellte, wie gefährlich die Arbeit-gleich-Leben-Gleichung geworden war. Boorda, dieser stolze, gebildete Mann, war eine echte amerikanische Erfolgsstory. Er war der erste gemeine Soldat in der Geschichte der Navy, der im Schweiße seines Angesichts alle Dienstgrade bis an die Spitze durchlaufen hatte. Als der Vorwurf laut wurde, er sei möglicherweise nicht befugt gewesen, manche der Orden, mit denen er sich schmückte, zu tragen, brachte er sich lieber um, als den Posten, dem er vierzig Jahre seines Lebens gewidmet hatte, in Verruf zu bringen. Als mit seinem Job etwas schrecklich schiefzugehen drohte, gab es keine andere Seite in ihm, auf die er hätte zurückgreifen können, um sich als Mensch intakt zu fühlen. »Er identifizierte sich so sehr mit der Uniform, die er trug..., daß er am Ende offensichtlich nicht mehr in der Lage war, sein wahres Selbst von dem Marineoffizier zu trennen«, folgerte die *Newsweek* [3]. Für Boorda genügte der Makel der Schande auf seiner Arbeit, um sein ganzes Leben auf tragische Weise scheitern zu lassen.

Boorda gehörte der Generation an, die immer noch einen Großteil des Wirtschaftslebens beherrscht. Seine – wenn auch übertriebenen – Werte unterscheiden sich nicht so sehr von den Werten jener Männer, die ausschließlich die Chefsessel *aller* fünfhundert in der Zeitschrift *Fortune* aufgeführten Firmen sowie die große Mehrheit der Positionen in den oberen Rängen besetzt halten. Während wir uns zu Recht auf die Folgen dieser schiefen Machtverhältnisse für das Leben von Frauen konzentrieren, zeigen Forschungen zum erstenmal in der Geschichte, daß überholte Normen in bezug auf Arbeit und Familie sich auch auf jüngere Männer (angefangen bei den »Babyboomern«) negativ auswirken. Für diese Generation ging es bei dem, was ein Mann für den Lebensunterhalt tat, nicht bloß darum, Essen auf den Tisch zu bringen. Was und wieviel er sich erarbeitete, bestimmte Bedeutung, Wert und Sinn seines Lebens und des Lebens seiner Kinder.

Auf diese Weise wurde Arbeit – und infolgedessen auch Männlichkeit – mit einer Art Heiligkeit und Macht ausgestattet, die weit über ihre tatsächlichen Inhalte hinausgingen. In dem Moment, wo das Überleben für Männer nicht mehr der einzige Beweggrund war, jeden Tag von zu Hause fortzugehen, wurden Arbeit und Männlichkeit zu Synonymen. Wenn die Arbeit scheiterte, scheiterte der Mann. Genau das macht Boordas Tod zu einem modernen Sittenstück. Das Tragische liegt nicht in seiner Schande, sondern in der Tatsache, daß er für das, was er tat oder nicht tat (und manche behaupten, er habe das Recht, die Orden zu tragen, tatsächlich erworben), nicht hätte sterben *müssen*. Er starb nicht für sein Land und nicht für seine Familie, sondern für seinen Posten. Unterscheidet Boorda sich, obwohl er durch seine eigene Hand starb, so wesentlich von den unzähligen Männern, die im Tausch gegen mehr Geld, mehr Macht oder Prestige ihre Zeit oder ihre Lebensqualität totschlagen? Was ist mit den Tausenden von Männern, die auf dem Weg ins Büro jeden Tag mit grimmiger Miene in Verkehrsstaus, Pendlerzügen oder U-Bahnen stecken, um ihrer Rolle als männlicher Ernährer gerecht zu werden? Oder mit den Männern, die beruflich viel auf Reisen sind und Wochen oder gar Monate fern von ihren Familien und Freunden leben?

Warren Farrell sagt: »Männern wird beigebracht, zu tun; Frauen wird beigebracht, zu sein.« Für ihn liegt das Paradoxe an der Männlichkeit darin, daß »ein Mann ›jemand‹ wird, indem er sich an ein Unternehmen, die Streitkräfte oder andere Organisationen verkauft«. Farrell weist darauf hin, daß das englische Wort *hero* vom griechischen *ser-ow*, Diener oder Sklave, abgeleitet ist. Aus seiner Sicht »hat Arbeit für Männer als Menschen nie funktioniert. Der eigentliche Zweck der Arbeit war, historisch gesehen, das Überleben; Männer opferten sich und ihre Zeit, um ihre Familien zu ernähren. Im Gegenzug bekamen sie Respekt, Bestätigung, Liebe und Unsterblichkeit im Bewußtsein anderer.« Farrell sieht das Problem der Männer darin, daß sie gelernt haben, Macht als »die Verpflichtung zum Geldverdienen« zu definieren. Je mehr also, seiner Ansicht nach, ein Mann sein Leben der Arbeit widmet, um so »heroischer« wird er, und um so höher schätzt ihn die Gesellschaft. Das moderne Arbeitsumfeld schafft und erhält diese Art von »Heldentum«, und ein berufstätiger Mann wird immer noch aufgrund dessen, was er für andere produziert, beurteilt – und geliebt. Dieses Klischee hat sich seit den Fünfzigern nicht wesentlich geändert. Der heutigen Babyboom-Generation will es jedoch nicht mehr so recht schmecken.

»Das Wirtschaftsleben, das in der Mentalität der fünfziger Jahre steckengeblieben ist, funktioniert noch allzuoft nach der Vorstellung, der amerikanische Arbeiter sei ein Mann mit einer Ehefrau, die sich um sämtliche Belange der Familie kümmert«[4], schreibt die Psychologin Rosalind C. Barnett, Autorin einer großangelegten, mit Unterstützung des *National Institute of Health* durchgeführten Studie über Männer, Frauen und Arbeit. Untersuchungen wie ihre und andere zeigen, daß weder Männer noch Frauen weiter an dieses Modell einer hochheiligen Arbeit glauben. Dennoch ist es, wie Barnett bemerkt, »schwer, die Bilder, die wir für ewige Wahrheiten halten – und die in Wirklichkeit nur der Bodensatz einer untypischen Epoche sind –, aus unseren Köpfen herauszureißen«[5].

Den Autorinnen Barnett und Rivers zufolge hat ihre Untersuchung zweifelsfrei gezeigt, »daß es einfach nicht wahr ist, daß ein Mann den Job für wichtiger hält als seine Familie«[6]. Sie betonen jedoch, wie wenig man sich heute in den Unternehmen dieser Tatsache bewußt ist. Während Seminare angeboten werden über die Möglichkeiten, Streß abzubauen, mit dem Rauchen aufzuhören oder zu meditieren, herrscht praktisch Schweigen zum Thema des Ausgleichs zwischen Arbeit und Familie – einer Frauendomäne, wie diese Firmen meinen. »Solange die Männer nicht begreifen, daß familiäre Belange nicht allein Sache der Frauen sind, wird sich nichts ändern«, behaupten die Autorinnen und argumentieren weiter, daß, solange Unternehmen nicht ihre Prioritäten neu setzen und Männer erkennen, daß die ungeschriebenen Gesetze ihre Chancen, auch nur eine Andeutung von Gleichgewicht zu erreichen, zunichte machen, »die emotionale Gesundheit der amerikanischen Männer gefährdet bleibt«[7].

Ein weiteres Ergebnis dieser richtungweisenden Untersuchung war, daß die »traditionelle« Aufteilung zwischen Männern und Frauen – die Männer arbeiten und tun, die Frauen versorgen und fühlen – einfach nicht mehr existiert. Auf sehr eindringliche Weise machte die Studie deutlich, daß das Familienleben eines Mannes, seine Ehe und seine Kinder für sein Glücksempfinden und seine Identität ebenso wichtig sind wie für die einer Frau[8]. Sie bestätigte, was andere aktuelle Forschungsarbeiten zeigen, daß nämlich »mehr Männer bereit sind, Gehaltserhöhungen und Beförderungen zu opfern, um Zeit für ihre Familien zu haben«[9]. So sehen heute die privaten, wahren Überzeugungen der Männer aus. Damit stehen sie jedoch in krassem Gegensatz zu der Definition von einem guten Mann (und guten Ernährer), mit der diese Männer aufgewachsen sind. Diese Definition hatte vielleicht vor vierzig Jahren ihren Sinn, als ein Mann im Gegenzug für seine harte Arbeit erwarten konnte, daß seine Firma sich ein Leben lang um ihn kümmerte. Im Licht der neuen ökonomischen Realitäten des Stellenabbaus und des Aussterbens von unternehmerischer Loyalität rächt es sich, wenn man an dieser Definition festhält. Der Widerspruch zwischen dem Bild, das heutige Männer tatsächlich von sich haben, und den alten Botschaften, die in ihren Köpfen herumschwirren, vermittelt ihnen das Gefühl, in einer Zwickmühle zu stecken, eingeklemmt zwischen dem Menschen, der sie sein sollen, und dem, der sie sein möchten, zwischen der Art, wie sie arbeiten sollen, und der Art, wie sie leben möchten. Heutzutage ist es ausgesprochen gefährlich für das Wohlgefühl eines Mannes, wenn er seiner Arbeit gestattet, über seinen Selbstwert und seine Identität zu befinden.

Mein Mann mußte für diese Erkenntnis Lehrgeld bezahlen. Als ich gerade die Hälfte dieses Buches geschrieben hatte, entdeckte er, daß seine Stelle im Zuge einer Umstrukturierung des Organigramms gestrichen werden sollte. Mit dem bloßen Bedienen der Löschtaste wurde vieles von dem, was ihn als Person ausmachte und was ihm persönlich am Herzen lag, einfach weggewischt. Da er früher als die meisten anderen in seiner Firma von dieser Veränderung erfuhr, mußte er ziemlich lange so tun, als sei er immer noch derselbe wie vorher. Als ich eines Abends bei einer firmeninternen Veranstaltung neben ihm stand, konnte ich beobachten, mit welchem Respekt und welcher Ehrerbietung die Leute ihn behandelten. Er verdiente beides. Jemand kam zu mir und erzählte mir, wieviel die Leute von meinem Mann hielten. Ich fragte mich, ob er so nette Dinge über ihn sagen würde, wenn er nicht mehr der zweite Mann in der Firma wäre. Ich fragte mich, ob mein Mann sich die gleiche Frage stellte. In dem Augenblick wußte ich, daß er eine ganze Weile brauchen würde, um den Mann von der Arbeit zu trennen. Es war lange her, seit er es zuletzt hatte tun müssen.

Die Rolle vom Mann trennen

Da die Botschaften über Arbeit und Männlichkeit so miteinander verflochten und verhakt sind, macht jede nähere Untersuchung dieses Themas die meisten Männer bestenfalls reizbar. Möglicherweise wollen sie ihren Job kündigen, glauben aber, das sei nicht möglich, ohne einen Großteil des Männerbildes, das man ihnen vermittelt hat, aufzugeben. Als die Autorin Wendy Kaminer aufhörte, als Rechtsanwältin zu praktizieren, um Schriftstellerin zu werden, sah sie sich dem Neid der Männer ausgesetzt. »Ich kann Ihnen nicht sagen, wie viele Anwälte damals zu mir kamen«, entsinnt sie sich. »Sie sagten dann: ›Ich beneide Sie ungeheuer; ich habe das auch immer machen wollen!‹ Worauf ich erwiderte: ›Kein Problem. Hängen Sie Ihren Job an den Nagel, und mieten Sie sich eine Mansarde.‹ Sie hatten alle möglichen Phantasien darüber. Und sie waren wirklich genauso frei, es zu tun, wie ich. Außer, daß sie es nicht waren.« Die Vorstellung von einem erfolgreichen Mann hing für sie zu sehr mit einem erfolgreichen Arbeitsleben zusammen. Und das war gewiß nicht durch ein unsicheres Einkommen gekennzeichnet. Folglich stecken die Männer, in Ermangelung einer echten Alternative, in der Klemme: Entweder sie arbeiten hart und gelten als erfolgreich, oder sie sind kein richtiger Mann mehr.

Im Gegensatz zu den Männern haben Frauen eine sozial (wenn nicht sogar persönlich) akzeptable Alternative: nach Hause gehen und Ehefrau und Mutter sein. Als ich meine Stelle aufgab, hatte ich sofort eine – wenn auch diffuse und unvollständige – Identität als Mutter. Die Tatsache, daß ich Schriftstellerin wurde und weiterhin Vollzeit arbeitete, ging neben der anderen, gesellschaftlich einleuchtenderen Rolle unter. Hätte mein Mann gekündigt, hätte er eine ganz andere Erfahrung gemacht – er wäre ein arbeitsloser Ex-Irgendwas gewesen. Er würde immer noch durch seine frühere Tätigkeit definiert.

Diese Verbindung zwischen Identität und Arbeit fängt jedoch an zu bröckeln, da die Generation des Babybooms eine Arbeitsplatzunsicherheit erlebt, die ihre Väter nie gekannt haben. Bei einer im Januar 1997 durchgeführten Meinungsumfrage der *New York Times* gaben achtzig Prozent der befragten Männer und Frauen an, daß Bekannte von ihnen – oder sie selbst – in den letzten zwei Jahren ihren Job verloren hatten. Das Opfer, das zum Leben eines Helden gehört, verliert zunehmend seinen Sinn, wenn es nicht anerkannt oder gar nicht gesehen wird. Wenn ein Mann hart arbeitet (oder mitbekommt, wie seine Freunde es tun) und trotzdem entlassen wird, sinkt der Anreiz zur Aufrechterhaltung dieses Modells, das in der vorherigen Generation funktionierte, auf nahe Null. Dennoch müssen Männer, wenn sie sich über die stille, tödliche Folge der Ernährergleichung – »Die Unfähigkeit, erfolgreich zu sein, beweist, daß der Mann selbst nichts taugt« – hinwegsetzen wollen, eine ungeheure innere Neuorientierung vornehmen. Für viele ist es immer noch besser, in den Sielen zu sterben. Falls die Versicherungsstatistiken korrekt sind, tun Männer nämlich genau das – im Durchschnitt vier Jahre früher als Frauen.

Und doch wissen sie, daß etwas faul ist. Man frage nur den Vater einer kleinen Tochter, ob er möchte, daß sie später einmal in der Lage ist, das gleiche für ihren Lebensunterhalt zu tun wie er. »Selbstverständlich!« wird er darauf erwidern. Dann frage man ihn, ob er möchte, daß sie genauso arbeitet wie er. Die Antwort wird nicht lange auf sich warten lassen: »Nie und nimmer!« Für eine wachsende Zahl von Männern ist die Arbeit mittlerweile etwas, für das es sich einfach nicht zu sterben lohnt.

Eine der verblüffenden statistischen Zahlen in bezug auf die heutigen Männer besagt, daß achtundvierzig Prozent der verheirateten und mit ihren Männern zusammenlebenden Frauen die Hälfte oder mehr des Familieneinkommens erwirtschaften. Und wenn eine Frau getrennt lebt, geschieden, verwitwet oder alleinerziehend ist, liegt der Prozentsatz sogar noch höher, nämlich bei vierundsechzig Prozent[10]. Frauen sind in immer stärkerem Maße die Hauptverdiener. Diese tiefgreifende Veränderung stiftet unweigerlich Verwirrung, denn die Rollen lösen sich aus ihrer ökonomischen Verankerung. Wenn wirtschaftliche Faktoren nicht mehr ausschlaggebend sind für die Rolle, die ein Mensch in einer Beziehung spielt, erkennen wir allmählich, wie zählebig die alten Botschaften sind. Wir haben sie verinnerlicht und sehen ihr Spiegelbild in den Strukturen und Einstellungen am Arbeitsplatz und in unseren Gemeinschaften. In der Praxis dagegen ist es mit der Ausschließlichkeit des Mann-gleich-Ernährer-Modells endgültig vorbei.

Wenn aber ein Mann nicht mehr der Ernährer sein *muß*, wer ist er dann, und warum arbeitet er? Michael Lancaster, ein fünfzig Jahre alter Unternehmensstratege für eine internationale Technologiefirma, hat vor kurzem viel Zeit damit verbracht, sich diese Fragen zu stellen. Nach fast dreißig Jahren in seinem Unternehmen hatte er die vielen Reisen und den Druck am Arbeitsplatz satt, aber ihm blieben noch zwei Jahre, bis er ein volles Anrecht auf die ihm angebotenen großzügigen Aktiengewinne hatte. Eigentlich besaß Mike genug Geld, um sorgenfrei zu leben, und seine Frau Linda hatte das hohe Gehalt einer sehr erfolgreichen Software-Entwicklerin. Sie überlegten gemeinsam, die New Yorker Gegend zu verlassen, um ein anderes Leben zu führen, und hatten sich gerade zu einem Zweijahresplan in diese Richtung entschlossen, als sie herausfanden, daß Mikes Posten aufgrund einer Umstrukturierung gestrichen werden sollte. Er wurde nicht aufgefordert zu gehen – im Gegenteil, der Chef der Firma überschlug sich fast, um Mike davon zu überzeugen, wie wertvoll er für sie sei –, sondern bekam weniger verantwortungsvolle, weniger wichtige Stellen angeboten.

Statt diesen Vorfall zu nutzen, um das, was ihn an seinem Job gestört hatte, zu beseitigen, war Mike am Boden zerstört. »Ich empfinde einen schrecklichen Kompetenzverlust«, klagte er. »Und ich hasse es, daß die Leute hinter meinem Rücken über mich reden.« Da einige von Mikes gleichrangigen Kollegen von dem Wechsel profitierten, hatten sie lange vor Mike von der Streichung seiner Stelle erfahren. »Ich fühle mich betrogen und enttäuscht. Diese Burschen hatte ich jahrelang als Partner. Das ist ganz schön demütigend.«

Mikes Frau Linda sinniert kopfschüttelnd: »Wissen Sie, nicht nur Mike ist davon betroffen. Unsere ganze Familie ist erschüttert. Es geht auch gar nicht ums Geld. Ich verdiene genug für uns zum Leben; im übrigen steht die Firma, für die ich arbeite, kurz davor, übernommen zu werden, und ich habe eine Menge Aktien, weil ich von Anfang an dabei war. Es hat mehr mit Mikes Ego und Selbstbewußtsein zu tun. Unser elfjähriger Sohn sagte neulich zu mir: ›Ich hoffe, Papa begeht keine Dummheit.‹ Sogar er berief sich auf Mikes Position – und prahlte vor seinen Freunden mit ihm. Aber Mike ist so verletzt, wir können es alle spüren. Damit ich ihn liebe, muß er keinen großen Job haben; aber er muß sich selbst mögen. Und ich glaube, daß er ohne einen großen Job völlig verloren sein wird. Der Job vermittelte ihm das Gefühl, wichtig zu sein. Und geachtet. Es war sein ganzer Stolz, daß er das Unternehmen mit aufbaute und Leuten half. Ich weiß nicht, wodurch er das ersetzen wird; er bezog so vieles, was er für das Beste an sich hielt, aus seiner Arbeit. Es bricht mir das Herz, das mit anzusehen.«

Mike gibt zu, daß sich zu seinem Gefühl, verraten worden zu sein, auch noch Zukunftsängste gesellen. »Ich hatte immer gesagt, ich würde gerne wieder an eine Schule gehen und Geschichte unterrichten. Aber jetzt weiß ich nicht, ob mich das befriedigen würde. Ich war stolz auf meine Arbeit. Die Leute respektierten mich. Das werde ich sehr vermissen. Ich weiß, ich bin nicht ›Mike Lancaster, Topmanager eines Unternehmens‹, aber ohne meine Position weiß ich gar nicht genau, wer ich bin.«

Mikes Situation ist ein anschauliches Beispiel für die Verflechtung der Arbeit mit dem Ego und der Selbstachtung von Männern. Für Mike gibt es keine gleichwertige Alternative zu dem, was er ein Viertel Jahrhundert lang getan hat. Sogar angesichts einer neuen Art von Freiheit verspürt Mike das Bedürfnis und den Wunsch, durch die Arbeit vervollständigt zu werden. Er gleicht den Figuren des Gilded Age, der amerikanischen »Gründerzeit«, die Edith Wharton in ihrem Roman *Das Haus der Freude* dargestellt hat. »Die Türen standen offen«, schrieb sie. »Aber die Gefangenen hatten vergessen, wie man hinausgeht.«[11]

Ich bin nicht mein Vater (oder doch?): die Rollen in Frage stellen

Der vierzigjährige Andy Rosenthal, Ressortleiter bei der *New York Times*, kennt die Zwickmühle, in der Mike sich befand, nur zu gut. Wie viele seiner Zeitgenossen aus der Babyboom-Generation bemüht sich Andy, unter dem zweifachen Druck von alten Botschaften und einer Arbeitsumwelt, die sich seit der Zeit seines Vaters nicht verändert hat, sein Leben einzurichten. Und nicht nur das, Andy wünscht sich eine gute Karriere *und* ein gutes Leben. Er möchte nicht durch seinen Beruf charakterisiert sein oder seine Arbeit und sein Ego (im besten Sinne des Wortes) unentwirrbar miteinander verknüpft sehen.

Andy ist ein typischer Vertreter seiner Generation. Untersuchungen haben gezeigt, daß die Kinder des »Organisationsmenschen« der fünfziger Jahre ganz andere Wertvorstellungen in bezug auf ihre Arbeit haben als ihre Väter. Weniger auf Konkurrenz, dafür mehr auf Kooperation bedacht und um ihre Familien und Gemeinschaften bemüht, wünschen sie sich eine andere Beziehung zu ihrem Beruf[12]. Nicht, daß sie nicht hart arbeiten wollten, aber wie Andy möchten sie nicht Sklaven ihrer Jobs sein. Genau wie er erinnern sie sich nur allzugut an die Botschaften aus ihrer Kindheit und Jugend über das, was einen Mann wertvoll macht und was nicht.

Als Heranwachsender erkannte Andy ganz klar, daß er in dieser Kultur als Mann eine festumrissene Rolle zu spielen hatte. »Man mußte arbeiten und Erfolg haben und wenn nicht reich, so doch berühmt sein«, erinnerte er sich. »In meiner Familie hatte ich einen Vater mit einer Spitzenkarriere und eine Mutter, die sich hingebungsvoll zwei Jobs widmete: drei Söhne aufzuziehen und meinen Vater in seiner Karriere zu unterstützen.« Als Andys Eltern sich nach achtunddreißigjähriger Ehe scheiden ließen, sah er, welch schweren Verlust seine Mutter durchlitt. »Sie ist einundsiebzig und hat eine Menge wirklich toller Dinge in ihrem Leben gemacht, aber jetzt hat sie das Gefühl, es war alles umsonst.« Andy war entschlossen, anders zu leben. Nachdem es mit seiner ersten Ehe nicht geklappt hatte, verschoben sich seine Werte von »der Vorstellung, ich würde mein Wohlbefinden zu neunzig Prozent aus meinem Beruf und zu zehn Prozent aus meinem Privatleben ziehen, hin zu dem Gedanken, daß ich ein Leben außerhalb der Arbeit hatte, das mir erfüllend und lohnenswert erschien und das nicht damit verknüpft war, ob ich Chefredakteur oder Kaiser von China wurde oder nicht«. Andy heiratete in zweiter Ehe eine Rechtsanwältin und wurde ungefähr ein Jahr später Vater eines Sohnes. Und mit der Geburt seines Kindes stellte Andy fest, daß er sich plötzlich mitten in einer regelrechten Schlacht gegen all die alten Rollen und Anweisungen befand.

Sein Leben nicht auf der Arbeit aufzubauen bedeutete für Andy unter anderem, ein guter Vater zu sein und einen großen Teil der Verantwortung für die Versorgung seines Sohnes zu übernehmen. Nachdem seine Frau wieder angefangen hatte zu arbeiten, kamen sie wechselweise am Abend früher von der Arbeit nach Hause. »An den Tagen, wenn ich dran bin, muß ich aufstehen und zur Tür hinausgehen, auch wenn ich gerade mitten im Satz bin. Ich empfinde diese Situation als sehr kompliziert. In gewissem Sinne habe ich ein gutes Gefühl dabei – weil ich die Aufgaben, die ich für wichtig halte, erfülle, meiner Verpflichtung gegenüber meinem Kind und meiner Frau nachkomme und meine Vorsätze ernst nehme. Aber gleichzeitig beunruhigt es mich sehr, denn mir ist eingetrichtert worden, daß die Arbeit eine höhere Berufung ist als das Vatersein und daß ich meine höhere Berufung zugunsten der niedrigeren aufgebe. Ich gehe mitten aus einer Vielzahl von Verpflichtungen zur Tür hinaus und kann mich nicht von der Vorstellung freimachen, daß ich die Arbeit erledigen muß, wenn sie anfällt. Denn das hat man mir beigebracht. Ich versuche, mich selbst nicht danach zu beurteilen, bemühe mich um eine andere Sichtweise, aber es ist sehr schwierig. Denn ein Teil der Arbeitsmoral, die man mir vermittelt hat, hieß: Du tust es einfach.«

Andy gibt zu, daß er bei dem Gedanken, ein Kind zu haben, immer befürchtet hatte, er würde nicht die Kraft aufbringen, die Arbeit beiseite zu schieben und sich auf das Kind zu konzentrieren – und schließlich genauso wie sein Vater sein. Er stellte fest, daß es »außer meinen Freunden nicht viele Zeitgenossen in Ordnung finden, in erster Linie Vater zu sein«. Am Arbeitsplatz machte Andy die Erfahrung, daß Leute, die sich vordergründig solidarisch gaben, ihre Bemerkungen darüber machten, wie lange Andy nach der Geburt seines Sohnes der Arbeit ferngeblieben war (nämlich zwei Wochen). »Es rief mich zwar niemand an und sagte: ›Sie müssen wieder zur Arbeit kommen.‹ Aber als ich zurückkam, war die Botschaft, daß das nicht richtig gewesen war, ziemlich klar. Die Leute konnten eben nicht einfach herkommen und sagen: ›Was sind Sie eigentlich? Ein fauler Trottel? Was sind Sie überhaupt für ein Mann?‹ Einer fragte mich: ›Was haben Sie denn die zwei Wochen über gemacht? An der Wiege gestanden und ihren Sohn bewundert?‹ Die darin enthaltene Botschaft lautete: ›Zeit zu Hause zu verbringen ist unnütz, Zeit bei der Arbeit zu verbringen ist nützlich. Und Sie sind eine Niete.‹«

Trotzdem beschloß Andy, offen zu seinen Prinzipien zu stehen. Ungefähr einen Monat später nahm er noch einmal drei Wochen frei, obwohl seine Firma keinen Vaterschaftsurlaub gewährt. »Ich wollte beweisen, daß es möglich ist, sich frei zu nehmen. Daß man durchaus eine männliche Person mit einer großen Karriere sein und sich für seine Kinder frei nehmen kann. Da nämlich viele meiner Kollegen hier Babys haben, wollte ich ihnen klarmachen, daß sie Urlaub nehmen konnten, wenn sie nur wollten. Daß es lächerlich und nicht einmal produktiv ist, Dinge vorzuschieben, damit Männer das Gefühl haben, sie können nicht freimachen. Aus welchem Grund sollte man eine Gruppe von Männern herumhocken und Trübsal blasen lassen, nur weil sie keine Zeit hatten, eine Beziehung zu ihrem Baby aufzubauen? Dann erledigen sie nicht einmal ihre Arbeit richtig.«

Allerdings hatten diese Prinzipien für Andy auch noch eine andere Seite. Sie forderten ihren Preis von ihm. Er stellte fest, daß er, wenn er Urlaub nahm und zu vernünftigen Zeiten Feierabend machte, vermutlich nicht den großen Erfolg haben würde, den er von seiner Erziehung her haben sollte. »Warum muß ich mich zwischen dem Erfolg im Beruf und dem Erfolg als Vater entscheiden?« fragte er, in vollem Bewußtsein der Tatsache, daß berufstätige Mütter sich diese Frage fast jeden Tag stellen. »Vielleicht kann man nicht Gipfelstürmer und ein guter Vater zugleich sein. Also ringt man sich möglicherweise zu einer Entscheidung durch. Nachdem man zwei Drittel des Aufstiegs geschafft hat, kommt man zu der Erkenntnis, daß man sich dort pudelwohl fühlt.« Leichter gesagt als getan, wenn ein Mann sich selbst danach beurteilt, wieviel von seinem Potential er in seiner Karriere verwirklicht hat.

So gut es Andy gelang, mit seinen Ambitionen ins reine zu kommen, so wenig war er auf seine Ambivalenz in bezug auf seine Ernährerrolle vorbereitet. Schließlich hatte er eine Frau, die berufstätig war und gut verdiente. Ein paar Monate, nachdem sie wieder angefangen hatte zu arbeiten, kam der Gedanke in ihr hoch, zu Hause bei ihrem Baby zu bleiben, was bei Andy sehr gemischte Gefühle hervorrief. Er hatte zwar Verständnis für ihren Wunsch, war in diesem Punkt selbst aber zutiefst zerrissen. »Ich hatte immer behauptet, ich wolle nicht meine Mutter heiraten, sondern eine Karrierefrau, die ihre eigene Identität – und das hieß für mich: einen Beruf – hat. Aber jetzt, wo wir dieses Kind haben, fände ich es in Ordnung, wenn sie zu Hause bleiben wollte. Über meine eigenen Gefühle bin ich mir allerdings nicht im klaren. In gewisser Weise beunruhigt es mich. Ich fürchte, es könnte all den Tendenzen in mir Vorschub leisten, die sich mühelos mit dem Gedanken abfänden, daß ich bloß ein arbeitendes Individuum und keine ganze Person bin, und ich könnte mich in dieser Rolle – meine Frau und meine Kinder sind eine von mir getrennte Einheit, die ich zu Hause besuchen komme – einrichten. Die Rolle des männlichen Ernährers ist für mich auch beunruhigend. Sie ist mit Wut und Enttäuschung verbunden. Ich habe mich so sehr bemüht, ein emanzipierter Mann zu sein, und jetzt habe ich das Gefühl, mein Vater sein zu müssen. Es ist zum Verrücktwerden! Ich habe so lange gebraucht, bis ich Frauen als gleichberechtigt ansehen konnte, und jetzt kommt es mir vor wie: ›Du wirst wieder zum kleinen Mädchen.‹ Ich weiß, das sind irrationale Gedanken, und ich meine sie eigentlich nicht ernst, und doch sind sie vorhanden.« Wenn Andys Frau sich tatsächlich entschließt, ihre Karriere für eine Weile zu unterbrechen, werden die beiden nach Andys Meinung hart an sich arbeiten müssen, um nicht in Rollen zu verfallen, die sie überhaupt nicht mögen. Andy will nicht auf den Ernährer reduziert werden und dafür auch noch mit der Rolle des Außenseiters in seiner eigenen Familie bezahlen müssen.

Was Andy Sorgen macht, sind aber nicht nur die Rollen; da ist auch noch die Frage des Geldes. »Wir hatten einen Lebensstil, der darauf beruhte, daß wir so unbekümmert wie möglich mit unseren Finanzen umgingen. Wir kauften Autos und Motorräder und buchten teure Urlaube. Wir wohnen in einem schönen Haus. Wenn meine Frau aufhört zu arbeiten, wird sich entweder unser Leben ändern, oder ich werde mir einen noch höheren Posten suchen müssen«, sagt er, von keiner der beiden Möglichkeiten sonderlich begeistert. Die eine bedeutet weniger Sicherheit und Annehmlichkeiten und die andere weniger Zeit und Privatleben außerhalb der Arbeit. Andy ärgert sich darüber, daß das die einzig verfügbaren Alternativen sind. Nach Jahren, in denen er versucht hat, seinen Selbstwert nicht nur über den Beruf, den er ausübt, zu bestimmen, hat die Vaterschaft ihm all die alten Normen wieder vor die Füße geworfen.

Der Gedanke, daß ein guter Vater zu sein bedeutet, vermutlich nicht dahin zu kommen, wohin er ohne Familie käme, macht ihm schwer zu schaffen. Er weiß aber auch, daß es zwischen ihm und der älteren Generation einen großen Unterschied gibt. Im Gegensatz zu seinem Vater, der Armut, die Weltwirtschaftskrise und den Zweiten Weltkrieg erlebte, gehört er einer Generation an, die meint, sie hätte qua Geburt das Recht, Fragen zu stellen. Andy schafft es vielleicht nicht ganz, sich den alten Normen zu entziehen, aber wie seine Zeitgenossen kann er anfangen, ohne soziale Mißbilligung provozierende Fragen zu stellen. Er weiß, daß er Teil einer Gesellschaft ist, in der er sich fragen kann: »Werde ich, wenn ich mit siebzig auf mein Leben zurückblicke, glücklicher sein, weil ich meine Frau und meine Kinder habe? Oder weil ich einen Job mit einem tollen Titel hatte?«

Indem Andy seiner Familie und seiner Arbeit den gleichen Wert beimißt, unternimmt er erste Schritte in einem Prozeß der Neubewertung, der schließlich die maßgebende Dominanz der Arbeit über sein Leben und sein Selbstbild brechen wird. Er und seine Freunde, die ihre Rollen ebenfalls in Zweifel ziehen, bewegen sich ganz allmählich von dem Leben und der Wertordnung ihrer Väter weg. In grundsätzlichen Fragen müssen sie an den Fundamenten ihres Lebens rütteln, um ihre Möglichkeiten im Leben zu erweitern. Indem diese Männer (auf einer Basis der Gleichberechtigung) traditionell eher »weibliche« Anliegen und Werte in die Diskussion einbringen, stoßen sie einen Prozeß an, der dazu führen wird, daß sich nicht nur ihre vorbestimmten Rollen ändern, sondern auch die Art, wie das Arbeitsleben selbst funktioniert.

Kultureller Widerstand

Solch revolutionäres Denken ruft starke Reaktionen hervor. Sich von der Gleichung »guter Ernährer gleich guter Mann« zu entfernen bedeutet, sich einem Großteil der Anweisungen über das Mannsein, die Männer von der Kultur erhalten, zu widersetzen. Männer arbeiten immer noch in einer Welt, in der die meisten ihrer gleichrangigen Geschlechtsgenossen die Arbeit so, wie sie ist, alles in allem ganz in Ordnung finden. Der Hinweis darauf, daß sich nicht jeder Mann eine Veränderung des Status quo wünscht, ist sehr wichtig. Für viele Männer (und immer mehr Frauen) stellt ihr Arbeitsplatz nach wie vor einen Rückzugsort dar. »Die Arbeit ist die Welt der Männer. Und wenn die Grenzen erst einmal verwischt sind, verlieren sie ihre Vormachtstellung. Für viele Männer hat ihr Beruf immer noch etwas damit zu tun, die Tür hinter der chaotischen, schmutzigen und undisziplinierten Welt zu Hause zu schließen«, kommentiert Letty Cottin Pogrebin. Das will natürlich kein Mann zugeben, denn es scheint ihn in ein wenig schmeichelhaftes Licht zu stellen. Aber viele Männer lassen es auf andere Weise erkennen. Sie behaupten, ihre Frauen seien besser, geduldiger und nachsichtiger im Umgang mit den Kindern.

Für andere Männer wie Ron, den Verkaufsdirektor eines Zeitschriftenverlags, ist sein Beruf erfüllend und anregend genug, um ihn dafür zu entschädigen, daß er seine Kinder nur wenige Stunden am Tag sieht. Er erklärt, daß er und seine Frau sich in den traditionellen Rollen wohler fühlen – nicht aus bloßer Tradition, sondern aufgrund ihrer jeweiligen Persönlichkeit. Sie lieben beide ihre Arbeit, aber Ron glaubt nicht, daß er dazu geschaffen ist, Vollzeitvater zu sein. Er arbeitet gern und findet, daß seine über zwanzigjährige Karriere Früchte getragen hat. Als er heiratete und Kinder bekam, nahm seine Arbeit eine andere Bedeutung an. Doch anders als bei Andy wurden die Dinge bei ihm durch die Tatsache, daß er Kinder hatte, einfacher und klarer. »Alles änderte sich, als ich Vater wurde. Bis dahin arbeitete Jessica. Wir hatten keine Verpflichtungen und jede Menge Geld. Es stand nicht viel auf dem Spiel. Als aber unser erstes Kind geboren wurde, fanden wir beide übereinstimmend, daß einer von uns zu Hause bleiben und es großziehen sollte. Es ergab sich einfach, daß Jesse es tun wollte und ich nicht. Es hätte auch umgekehrt sein können. Aber ich beziehe jetzt große Befriedigung daraus, Geld zu verdienen. Mein Ehrgeiz ist gewachsen, und ich habe meine Arbeit nie zuvor so genossen. Ich bin stolz darauf, meiner Familie ein angenehmes Leben zu ermöglichen. Im übrigen«, gesteht er, »ist es wirklich von Vorteil, abends nach Hause zu kommen und nicht den ganzen Tag die Autorität sein zu müssen. So kann ich mit meinen Kindern Spaß haben.«

Aber selbst Männer wie Ron spüren, daß sie mehr aus eigenem Antrieb als aus Verpflichtung arbeiten. Ron gibt zwar zu bedenken, daß sie Geld brauchen, sieht aber auch ein, daß das Einkommen genausogut von seiner Frau wie von ihm hätte kommen können. Sie haben sich für die traditionelle Aufteilung entschieden. Hätten beide berufstätig sein wollen, hätten sie vielleicht manches schwierige Zugeständnis machen müssen. Die männliche Ernährerrolle mag zwar ihre Ausschließlichkeit verloren haben, aber sie gefällt den Männern immer noch, weil sie ihnen das Gefühl vermittelt, einen Zweck zu erfüllen und ihren Beitrag zu leisten. Der Anreiz zur Veränderung ist nicht groß, wenn sie zu fünfundsiebzig Prozent gut funktioniert. Und solange die Frauen weiterhin einen Großteil der Hausarbeit erledigen, wird für die meisten Männer ihre Berufstätigkeit auch weiterhin stimmig sein. Nebenbei bemerkt, die Männer, die sich von einem Leben, bei dem die Arbeit im Mittelpunkt steht, verabschiedet haben, kennen die Schwierigkeiten nur allzu gut.

Niemand weiß das besser als Peter Martin, ein früher in Boston ansässiger Zeitungsredakteur. Peter und seine Frau Cathy beschlossen, in eine Universitätsstadt im Mittelwesten zu ziehen, damit sie an einer ausgezeichneten Fakultät eine Stelle in der Lehre mit Aussicht auf spätere Festanstellung annehmen konnte. »Wir gingen mit der Vereinbarung hier weg, daß sie die Hauptverdienerin und ich der Hausmann sein würde«, berichtet Peter. »Theoretisch hatte ich kein Problem damit. Ich war einverstanden. Ich begrüßte es, ja ich war stolz darauf. Praktisch hat es jedoch zu Problemen geführt.« Peter und Cathy gestehen sich ihre Sorgen ganz offen ein; ihre größte Befürchtung ist, der Gegenreaktion in die Hände zu arbeiten, wenn sie unverblümt ansprechen, mit welchen Schwierigkeiten man rechnen muß, wenn man sich über die typischen Geschlechterrollen hinwegsetzen will. Beide legen größten Wert auf die Feststellung, daß ihre Übereinkunft noch im Reifeprozeß begriffen und nicht etwa ein Beispiel dafür ist, warum es nicht funktionieren kann. Ihre Erfahrungen demonstrieren jedoch überdeutlich das Wesen des gesellschaftlichen und sogar ihres eigenen Widerstands gegen eine so revolutionäre kulturelle Veränderung.

»Ich erschrecke die Leute«, erklärt Peter. »Ich engagiere mich einmal pro Woche im Rahmen der Kooperation zwischen Eltern und Lehrern an der Schule meiner Tochter und ernte dafür schräge Blicke von Eltern. Ich sehe förmlich, daß sie denken: ›Was macht denn dieser Mann hier?‹ Ich vermute, manche halten mich für einen Kinderschänder. Andere erweisen mir mehr Ehre, als ich verdiene – als wäre ich ein Heiliger oder ein Held. Wie man sieht, bin ich nichts von alledem. Aber sie können sich einfach nicht vorstellen, was ich da tue und warum ich nicht in irgendeinem Büro sitze.«

Es ist nicht nur sein unmittelbares Wohnumfeld, das Peter mißtrauisch beäugt. »Sowohl meine Eltern als auch meine Schwiegereltern sind entsetzt über mein Leben, beide auf ihre Weise«, sagt er halb resigniert, halb belustigt. »Cathys Eltern haben sicher die Erwartung gehabt, daß sie einen guten Ernährer heiratet. Verstehen Sie mich nicht falsch: Von ihr wurde auch erwartet, daß sie arbeitet. Sie ist im feministischsten Haushalt aufgewachsen, den es damals gegeben haben dürfte. Aber ihre Eltern gingen bestimmt davon aus, daß Cathys Arbeit zweitrangig wäre und sie sich keine Sorgen darüber machen müßte, die Hauptverdienerin zu sein.« Mehr noch, Peter meint, Cathy sei selbst erstaunt über ihre jetzige Situation.

»Obwohl wir es nie laut ausgesprochen haben«, gibt Cathy in einem getrennten Interview zu Protokoll, »kamen wir beide mit der recht traditionellen Vorstellung in die Ehe, daß er wahrscheinlich mehr Geld verdienen und nach herkömmlichen Maßstäben erfolgreicher sein würde als ich. Ich glaube sogar, daß ich mir einen Beruf ausgesucht habe, von dem ich dachte, ich könnte mit einer interessanten Tätigkeit bis zu einem gewissen Grad meinen Lebensunterhalt selbst verdienen und dennoch flexibel sein. Meine Mutter hatte eine Teilzeitbeschäftigung und mein Vater den Vollzeitpart. Das war ein Teil meines Erbes.« Die Tatsache, daß Cathy mehr verdient als Peter in seinem neuen Beruf als freischaffender Schriftsteller, stört an sich weder sie noch ihn. Nur haben sie einfach nicht genug Geld. Ihr Akademikerinnengehalt ermöglicht der Familie keine großen Sprünge, und da, wo das College sich befindet, sind die Jobs für Peter rar.

Cathys größte Sorge ist, daß Peter irgendwann einmal sagt: »Was habe ich mit meinem Leben gemacht?« und die Entscheidungen bereut, die sie getroffen haben. Sie bringt auch zum Ausdruck, daß sie selbst ihr Leben mit einer gewissen Ambivalenz betrachtet. Auf der einen Seite gefällt es ihr, daß ihre Prinzipien sie zu der Übereinkunft gegen die herrschende Kultur veranlaßt haben – sie ist froh, daß ihre Tochter mit ausgeprägten, nicht geschlechtsgebundenen Rollenmodellen aufwächst; auf der anderen Seite gibt sie zu, daß sie eine Reihe unerfüllt gebliebener Erwartungen hat, sich nicht umsorgt fühlt und überhaupt nicht diejenige sein möchte, die für die soziale Absicherung zuständig ist. »Ganz banal gesagt: Warum führe ich kein angenehmeres Leben? Wenn ich so zurückschaue«, bemerkt sie, »habe ich erwartet, daß sich alles durch meinen Mann ergeben würde. Vielleicht mache ich mir ja etwas vor, aber ich habe nicht das Gefühl, von ihm enttäuscht worden zu sein – ich meine im Gegenteil, daß er sehr offen gewesen ist. Ich möchte einfach nur, daß meine Tochter neue Kleider trägt und Privatschulen besuchen kann. Und ich habe wirklich Angst, daß Peter es irgendwann bereut, seine Karriere für mein berufliches Glück geopfert zu haben. Daß er dann sagt: ›Und dafür habe ich alles aufgegeben?‹«

Peter meint, er mache sich wegen des Ausstiegs aus seiner Karriere eigentlich keine Sorgen; ironischerweise ist es Cathy, die das am meisten beschäftigt. Sie gibt zu, daß sie immer noch von dem kulturellen Diktat darüber, was Männer zufrieden macht, beeinflußt ist, auch wenn sie verstandesmäßig nicht davon überzeugt ist. Sie möchte nicht, daß Peter in seinem Leben auf konventionellen Erfolg verzichten muß. Außerdem möchte sie eigentlich nicht ihr Leben lang die Hauptverdienerin sein. Sie fürchtet, ihre Tochter hätte letztlich den Preis dafür zu zahlen, daß ihre Eltern außerhalb des Dunstkreises herkömmlichen Erfolgs leben. Unter dem Eindruck solcher Ängste ist es schwierig, die wenig geachtete andere Seite der Gleichung zu würdigen – daß ihre Tochter ohne das Vorbild festgelegter Geschlechterrollen aufgewachsen sein und gleich viel Zeit mit dem Vater wie mit der Mutter verbracht haben wird.

Dadurch, daß Peter und Cathy Wege außerhalb der Konvention beschritten, war es ihnen vergönnt, ganz deutlich den kulturellen Ballast zu sehen, den nicht nur andere, sondern auch sie selbst mit sich herumtragen. Sie kennen die starke Anziehungskraft der Werte, die mit den erwarteten Rollen einhergehen. Sie hält immer noch die meisten Männer davon ab, an einem anderen als dem traditionell männlichen Leben teilzuhaben. »Der Preis, den ein Mann zahlen muß, wenn er sich für eine unübliche Alternative entscheidet, ist zu hoch«, meint Pogrebin. »Er gilt dann als Versager und gehört nicht mehr zur Mannschaft dazu. Die Männer opfern kein Geld für Zeit, weil man sie sonst abschießt.«

Abschied vom Schubladendenken

Trotz all ihrer aufrichtigen Zweifel und Experimente betrachten Andy, Ron und Peter ihr Leben immer noch innerhalb der Begrenzungen einer Schublade, die rundherum aus den in unserer Kultur vorherrschenden Meinungen über Arbeit und Männlichkeit besteht. Ihre Vorstellungen von dem, was Erfolg, Mittelmäßigkeit und Versagen ausmacht, haben immer noch große Ähnlichkeit mit denen ihrer Eltern. Sogar Peter, der mit voller Absicht die Konvention mißachtet, sagt, er habe den Versuch aufgegeben, erfolgreich zu sein. Er hat es jedoch lediglich versäumt, Erfolg nach Maßstäben, die seinem Leben entsprechen, neu zu definieren. Ohne eine Gruppe gleichgesinnter, aufgeschlossener Abenteurer ist das allerdings auch so gut wie unmöglich. Peter erzählt, in seinem Wohnviertel gebe es noch andere »hinterherzottelnde Ehegatten«, aber jeder Ansatz einer Diskussion über die logistischen oder gar psychischen Probleme, die mit einer Karriere in dieser entlegenen Gegend verbunden sind, münde schnell in oberflächlichem Geplauder. Keiner der Männer ist es gewohnt, seine Probleme innerhalb einer solidarischen Gemeinschaft zu lösen. Sie verhalten sich immer noch wie einsame Wölfe. Keine erfolgreiche Karriere zu haben ist für diese Männer nach wie vor so schmachvoll, daß sie lieber jeder für sich bleiben, statt über das, was sie unglücklich macht, zu diskutieren.

Wenn Männer anfangen wollen, eine weitergefaßte Definition von Erfolg zu entwickeln, wenn sie aus der Schublade herauskommen wollen, brauchen sie nur die nächsten Frauen in ihrem Leben zu bitten, ihnen bei einem alternativen Modell zur Seite zu stehen. Denn die Grenzen des Erfolgs sind den Frauen wahrlich vertraut. Als ewige Außenseiterinnen haben sie einen viel schärferen Blick für das, was an ihrer Art zu arbeiten überflüssig ist. Diesen Blick verdanken sie ebender Tatsache, daß sie jeden Tag in einer Welt arbeiten, die auf die Belange der Männer, nicht auf die der Frauen zugeschnitten ist. »Sehr wenige Frauen lassen sich mit der gleichen Konsequenz auf das System ein wie die Männer«, sagt Anna Quindlen. »Ich glaube, daß viel mehr Frauen das Spiel einfach mitspielen, um zurechtzukommen, sich jedoch an einem bestimmten Punkt in ihrem Leben sagen: ›Arbeit ist, was ich tue, nicht, was ich bin.‹ Während Männer immer noch so einer Art Arbeit-ist-alles-

Prinzip verhaftet sind.« Und man wird kaum den Wunsch beziehungsweise die Fähigkeit entwickeln, in einem kreativen Prozeß eine andere Arbeitswelt zu entwerfen, wenn die bestehende zum größten Teil noch funktioniert.

Ein paar Dinge bewegen die Männer dennoch dazu, sich ganz neu anzuschauen, wer sie sind und was sie wert sind. Da die Jobs, von denen sie abhängig waren, immer unsicherer werden, tut sich die Frage einer Wahl im Rahmen der Arbeit auf. Sie erleben, wie ehemalige Kollegen ihr eigenes Unternehmen aufziehen (anfangs eher aus Not als aus einer Tugend heraus, kommen sie dann aber trotzdem voran). Sie sehen, wie die Frauen in ihrem Leben neue Beziehungen, sei es zeitlicher oder örtlicher Natur, zu ihrer Arbeit aufbauen und ebenso gute oder noch bessere Einkünfte erzielen als sie selbst. Wenn Männer wie Andy sich bemühen, ein gleichwertiger Teil ihrer Familie zu sein, verstehen sie auch, welche schmerzlichen Kompromisse man dafür eingehen muß. Und wenn Männer erfahren, was es heißt, ein Stück weit von der ökonomischen Last der Männlichkeit befreit zu sein, beginnen sie zwangsläufig, unter neuen Vorzeichen über Arbeit und Erfolg nachzudenken.

Zusammengenommen wirken diese Veränderungen auf die Schaffung sinnvoller Wahlmöglichkeiten für Männer hin – einer Wahl nicht nur zwischen beruflichem Erfolg und Privatleben, sondern zwischen verschiedenen Vorstellungen von Erfolg. Damit hat sich für die Männer die Tür zu einer Neubestimmung und -bewertung ihres Lebens einen Spalt weit geöffnet. Solange beide Geschlechter ihr Leben innerhalb der engen Grenzen der traditionellen Erfolgsschublade sahen, verübelten die Männer den Frauen ihre vermeintliche Wahlmöglichkeit, während die Frauen sich darüber ärgerten, daß sie zu einer Wahl gezwungen wurden. Als Letty Cottin Pogrebin *Growing Up Free* schrieb, interviewte sie einen kleinen Jungen, der sagte: »›Mädchen haben's gut: Sie können Röcke *oder* Hosen anziehen.‹ Soweit die Wahrnehmung dieses kleinen Jungen, der meinte, Mädchen hätten mehr Privilegien, weil sie wählen könnten. Kein Mann möchte aber einen Rock tragen; das ist nichts, was ein Mann sich sehnlichst wünscht. Ich kenne auch nicht allzu viele Männer, die gerne ausschließlich Haushalt und Familie versorgen möchten; sie wollen vielmehr, daß jemand Vertrauenswürdiges sich ausschließlich um ihren Haushalt und ihre Familie kümmert. Sie wären vielleicht froh über das Einkommen ihrer Frau, aber wenn sie es nicht unbedingt brauchen, finden sie es genauso gut, wenn ihre Frau zu Hause bleibt. Damit fühlen sie sich immer noch sehr wohl. Die Frauen dagegen überhaupt nicht; sie sehen sich ebenso unter Rechtfertigungszwang wie die Frauen in den fünfziger und sechziger Jahren, wenn sie außerhalb des Hauses berufstätig waren.« Wenn wir die Schublade erst einmal aufgegeben haben, bekommen die verschiedenen Möglichkeiten plötzlich ein völlig anderes Gesicht. Die »arbeitsfremden« Werte gehen dann sofort in die Diskussion mit ein. Unsere Definition dessen, was erfolgreich und wertvoll ist, weitet sich auf die Dinge im Leben aus, die außerhalb der Glastürme und Fabriken vor sich gehen, solange die Sonne am Himmel steht. All jene Dinge, die wir jahrelang als etwas Abgespaltenes und Unebenbürtiges betrachtet haben.

Solange wir an den alten Rollen und Erfolgskonzepten festhalten, bleiben uns notgedrungen nur zwei Alternativen: Entweder wir arbeiten, oder wir gehen nach Hause. Indem wir aber diese Alternativen akzeptieren, übersehen wir, worum es eigentlich geht: um die Tatsache nämlich, daß sie eine überholte, künstliche Aufteilung des menschlichen Lebens widerspiegeln. Das Entweder-Oder unserer

Optionen ist lediglich ein Überbleibsel aus einer anderen Zeit, das Männern wie Frauen nicht mehr entspricht. »Ich glaube, der nötige Wandel muß sich im ›Und‹ statt im ›Entweder-Oder‹ vollziehen«, bemerkt Gloria Steinem. »Es ist nicht so, daß wir entweder in den Unternehmen arbeiten oder außerhalb mit unseren eigenen Firmen Werte und Muster verändern. Wir müssen beides tun. Und wir würden es ohnehin tun, weil die Frauen Arbeit brauchen.« Wenn Männer ihre Stelle verlieren oder sehen, wie ihre Altersgenossen das Alles-oder-nichts-Modell der Arbeit über den Haufen werfen, gestattet ihnen das, (in Würde) ein ungeteiltes, ausgeglichenes Leben für sich zu entwerfen. Sie dürfen ihre Wertvorstellungen in bezug auf sich selbst so verändern, daß all die Anteile ihres Lebens, die der Arbeitstag ausschließt, darin Platz finden.

Die Geschenke des Wandels

Es mögen äußere Anlässe sein, die Männer dazu zwingen, nach Alternativen zu suchen, aber gleichzeitig zeigen auch starke innere Impulse ihre Wirkung. Wie Warren Farrell sagt: »Der Gewinn für den Mann liegt darin, daß er mit der Entdeckung seiner Kinder auch erkennt, worum es im Leben geht. Er ist direkt mit der Liebe verbunden, während er vorher nur indirekt mit ihr in Kontakt war. Das Problem am männlich geprägten System war, daß der Mann um so weiter von den geliebten Menschen weg sein mußte, je mehr Geld er für sie verdiente. Das nenne ich die männliche Tragödie. Der Anreiz dafür, daß die Männer ihr Leben und ihre Rollen neu bewerten, liegt darin, daß sie direkt mit der Liebe verbunden sein werden. Dann wird ein Mann für die Mahlzeiten, die er kocht, geschätzt und nicht dafür herabgesetzt, daß er nicht da war, als das Essen gekocht wurde.«

Gloria Steinem pflichtet ihm bei: »Was die Männer umbringt, ist die Männerrolle. Wenn man aus der Todesstatistik die Männer herausnimmt, deren Tod mit Fug und Recht dem Arbeitsstreß und der männlichen Rolle zugeschrieben werden könnte, hätten Frauen und Männer nahezu die gleiche Lebenserwartung. Das ist also kein schlechtes Geschäft«, folgert sie. »Der Mann wird ein vollständiger Mensch, statt seine ›weiblichen‹ Aspekte zu hassen und sich von Frauen zu distanzieren, weil sie diese Eigenschaften in ihm wachrufen. Und er lebt sogar länger.«

Obwohl diese Sichtweise aus einer gewissen Tiefe und Reife entsteht, erkennen bereits viele junge Männer zwischen zwanzig und dreißig, welche Weisheit darin liegt, alle Optionen in ihrem Leben als gleichwertig anzusehen. Sie bauen sich eine Zukunft, die auf einen tiefgreifenden Unterschied in ihrem Wertsystem schließen läßt. Ihnen ist klar, daß die Annahme, Arbeit währe ewig, ihr Leben zu einem gefährlichen, geradezu irrsinnigen Unterfangen machen würde. Diese jungen Männer und Frauen wuchsen mit der Realität berufstätiger Mütter auf. Als sie volljährig wurden, waren sie davon überzeugt, daß beide Geschlechter die gleichen Fähigkeiten besitzen. In den Augen dieser Gruppe sind die private und die berufliche Welt zusammengerückt. Die Mauer zwischen Arbeits- und Privatleben, die auf der Trennungslinie zwischen den Geschlechtern erbaut worden ist, scheint zu bröckeln.

Die Beraterin Janet Andre berichtet, daß sie viele »X-Chromosomen«-Männer kennt, die sagen, ihr Privatleben sei ihnen ebensoviel wert wie beruflicher Erfolg. Ihrer Meinung nach »beeinflussen Frauen die Männer. Ich habe einen achtundzwanzig Jahre alten Freund, der auf eine der Militärakademien ging und die Offizierslaufbahn einschlug. Vor kurzem hat er eine äußerst leistungsorientierte Frau geheiratet, die gerade ihr Examen als Wirtschaftsprüferin ablegt. Er selbst hat im Moment eine anspruchsvolle Aufgabe, nach deren Beendigung er vermutlich aus der Armee ausscheiden wird, weil seine Frau nicht Karriere machen kann, solange er seinem Beruf nachgeht, und sie möchte Karriere machen. Das ist der Handel, den sie vor ihrer Hochzeit abgeschlossen haben.« Im übrigen, so Andre, erkenne ihr Freund an, daß seine Frau viel ehrgeiziger sei als er. Seine Interessen lägen eher in der Lehre, der Politik oder einer Regierungstätigkeit. Ihm wäre es lieber, wenn sie mit voller Kraft ins höhere Management einstiege. »Dieser junge Mann hat eine strenge Eliteschule durchlaufen«, betont Andre. »Er ist sehr intelligent und auf Leistung bedacht, aber sie hat aufgrund ihres eigenen Selbstvertrauens einen sehr starken Einfluß auf sein Leben ausgeübt. Und das hat ihm die Freiheit gegeben, zu sein, wer er sein möchte.« Andre meint, wenn ihr Freund und seine Frau Mitte Dreißig seien, stünden sie nicht vor dem Entweder-Oder, das Männer und Frauen zu einer Entscheidung zwischen ihrem Leben und ihrer Karriere anhält. »Um fähige Leute zu bekommen, müssen die Unternehmen ihren Sexismus aufgeben«, sagt sie, »und erkennen, daß die Arbeit auch anders getan werden kann. Das System in Reinkultur, das von einem Mann ausgeht, der sehr wenig Zeit mit seinen Kindern verbringt und eine komplette Versorgungsstruktur zu Hause hat, ist vom Aussterben bedroht. Genau wie die Schulschließung im Sommer. Unser ganzes Schulsystem beruht darauf, daß die Kinder im Sommer frei haben, um bei der Ernte zu helfen, obwohl sie wegen des gesetzlichen Verbots der Kinderarbeit gar nicht arbeiten dürfen. Eine ganze Menge dieser

Leute in den oberen Führungsetagen möchte jetzt für ihre Kinder da sein. Und viele Zwanzigjährige möchten ihr Leben anders gestalten. All das wird eine gewaltige Veränderung erzwingen.«

Die Arbeitsbedingungen werden sich jedoch nicht ändern, solange nicht eine kritische Menge von Männern das verlangt. Und damit das eintreten kann, müssen die Aspekte, die ein Mann an sich selbst und seinem Leben schätzt, einer Neubewertung unterzogen werden. Die Frauenbewegung konnte sich schnell entwickeln, da sie die Werte der Erfolgskultur nicht in Frage stellte; sie kämpfte für eine gleichberechtigte Teilhabe daran. Heute dagegen müssen wir das Spektrum unserer Werte erweitern. Es wird keine echte Veränderung geben, solange es für Männer nicht ebenso achtenswert ist, traditionelle Frauenarbeit zu leisten, wie für Frauen, in die ehemals Männern vorbehaltenen Arbeitsbereiche vorzustoßen. Von diesem Augenblick sind wir vermutlich noch ein oder zwei Generationen entfernt. »Bevor Männer nicht im selben Maße wie Frauen Babys und Kinder aufziehen, ihr Essen selbst kochen und ihren Dreck wegkehren, wird die Arbeit sich nicht verändern«, meint Gloria Steinem dazu. »Ich erlebe immer noch, wie junge Frauen aus dem Publikum aufstehen und fragen: ›Wie kann ich Karriere und Familie in Einklang bringen?‹ Darauf antworte ich immer: ›Das können Sie nicht, solange Männer nicht die gleiche Frage stellen. Ganz allein können Sie es nicht schaffen. Sie können keine Superfrau sein, das ist unmöglich. Sie haben ein Anrecht auf einen Partner und eine Gesellschaft, die sich so verhalten, als hätten Familien eine Bedeutung.‹«

Im Augenblick verschiebt sich in der Arbeitswelt das Gleichgewicht der Kräfte, und zwar nicht nur zwischen den Geschlechtern, sondern auch zwischen den Generationen. Das kann unsere alten autoritären Arbeitsstrukturen hinwegfegen. Es kann der Anstoß zur Entwicklung eines Führungsstils sein, der den Menschen von heute, nicht denen von vor vierzig Jahren entspricht. Es liegt im eigenen Interesse der Männer, nicht mehr nach den ungeschriebenen Regeln zu arbeiten. Wenn es stimmt, daß die heutigen Männer ihr Leben außerhalb des Berufs genauso hoch schätzen wie die Frauen – und Forschungsergebnisse sprechen dafür –, müssen sie sich deren Kampf für neue Arbeitsbedingungen und eine andere, weitergefaßte Definition von Erfolg anschließen. Solange es aber so aussieht, als gehörten Fragen des Familien- und Privatlebens in den Kompetenzbereich von Frauen, wird sich nichts ändern. Diese Punkte werden auf der Tagesordnung des Arbeitslebens weiterhin unter ferner liefen auftauchen. Männer sehen langsam ein, daß eine Veränderung der Arbeitswelt ihnen einen enormen psychischen, emotionalen und physischen Nutzen bringen wird. Sie werden ihr eigenes Leben führen, ihre Kinder richtig kennenlernen und ihren Beitrag zum Gemeinschaftsleben leisten können. Sie können ein tieferes, vielschichtigeres Gefühl für ihre Identität und ihren Selbstwert entwickeln, dem mehr als nur ihre berufliche Tätigkeit zugrunde liegen wird. Sowohl Männer als auch Frauen haben ein berechtigtes Bedürfnis nach anspruchsvoller Arbeit und einem lohnenswerten Privatleben. Gemeinsam werden sie die notwendigen Veränderungen herbeiführen.

Kapitel 10

Balance und Sinn

Julia, eine einundzwanzigjährige Barnard-College-Studentin im letzten Studienjahr, sagt, sie wünsche sich einen sinnvollen und spannenden Job. Irgend etwas im öffentlichen Bereich – oder in den Medien. Das weiß sie noch nicht genau. Es gibt aber ein paar Dinge, die für sie so sonnenklar sind, daß sie ihr fast schon selbstverständlich erscheinen. Julia ist sich sicher, daß sie in jedem Job, um den sie sich bemüht, gleichberechtigte Einstiegschancen hat. Sie ist überzeugt, die gleichen Fähigkeiten wie jeder Mann zu besitzen und das gleiche Gehalt zu bekommen. Irgendwann, glaubt sie, werde sie eine Familie haben, und ihr Partner werde Hausarbeit und Kindererziehung zu gleichen Teilen mittragen. Sie geht nicht davon aus, daß sie immer in derselben Gegend oder vierzig Jahre lang im selben Unternehmen arbeiten wird. Arbeitsplatzsicherheit bedeutet für Julia, überall einsetzbare Fertigkeiten zu besitzen, und eine erfolgreiche Karriere ist ihrer Ansicht nach eine ebenso unbrauchbare Lebensversicherung wie ein Mann. Sie ist der Meinung, daß die Wirtschaft einzig und allein an der Wirtschaft interessiert ist. Für Julia ist eine Karriere wichtig und durchaus ein Schlüsselelement ihrer künftigen Identität. Aber sie hat, wie sie sagt, nicht die Absicht, alles auf eine Karte zu setzen. Sie ist volljährig geworden in einer Welt, in der Stellenabbau und Umstrukturierung statt Wachstum und ewiger Verheißung regieren und in der Führungskräfte nur an Kürzungen, nicht an Expansion interessiert sind.

Der Gedanke, nicht zu arbeiten, kommt Julia gar nicht in den Sinn. Ebensowenig ist sie davon überzeugt, daß Arbeit im Leben alles ist. Sie will hart arbeiten, aber nicht zur Sklavin ihres Berufs werden; was immer sie am Ende macht, wird für sie von Bedeutung, aber nicht alleinseligmachend sein. Eine sinnvolle Tätigkeit auszuüben ist ihr wichtiger, als eine Machtposition zu erlangen. Worauf sie sich freut, unterscheidet sich nicht so wesentlich von dem, was ich mir in ihrem Alter gewünscht habe: Unabhängigkeit, Herausforderungen, Freiheit, Liebe und Mitwirkung. Ich glaube aber, daß sie über diese Dinge etwas weiß, was ich damals nicht wußte, nämlich daß sie auf vielen verschiedenen Wegen von vielen verschiedenen Seiten kommen können. Julia hat zwar die gleiche Vorstellung von dem konventionellen Erfolg, der für sie erreichbar ist, aber dieses Bild gibt in ihren Augen nur eine von vielen sozial annehmbaren Möglichkeiten wieder. Da der berufliche Erfolg kein Garant mehr für Sicherheit und gesellschaftlichen Rang ist, hat Julia andere, nicht weniger reizvolle Optionen. Sie verläßt sich nicht mehr darauf, daß eine Karriere oder ein Mann ihr einen Platz in der Welt zuweist – über einen solchen Gedanken kann sie nur lachen. Ich frage mich, was meine Mutter von Julia halten würde; für mein Empfinden ist sie in ihrer Entwicklung schon sehr weit. Sie versteht bereits mit Anfang Zwanzig, was ich mit einundvierzig langsam begreife. Ich frage mich, was sie in meinem Alter wohl denken wird.

Julia hat nicht vor, ihr ausgeprägtes Selbstwertgefühl aufzugeben, um in ihrer Karriere vorwärtszukommen. Wie andere Menschen dieser Generation, die jetzt in die Arbeitswelt drängt, ist sie davon überzeugt, daß die Kraft zu einem guten Leben in ihr selbst und nicht in Institutionen zu finden ist. Ihre Freundinnen und Freunde haben am lebendigen Beispiel ihrer Eltern erfahren, daß unternehmerische Loyalität nicht mehr existiert und erfolgreiche Karrieren nur allzuoft mit langen Arbeitstagen und ungeheurem Streß erkauft werden. Dieser Einsicht verdankt Julias Generation eine Art Bereitschaft und Fähigkeit, neue Regeln zu erfinden; in bezug auf ihre Zukunft scheinen diese jungen Menschen Freiheit und Furchtlosigkeit auszustrahlen. In der Arbeitswelt sind sie bereits dabei, eine Generationen- statt einer Geschlechterkluft aufzureißen.

Die Frauen, die heute in ihre Karriere einsteigen, sind nicht gewillt, ihre persönlichen Überzeugungen gegen öffentlichen Erfolg einzutauschen. Marie Wilson erinnert sich, wie sie bei der »Feminist Expo« 1996 einen Vortrag hielt und von jungen Frauen aus dem Publikum gefragt wurde, was sie und andere Frauen in ihrem Alter glaubten geopfert zu haben, um dahin zu kommen, wo sie jetzt seien. Daraufhin erzählte Marie die Geschichte von der Managerin, die immer Sängerin hatte werden wollen. Als sie selbst am ersten »Bring-deine-Tochter-mit-zur-Arbeit«-Tag vor einer Gruppe stand, wurde sie von einem der Mädchen gebeten, ihnen ein Lied zu singen – was sie auch tat. Während sie sang, weinte sie um den Verlust der Sängerin, die in ihr lebte. »Das traf mich tief«, erinnert sich Marie an ihre Reaktion auf der Expo. »Was die Mädchen von uns wissen wollen, ist, welche Anteile von uns selbst wir abgetrennt haben. Und sie bedrängen uns, diese Anteile wieder zurückzuholen. Letztlich geht es darum, uns selbst zurückzuholen. Das sagte ich mehrere Male, und ich sah, daß im Publikum einige Frauen angefangen hatten zu weinen. Es war ein bißchen sonderbar, richtig unheimlich – aber sehr real. Ich konnte ganz deutlich erkennen, daß es genau das ist, worum wir alle ringen – unser ganzes Ich in der Welt zum Tragen zu bringen. Das berührte dieses Mädchen, und es berührt mich. Weil wir alle nach einem Weg suchen, das zu bewerkstelligen, aber keine Strukturen haben, die es uns ermöglichen. Als Folge davon unterdrücken so viele von uns jeden Tag so vieles von sich selbst. Und diese jungen Frauen – die haben's begriffen.«

Wir Frauen des Examensjahrgangs 1977 dachten, als wir das College verließen, nicht darüber nach, was wir für den Erfolg würden aufgeben müssen – unser Interesse galt einfach nur dem Erfolg. Weniger um seiner selbst willen als vielmehr aus den sehr legitimen und schwerwiegenden Gründen der Gleichberechtigung und der persönlichen Freiheit. Unsere Zweifel bezogen sich aber nicht auf das System, von dem wir dachten, es würde uns diese Kontrolle über unser Leben bringen, sondern auf seine Ausschließlichkeit, seine Einseitigkeit und seine Diskriminierung. Wir waren felsenfest davon überzeugt, daß wir jede Arbeit, zu der ein Mann fähig ist, auch tun können und tun werden, und richteten unser Augenmerk darauf, in die Ränge des Wirtschaftslebens einzudringen, die ehemals Männern vorbehalten waren. Manches, was wir bekamen, war wirklich wunderbar und manches ganz und gar nicht.

Jetzt stehen wir vor der Notwendigkeit, etwas zu verändern, wenn wir »uns selbst zurückholen«, wenn wir wachsen wollen. Das bedeutet, wir müssen das etablierte Bild des Erfolgs – das uns dorthin gebracht hat, wo wir es jetzt in Frage stellen können – angreifen und uns von ihm trennen. Wir wissen, daß man mit jeder Trennung ein ganzes soziales, wenn nicht sogar ökonomisches System von Belohnungen und Privilegien aufs Spiel setzt. Dennoch sehen wir, daß wir uns mit einer Hand an das Privilegiensystem klammern, während wir mit der anderen versuchen, uns an dem festzuhalten, was uns als Menschen ausmacht.

Falls wir Alternativen gesucht haben, sind wir oft auf äußeren Widerstand und innere Ängste gestoßen. Wir stellten fest, daß wir uns mit einem zu geringen Maß an Lebensqualität zufriedengegeben oder ein zwar großartiges Leben, aber zuwenig Zeit dafür gehabt hatten. Daraus schlossen wir, daß wir unter Einbeziehung der Dinge, die wir aufgeschoben, verkauft oder ignoriert hatten, eine neue Kosten-Nutzen-Rechnung aufstellen mußten. »Die Erfüllung des ›amerikanischen Traums‹ wird immer kostspieliger«, bemerkt Juliet Schor. »Die Menschen bezahlen dafür mit weniger Zeit, einem geringeren Gefühl von Sicherheit und mehr Demütigungen am Arbeitsplatz. All das hat fast automatisch zur Folge, daß zunehmend Leute aussteigen oder sich widersetzen.« Wir begreifen, daß die Dinge nicht von selbst ins Gleichgewicht kommen werden. Das Schweigen, die kleinen Machenschaften und das Machoverhalten im Kollegenkreis sind die Küchenschaben der Arbeitswelt – und sie sind sehr, sehr schwer zu vernichten.

Julias Generation glaubt nicht an die Verheißungen der Arbeit, an die wir damals glaubten. Sie hat nicht die respektvolle Haltung vor den Bildern des Erfolgs, die wir hatten. So wie wir das in den fünfziger Jahren von Talcott Parsons entworfene Modell der Welt – dem zufolge Frauen fühlen, während Männer handeln, und Frauen ihre Identität von den Männern bekommen – ablehnten, hat die nächste Generation die Vorstellung verworfen, daß wir unsere Identität aus der Arbeit beziehen. Für sie ist Arbeit nichts anderes als das, was sie tun. In einem Artikel über die

Rekrutierung von »X-Chromosomen-Männern« in Unternehmen schrieb die Kolumnistin Sue Schellenbarger im *Wall Street Journal*: »Während die Jahrgänge des Babybooms aus Furcht, als ›beruflich unengagiert‹ zu gelten, das Thema des Gleichgewichts in ihrem Leben schweigend übergingen, haben diese neuen Berufseinsteiger nicht die Absicht, sich in diesem Punkt zurückzuhalten.«[1] Da sie keine Lust haben, auf die gleiche Weise zu arbeiten wie ihre Eltern, setzen sie das Thema der Lebensqualität ganz oben auf ihre Liste mit Fragen an ihre zukünftigen Arbeitgeber. Lange Arbeitstage und unflexible Strukturen sind einfach nichts für sie. In einer Welt mit einem ungleichen Machtverhältnis, in der das Unternehmen die Karten in der Hand hält, möchten sie nicht arbeiten. Sie wollen ihre Kinder nicht genauso vermissen, wie ihre Eltern sie vermißt haben. Ihre Vorstellung von Erfolg ist eine andere als die unsrige.

Um mit den Worten der zweiundzwanzigjährigen Sarah Schroeder zu sprechen: »Arbeit ist mir wichtig, und ich möchte wirklich mein Bestes geben. Aber das ist nicht das, wofür ich arbeite. Ich arbeite, um mir die anderen Werte im Leben leisten zu können.«[2] Sarah ist Ingenieurin, und irgend jemand wird sie als Mitarbeiterin brauchen. Wer immer sie einstellt, wird ihre Werte mit einstellen. Das ist der Startschuß für die nächste Generation; das haben sie von uns abgeschaut. So wie wir mehr Möglichkeiten und mehr Kontrolle über unser Leben haben wollten, verlangt diese nächste Generation mehr Einfluß darauf, wie sie arbeitet. Vielleicht weil sie nicht den gleichen Überfluß voraussetzt wie wir damals, stellt sie die Qualität ihres Lebens an den *Anfang* ihrer Tagesordnung. Wenn diese Generation den Begriff von Erfolg auf »die anderen Werte im Leben« ausdehnt, können wir das auch. Besser spät als gar nicht.

Frauen wie Julia erreichen ihre Volljährigkeit am Ende dessen, was unbestreitbar die größte gesellschaftliche Revolution des zwanzigsten Jahrhunderts war: die Wende im Leben der Frauen. Innerhalb von knapp dreißig Jahren hat unser Leben sich auf schwindelerregende Weise verändert. Unser Ziel, den Frauen gleichberechtigte Chancen in der Arbeitswelt zu verschaffen, haben wir zwar noch nicht ganz erreicht, sind aber schon ein gutes Stück vorangekommen. »Worauf wir jetzt hinarbeiten«, erklärt Anna Quindlen, »ist ein völlig neues Konzept davon, wie Menschen leben – nicht nur Frauen, sondern Menschen im allgemeinen. Was wir gerade erleben, ist der Übergang von einer auf Gleichheit ausgerichteten Revolution zum zweiten Stadium, in dem es heißt: ›Wir wollen Chancengleichheit, wir wollen Gleichberechtigung, wir verdienen sie und werden sie bekommen. Wenn wir sie aber erst einmal haben, wollen wir die Art und Weise, wie die ganze Welt arbeitet, humanisieren.‹« Diese »Humanisierung« bedeutet, ein Gleichgewicht herzustellen zwischen Innen und Außen. Zwischen dem Materiellen und dem Spirituellen. Zwischen der Familie und dem Individuum. Und das äußert sich in einer völlig anderen Art zu arbeiten.

Die Segnungen gebrochener Versprechen

Ich erinnere mich ganz genau an den Tag, an dem ich es aufgab, dafür zu kämpfen, daß meine Arbeit für mich wieder stimmte. Der Auslöser war aus jetziger Sicht ein ziemlich unbedeutender Vorfall. Ich war auf Geschäftsreise gewesen, und als ich zurückkam, stellte ich fest, daß ein paar Anzeigen für unseren Spitzentitel ohne Rücksprache mit mir vom Geschäftsführer einer der beiden Verlage, für die ich als Verlegerin arbeitete, gestrichen worden waren. Ich war diesem Mann nicht direkt unterstellt, aber er hatte die Verantwortung für den gesamten Gewinn. Eine derartige Maßnahme konnte man bestenfalls ungeschickt nennen. Obwohl seine Vorgehensweise unter finanziellen Aspekten durchaus verantwortungsvoll war, empfand ich das Abblasen der Werbekampagne als kurzsichtige Entscheidung; es war der einzige Titel in diesem Programm, von dem wir uns überhaupt einen kommerziellen Erfolg erhoffen konnten; und auf die Einnahmen, die er versprach, waren wir dringend angewiesen. Diese Entscheidung schuf auch eine bestimmte politische Situation: Nur einer von uns konnte bei der Gestaltung des Verlagsprogramms das letzte Wort haben, und mir wurde bald klar, daß alles auf ein »er oder ich« hinauslief. Ich wußte, daß ich den Vorfall nicht persönlich nehmen durfte. Wie ein Körper ein transplantiertes Organ abstößt, hatte dieser altgediente Verlagsmann, der viele verschiedene Unternehmensleitungen erlebt hatte, nahezu jeden meiner Schritte abgelehnt. Es war wirklich fast ein instinktives Verhalten, basierend auf seinem besten Wissen darüber, wie man überlebt. Er war keineswegs ein schlechter Mensch, sondern einfach nur ein Mann, der gelernt hatte, an seiner Macht festzuhalten, koste es, was es wolle.

Ich war kaum eine Stunde da, als eine Frau, von der ich wußte, daß sie sich gern mit dem Management gut stellte, in mein Büro kam, um zu sehen, wie ich die Neuigkeit aufnahm. Um ehrlich zu sein, ich glaube, ich habe sie damit enttäuscht, daß ich nicht wütend wurde und nicht schwor, gegen diese Entscheidung vorzugehen. Wie anderen Leuten, denen ich begegnet bin, schien es ihr ein perverses Überlegenheitsgefühl zu vermitteln, wenn ein anderer am Boden lag. Ich selbst war im Laufe meiner Karriere über ein solches Verhalten auch nicht immer erhaben gewesen. Doch in diesem Augenblick wurde mir urplötzlich klar, daß ich solche bizarren Machtspielchen nicht mehr mitspielen konnte. Es war nicht einmal eine Willensentscheidung; ich war fertig damit. Diese Erkenntnis erschreckte mich bis ins Mark.

Ich wußte, daß ich keinen Erfolg mehr haben würde, wenn ich das Spiel nicht mitspielte. Den Mangel an Kampfeslust würde man mir als »Schiß«, als fehlenden Schneid auslegen. Ich fürchtete auch, meine verlegerische Arbeit würde stark darunter leiden. Meiner Erfahrung nach hängt sie nämlich davon ab, mit welcher Vehemenz ein Projekt vertreten wird. Wenn von meiner Seite kein Widerstand kam, würden viele Ausgaben – von denen manche sehr sinnvolle Investitionen waren – am Ende gekürzt werden. Man braucht eine Menge Energie, um so zu arbeiten, und mir gingen plötzlich meine Reserven aus. Deshalb hielt ich es für das beste, zu gehen und jemand anderen mit mehr Begeisterung und Erfolgsdrang das Spiel weiterspielen zu lassen. Ich wußte, daß ich weder mir noch ihnen einen Gefallen täte, wenn ich bliebe.

An diesem Abend diskutierte ich mit meinem Mann darüber, inwiefern meiner Meinung nach die Vertragsbedingungen, unter denen ich meiner Einstellung dort zugestimmt hatte, von der Firma verletzt worden waren. Es gab aber noch einen größeren Vertragsbruch, der für mich jedenfalls folgenschwerer war. Und der bezog sich auf den Vertrag, den ich nicht bloß mit diesem Job, sondern mit meiner Karriere insgesamt geschlossen hatte. Mein unausgesprochener Handel sah vor, daß ich meiner Karriere das Beste geben würde, was ich zu bieten hatte; im Gegenzug erwartete ich die Möglichkeit, Dinge zu bewegen und so weit zu kommen, wie meine Fähigkeiten mich brächten.

Ich wollte für das, was ich zum Ganzen beitrug, respektiert und anerkannt werden, und zwar nicht nur finanziell, sondern auch geistig. Ich wünschte mir die Gewißheit, das Leben der Menschen verbessert und Büchern dazu verholfen zu haben, daß sie gelesen wurden. Als ich anfing, war ich mehr als bereit, vier Jahrzehnte lang jeden Tag für die Identität herzugeben, die ich aus meiner Arbeit und daraus, ein »Jemand« zu sein, beziehen würde. Doch am Ende war ich damit konfrontiert, daß ich zwar meine Arbeit liebte, aber nicht das System, das den Rahmen dafür abgab. Ich fühlte mich betrogen von einer Beziehung, die ich in den Mittelpunkt meines Lebens gestellt hatte. Dieses Versprechen der Anerkennung mag für meinen Vater zu Beginn seiner Laufbahn realistisch gewesen sein, aber als ich meine Karriere beendete, war davon nicht mehr als ein Schatten übriggeblieben. Die Versprechungen, von denen ich meinte, die Arbeit hätte sie mir gemacht, waren überhaupt nie von irgend jemandem unterstützt worden. Doch mit jeder neuen Enttäuschung sank meine Motivation weiter, bis sie auf dem Nullpunkt angelangt war.

Im Rückblick war dieser Tag, an dem die Anzeigenschaltung gestoppt wurde, einer der Höhepunkte in meiner Karriere. Es war der Tag, an dem das Gleichgewicht in meinem Inneren sich verschob und ich anfing, mich nach Arbeit unter meinen eigenen statt unter fremden Bedingungen umzusehen. Ich begann, Verantwortung zu übernehmen. Und endlich machte ich mich daran, einen neuen Vertrag mit meiner Arbeit auszuhandeln, diesmal einen, der dieser schönen neuen Arbeitswelt entsprach.

»Gott sei Dank habe ich letztlich nicht bekommen, was ich wollte«, lacht Ellie. »Sonst wäre ich jetzt noch dort und würde mich mit den großen Jungs herumschlagen. Was wäre mir alles entgangen; ich hatte ja keine Ahnung!«

Nicht daß das Ausscheiden aus ihrem renommierten Geldinstitut ein Spaziergang für Ellie gewesen wäre; eine Menge Zweifel stürzten auf sie ein. »Habe ich das Richtige getan? Würde ich meinen Lebensunterhalt verdienen können? Würde ich als Stadtstreicherin enden? Wer würde meine Rente zahlen? Würde ich Kunden bekommen? Warum sollten sie mich meinem früheren Arbeitgeber vorziehen?« Die Fragen nahmen kein Ende.

»Ich mußte jede Menge schlechter Tage überstehen«, fährt Ellie fort. »In diesen Momenten habe ich es wirklich bedauert, keinen Kollegenkreis zu haben. Aber insgesamt erwiesen sich die meisten meiner Befürchtungen als Phantome und nichts anderes.« Hätte Ellie auf diese Ängste gehört, hätte die Kirche in ihrer Nachbarschaft eine Jugendleiterin weniger, und Ellie hätte nie erfahren, welche ihrer Stärken aus ihr selbst heraus und welche aus ihrem Arbeitsumfeld kommen. Ellie schreibt diesem Tag, an dem sie im Büro ihres Chefs die ungerecht verteilten Bonuspunkte sah, den Beginn einer ganz neuen Lebensweise zu. Die Veränderung ihres Lebens mag zwar schmerzliche Momente mit sich gebracht haben, aber Ellie meint, sie sei zweifellos das beste gewesen, was ihr je passiert sei. »Ich fühle mich jetzt auf einer ganz elementaren Ebene frei. Das bedeutet nicht nur, daß ich soviel arbeite, wie ich will, und nicht unbedingt soviel wie alle anderen, sondern auch, daß ich einen Einfluß auf mein Leben habe, den ich nie für möglich gehalten hätte. Sogar mein Vater kann mich nicht mehr aus der Ruhe bringen. Es hat fünfundvierzig Jahre gedauert, aber jetzt habe ich mein Leben selbst in der Hand. Ich bin endlich erwachsen geworden.«

Ellie ist immer noch Wertpapierhändlerin, tätigt jedoch ihre Geschäfte von einem kleinen Büro in der Nähe ihrer Wohnung aus. Sie verdient nicht mehr soviel wie früher, und einen Titel hat sie auch nicht. Ihren Krankenkassenbeitrag und ihre Zahnbehandlungen muß sie selbst zahlen. Sie war mit allen Insignien der Macht ausgestattet gewesen, doch die hatten ihr nur Lügen ins Ohr geflüstert. Wie Alice im Wunderland nippte sie von dem Zaubertrank, der sie wachsen ließ. Nun sieht sie diese Dinge und die Welt mit ganz anderen Augen und würde das, was sie hat, um keinen Preis wieder hergeben.

Die Macht, von der Ellie spricht, ist eine ganz andere als die, die sie besäße, wenn sie in ihrem Kreditinstitut geblieben wäre. Mittlerweile würde sie vermutlich eine leitende Position im Vorstand innehaben, einen Firmenwagen fahren und das richtig große Geld machen. Aber Ellie hat Macht für sich neu bestimmt. Diese Definition findet sich auch bei Anna Quindlen wieder. Als sie die *New York Times* verließ, sagten die Leute zu ihr, sie gebe ihre Macht auf. »Ich glaube, Macht ist die Macht, zu tun, was man will«, behauptet sie. »Das ist mein ganzer Lebensimpuls: tun zu können, was ich will.« Zu dieser Art von Kontrolle, dieser neuen Definition von Macht gehört, daß sie von den Institutionen um uns herum auf uns selbst verlagert wird. Der vorigen Generation mit ihrem Machtverständnis ist sie ein Schlag ins Gesicht; auch unseren eigenen aufkeimenden Hoffnungen läuft sie zuwider. So viele von uns sind um der Macht willen arbeiten gegangen – nur um mit Anna, Ellie und mir festzustellen, daß wir sie schon immer in uns hatten. Wenn wir nicht das Gefühl gehabt hätten, in den Beziehungen zu unserer Karriere betrogen worden zu sein, hätten wir nie nach dieser unabhängigen inneren Macht zu suchen brauchen. Und hätten nie die Gelegenheit bekommen, Erfolg für uns selbst zu bestimmen.

Das Wichtigste an der Haltung vieler Frauen ist die Tatsache, daß sie ihre Definition von Erfolg mit Bedeutung erfüllt haben. So hat Mary Perkins neu festgelegt, was sie sich wünscht. »Ich möchte gerne davon ausgehen, daß jeder Tag, den ich lebe, ein guter Tag ist, der – für mich oder jemand anderen – einen Sinn hat. Und trotzdem gibt es immer noch Tage, die ich in dieser Firma verbringe und als ›vergeudet‹ betrachte. Nicht vergeudet sind sie erst, wenn ich nach Hause gehen und meinen Mann und mein Kind in den Arm nehmen kann. Oder eine Aufgabe bekomme, die mich intellektuell fordert. Manches, wie zum Beispiel ein uneigennütziger Mensch zu sein, liegt auf einer höheren, geistigen Ebene. Ins Alltagsgeschäft übersetzt, heißt das: ›Wie habe ich mich selbst vorangebracht? Wie habe ich die Welt vorangebracht?‹ Das ist das, wovon ich spreche: Wert.« Indem Mary das, was ihr wichtig war, neu zusammensetzte, nahm sie die Entscheidungsbefugnis darüber, ob sie erfolgreich war oder nicht, wieder selbst in die Hand. Hätte Nancy sich nicht von dem System, das ihr so vielversprechend erschienen war, im Stich gelassen gefühlt, hätte sie nicht darüber hinausgeschaut. Ihr Unglück war der Auslöser dafür, daß sie aufhörte, so viel von sich selbst in ihre Tätigkeit zu investieren; als Folge davon kann sie ihre Arbeit mehr genießen. »Jetzt, wo ich nicht mehr die Größte sein will, macht die Intrigenwirtschaft mir viel weniger aus. Sie ist einfach nur Zeitverschwendung, unangenehme Hintergrundmusik. Früher war sie mir als tödliche Bedrohung erschienen.«

Mary, Nancy und Ellie haben neue Verträge mit ihrer Arbeit geschlossen, nachdem sie zuvor an Mauern von Enttäuschung und Verrat gestoßen waren. Das Ergebnis ist eine Arbeit, die von Balance und Sinn geprägt ist. Auch May hat sich neue Ziele gesteckt. Als ich sie fragte, was auf der neuen Tagesordnung für ihr Leben stehe, zählte sie auf: eine befriedigende Tätigkeit; eine glückliche Familie;

gelungene Arbeit; Arbeit, die anderen Menschen nützt; genug Geld, um sorgenfrei zu sein; Gleichgewicht; Zeit für ihre Familie; Zeit für ihre Freunde; Zeit für sie selbst. Die Checkliste unterscheidet sich gar nicht so sehr von ihrer ersten. Die Wertvorstellungen mögen sogar dieselben sein, aber May hat jetzt einen Weg gefunden, nach ihnen zu leben.

Indem sie das, was ihr am wichtigsten war, an die erste Stelle setzte, hat May ihrem Leben eine ganz andere Struktur gegeben. Ich glaube nicht, daß sie das, was sie gemacht hat, in so hochtrabende Begriffe fassen würde, aber genau das ist geschehen. Als ich den Werten, die ich von meinem Vater übernommen hatte, oberste Priorität einräumte, nahm mein Leben genau die gleiche Struktur an wie das seine. Das wäre vielleicht gar nicht schlimm gewesen, nur fühlte ich mich darin einfach nicht wohl. Nun hatte ich wie diese anderen Frauen nicht vor, mein Leben neu zu orchestrieren; ich wollte lediglich das Unbehagen und den Streß dämpfen. Um das aber auf Dauer bewerkstelligen zu können, mußte ich mich fragen, was mir wichtig war, und den Mumm aufbringen, mich daran zu halten.

Humanisierte Arbeit

Als ich meine Stelle kündigte, war mir nicht klar, daß ich zu einer wachsenden Bewegung von Frauen gehörte, die einen neuen Weg, zu arbeiten und zu leben, ausprobieren wollte. Ich traf meine Entscheidung gegen, nicht für etwas. Und mein neues Leben betrat ich in der Rückwärtsbewegung. Aber jetzt, nachdem ich mich eine Weile umschauen konnte, stelle ich fest, daß die »humanisierte« zweite Welle der Frauenbewegung ihre volle Kraft erreicht hat. Besonders gut organisiert ist sie nicht. Und es sind auch nicht nur Frauen. Ausgehend von Wertvorstellungen wie Balance, Lebensqualität und Sinn, schafft diese Gruppe neue Maßstäbe für Erfolg, und zwar in einem Bereich nach dem anderen. Vermutlich hat jede Frau für sich selbst ein etwas anderes Bild, aber die Hauptziele der Bewegung werden deutlich erkennbar:

Arbeit, die auf Werten beruht: 1992 beschäftigten Firmen, die im Besitz von Frauen waren, mehr Menschen als die fünfhundert Unternehmen auf der Bestenliste des Magazins *Fortune*. In Kanada bilden Unternehmerinnen die Gruppe mit der größten Zuwachsrate. Viele dieser Frauen sind vermutlich aus einem Rückzug heraus in das hineingeraten, was sie tun, weil ihre Arbeit für sie nicht mehr stimmte und sie ein inneres Bild davon hatten, wie die Dinge aussehen könnten. Aus Sharon Hadarys Sicht bauen diese Unternehmen dennoch auf Werten auf. Ihr vordringliches Anliegen ist es, ein gutes Arbeitsumfeld zu schaffen, ein verantwortbares Wachstum zu haben und Gleichgewicht, Flexibilität und Respekt am Arbeitsplatz zu gewährleisten. »Ich kenne da einen ganz typischen Fall«, erinnert sich Hadary, »ein Frau, die ein Fünfzehn-Millionen-Dollar-Unternehmen hatte. Sie beschäftigte zweihundert Leute und hätte mit Leichtigkeit die Anforderungen der Zeitschrift *Inc.* für die fünfhundert besten Unternehmen erfüllen können. Das hat ihr jedoch nie etwas bedeutet. Ihr war es wichtiger, auf die Liste der Zeitschrift *Working Mother* zu kommen, in der die kleinen Unternehmen mit den besten Arbeitsbedingungen aufgeführt waren.« Als diese Frau von einem *Inc.*-Redaktionsausschuß gefragt wurde, wie man mehr von Frauen geführte Unternehmen in die Liste der fünfhundert eigenständigen Topfirmen bekommen könnte, sah sie den Redakteur, der die Frage gestellt hatte, an und fragte zurück: »Warum sollten wir das wollen?«

Arbeit, die flexibel ist: Wenn Balance, Qualität und Sinn als Wertvorstellungen einen Teil unseres Vertrags mit der Arbeit ausmachen, wird daraus eine ganz andere Arbeitsstruktur entstehen. Anstelle jener Art von Flexibilität am Arbeitsplatz, wie sie heute praktiziert wird (einer Art Heftpflaster für den Sonderfall, das der Person, die es in Anspruch nimmt, das berufliche Stigma verpaßt, ihre Arbeit nicht über alles zu stellen), werden Job-sharing und flexible Arbeitszeiten zu wichtigen Instrumenten, um wichtige Mitarbeiter mit wichtigen Fähigkeiten zu halten. Wenn gute Arbeitsleistungen auf Qualität basieren, verliert die »Anwesenheitszeit« ihre Bedeutung. Erfolgreiche Arbeit muß dann nicht mehr das Ergebnis einer Vierzig-, Fünfzig- oder Sechzigstundenwoche sein. Statt dessen wird das Jobsharing zu einer echten Alternative. Stehen bei der Organisation der Arbeit die Wertvorstellungen von Gemeinschaft und Familie im Mittelpunkt, wird das Arbeitsumfeld durchlässiger und bietet verstärkt die Möglichkeit, Arbeit von zu Hause aus zu erledigen. Wenn wir die Qualität des Produkts höher bewerten als die Hierarchie und das System des Produktionsprozesses, wird die Entwicklung automatisch hin zur Teamarbeit gehen, wie es mit so großem Erfolg bereits bei Xerox oder Texas Instruments geschehen ist. Und mit der Teamarbeit kommen auch Job-sharing und mehr zeitliche und örtliche Flexibilität.

Arbeit, die Unterbrechungen erlaubt: Eine der größten Veränderungen in einer humanisierten Welt wird damit zu tun haben, daß Arbeit einen periodischen Charakter bekommt und Arbeitsplätze häufiger gewechselt werden. Die Einbahnstraße des alten Erfolgsdenkens paßte zu Männern, die von einem fünfundvierzigjährigen Arbeitsleben mit einer Rente am Ende ausgingen. Da Leute, die ihr Leben lang in einer Firma bleiben, eher die Ausnahme als die Regel darstellen, ist dieser ununterbrochene Aufstieg eher dem Bereich der Nostalgie als dem der Realität zuzuordnen. Männer und Frauen wechseln ständig Unternehmen und Karrieren. Im übrigen leben wir alle länger. Und gesünder. Wie Lillian Rubin anmerkte: »Die verlängerte Lebenserwartung hat alles auf den Kopf gestellt. Sie hat uns neue Optionen geschaffen. Ich bin zweiundsiebzig Jahre, sitze da und denke: ›Wenn ich dieses Problem gelöst habe, was werde ich dann für den Rest meines Lebens tun?‹« Jane wird sichtlich ungehalten, wenn jemand behauptet, sie setze sich zur Ruhe. »Ich bin fünfundvierzig«, sprudelt es aus ihr heraus. »Ich werde nicht vergessen, was eine Lektorin zu tun hat. Ich will bloß nicht noch einmal in einem Glaskasten sitzen und mir mit den Ellbogen einen Weg durch die Menge bahnen, um zur Mittagszeit in ein Restaurant zu kommen und auch noch überhöhte Preise zu zahlen. In zehn Jahren werde ich immer noch arbeiten wollen. Ich möchte einfach etwas Zeit für mich haben, um herauszufinden, wie ich mein Leben reicher machen kann.«

Letty Cottin Pogrebin pflichtet ihr bei. »Dieses mühevolle Anhäufen von Erfahrungen, ohne je die Tretmühle zu verlassen, ist schon ein bißchen verrückt. Wir sollten das nicht so linear sehen. Vielleicht hat jemand das Bedürfnis, den Arbeitsplatz hin und wieder zu verlassen, um den Kontakt zum richtigen Leben nicht zu verlieren. Möglicherweise wird man durch ein paar Jahre mit einem Kind menschlicher und kehrt als besserer Mensch in die Arbeitswelt zurück. Vielleicht täten wir gut daran, die ganze Sache noch einmal zu überdenken.« Obwohl viele versucht haben, das Abweichen der Frauen vom rechten Pfad des Erfolgs als einen familiär bedingten Ausrutscher abzutun, werden wir im Licht einer Neubewertung vielleicht feststellen, daß Frauen, die Flexibilität verlangen, keine faulen Kompromisse eingehen, sondern neue Formen von Arbeit suchen, die sich ausdehnen und zusammenziehen. Sie messen dieser Art von Flexibilität den gleichen Wert bei wie der langsamen, aber stetigen Ansammlung von Titeln und Vergünstigungen.

Warum die Arbeit sich ändern wird

Frauen haben ein Recht auf Arbeit, und Frauen brauchen Arbeit – aus finanzieller, psychischer und geistiger Sicht. Wir stellen jetzt über fünfzig Prozent der Beschäftigten und mehr als die Hälfte der Studienanfänger an den amerikanischen Colleges. Durch unsere unbestreitbare Präsenz ändern wir die Art, wie Arbeit funktioniert; wir bringen unsere Bedürfnisse und Werte mit an den Arbeitsplatz. »Wenn wir Frauen in dieses spezielle System eintreten, tragen wir unsere private Welt ins öffentliche Leben«, sagt Marie Wilson. »Diese Tatsache hat den öffentlichen Diskurs verändert, da wir die persönlichen Werte von Frauen mit hineingebracht haben; wir haben die Werte der Gemeinschaft und Familie mitgebracht und wehren uns gegen diese Aufspaltung in Öffentlich und Privat. Das hat zu neuen Verhandlungen geführt. Jetzt, wo Frauen als Politikerinnen oder als Arbeiterinnen im öffentlichen Leben stehen, werden unsere persönlichen Werte zu einem Teil der Problemlösung.«

Diese neuen Verhandlungen gewinnen nur in dem Maße an Intensität, wie die Zusammensetzung der Arbeitnehmerschaft sich verschiebt. Nach Schätzungen des amerikanischen Arbeitsministeriums werden Ende der neunziger Jahre zwei Drittel aller Berufsanfänger in den Vereinigten Staaten Frauen sein, die Mehrheit davon im gebärfähigen Alter. Und wer meint, die Frauen würden nach Hause gehen, sollte seine Meinung besser revidieren. Die berufliche Präsenz von Frauen hat bereits erste Veränderungen in den Wertvorstellungen der Männer bewirkt. »Jedesmal, wenn ein Mann auf kollegiale Weise mit einer Frau zusammenarbeitet, wie er es vorher nie getan hat, und lernt, sie zu respektieren, ist das eine Art gesellschaftlichen Wandels«, kommentiert die Autorin Wendy Kaminer. »Ich denke, im Kleinen passiert das an vielen Orten, und wenn man alles zusammenrechnet, kommt schon etwas sehr Beachtliches dabei heraus.« Die Frage lautet nicht mehr: »Wird die Arbeit sich verändern?«, sondern: »Wie schnell wird sie sich verändern?«

Die erste Welle von Frauen aus der Babyboom-Generation ist mittlerweile weiter und tiefer ins Unternehmensmanagement vorgedrungen als je zuvor. In der Arbeitskultur, in die wir vor fünfzehn, zwanzig und fünfundzwanzig Jahren eingetreten sind, vollzieht sich ein – zwar langsamer, aber stetiger – Wandel. Es hat ziemlich lange gedauert, bis die Risse offensichtlich wurden, weil wir insgesamt eine Weile gebraucht haben, um an einflußreiche Positionen zu gelangen. Zu unserem Rüstzeug für diese Positionen gehören neben dem nötigen Fachwissen das Selbstbewußtsein und die persönliche Perspektive, die aus Können und Erfahrung erwachsen. Dieses Selbstbewußtsein hat uns weniger ängstlich gemacht, was wiederum Verlauf und Inhalt der Diskussion über Arbeit und Balance verändert hat. Im übrigen haben viele von uns einfach die Nase voll davon, wie die Dinge laufen. Bis wir ins höhere Management aufsteigen, sind wir soweit zu sagen: »Wir haben das Spiel der Männer gespielt, und dieses Spiel ist Beschiß!« wie Anna Quindlen spöttelte. Wir haben uns für diese Kultur entschieden und können uns auch wieder gegen sie entscheiden.

Neben unserer Unzufriedenheit sind noch zwei weitere sehr wichtige Kräfte am Werk, die vermuten lassen, daß in ein oder zwei Generationen die Arbeit, wie wir sie kennen, völlig umgekrempelt sein wird: Erstens wollen jetzt auch Männer, daß die Struktur sich ändert, und zweitens müssen die Unternehmen, um die fähigsten Leute anzuziehen und zu halten, die Bedeutung von Gleichgewicht und Mitwirkung erkennen.

Andy Rosenthals Antwort auf meine Frage, was seiner Meinung nach an seinem Arbeitsplatz passieren würde, faßte zusammen, was die Forschung in Zahlen ausdrückt – daß die Männer sich eine humanere Arbeitswelt wünschen und daß sie die Frauen zu Hause und am Arbeitsplatz ganz genau beobachten, um zu sehen, wie es ihnen ergeht. »Bei der *Times*«, begann er, »gibt es im Augenblick fünf große Nachrichtenredaktionen; sie werden durchweg von Männern geleitet, die mehr oder weniger mein Alter und kleine Kinder haben. Sie alle versuchen, eine Balance zu finden, Entscheidungen zu treffen, die ihre Familie über ihre Karriere stellen. Ich hoffe, daß letztlich einer von ihnen Chefredakteur wird. Veränderung braucht Zeit, aber einen guten Teil davon muß man bei sich selbst finden und in Gang setzen. Man muß für sich persönlich die Entscheidung treffen, daß man, wenn man in einer Welt lebt, in der man nicht beliebig viel Zeit mit seiner Familie verbringen und dennoch in seiner Karriere die gleichen Ergebnisse erzielen kann, möglicherweise etwas von dem einen oder anderen aufgeben muß.« Andy erwähnt, daß einer der Menschen, die er am meisten bewundert, eine Reporterin ist, die sämtliche Angebote der Zeitung, die sie zur Annahme eines höheren Postens bewegen sollten, abgelehnt hat. Diese Frau beschloß bei der Geburt ihres Kindes, daß sie jeden Abend um halb sieben nach Hause gehen würde, und ihre derzeitige Stelle erlaubt ihr das. Andy ist klar, daß sie ganz bewußt eine Entscheidung getroffen hat, die ihr für ihre Zukunft ein paar ganz reale Möglichkeiten nimmt, was sie später, wenn ihr Kind älter ist und sie zu Hause nicht mehr so gebraucht wird, unter Umständen behindern wird. »Sie will es jedenfalls so haben, wie sie es bekommen hat«, äußert er mit offensichtlichem Respekt. »Für mich ist es leichter als für meinen Vater, eine solche Vorgehensweise ernsthaft in Erwägung zu ziehen. Ich vermute, das ist Fortschritt.«

Laut einer vom Families and Work Institute durchgeführten Untersuchung waren 1991 zweimal so viele Männer unter vierzig bereit, für ein besseres Familienleben auf Gehaltserhöhungen und Beförderungen zu verzichten, als fünf Jahre zuvor. Eine Studie derselben Forschungsgruppe aus dem Jahr 1992 zeigte, daß ein gutes Management mit entsprechenden Kommunikationsstrukturen und der Einfluß der Arbeit auf das Familienleben bei der Wahl des Arbeitgebers wichtiger waren als das angebotene Gehalt[3]. In Zeitungen und Zeitschriften erscheinen immer häufiger Berichte über Männer, die Spitzenjobs aufgeben und damit anderen, die dann bereits einen gewissen gesellschaftlichen Rückhalt genießen, den Weg ebnen. Unsere Brüder, Freunde und Ehemänner, deren Leben dem unseren so ähnlich ist, identifizieren sich mehr mit unseren Anforderungen an die Arbeit als mit denen ihrer Väter. Da der Gradmesser für Männlichkeit sich von dem alten Bild des Erfolgs zu lösen beginnt, können wir uns allmählich auf einen sich immer schneller vollziehenden, echten Wandel der Kultur und Struktur in unseren Büros freuen.

Der letzte Anstoß zur Veränderung liegt in der langsam um sich greifenden Erkenntnis der Unternehmen, daß es sich auf ihre Geschäftsergebnisse auswirken wird, wenn begabte Mitarbeiter entweder gehen oder sich nicht voll einsetzen, weil sie ihr Leben nicht der Arbeit opfern wollen. Die Frau, von der Rosenthal sprach, war nach Aussage eines anderen Mitarbeiters der *Times* eine Quelle der Enttäuschung für die Führungskräfte der Zeitung. Sie wollten ihre Talente in den höchsten Rängen repräsentiert sehen, wollten ihre Beiträge, ihre Sichtweise, ihre Erfahrung nutzen. Sie beschloß jedoch, daß sie nicht auf eine Weise arbeiten wollte, die ihren persönlichen Prioritäten zuwiderlief. Das Ergebnis war, daß hier die Fähigkeiten einer hochgeschätzten Mitarbeiterin auf höherer Ebene nicht zum Tragen kamen. »Unsere Blindheit gegenüber dem realen Leben amerikanischer Männer und Frauen von heute ist die Ursache für physische und emotionale Probleme und wird womöglich eines Tages die Geschäftsergebnisse ebenso wie die Gesundheit amerikanischer Arbeiter ruinieren«[4], behaupten die Autorinnen Barnett und Rivers. Ihre Studie hat ebenso wie die richtungweisenden Untersuchungen von Juliet Schor (Harvard University) und Lotte Bailyn (MIT) überzeugende Beweise dafür geliefert, daß eine Strukturierung der Arbeit anhand der Wertmaßstäbe Balance, Eingliederung und Sinn nicht nur Gewinne, sondern auch gesunde, zufriedene Arbeitnehmer hervorbringt.

Für die Generation, die jetzt in den Führungsetagen sitzt, bedeutet der Wechsel von den ungeschriebenen

Regeln zu einer an Werten ausgerichteten Arbeit die äußerste Bedrohung ihrer Kontrolle. Was dabei im Raum steht, ist eine ungeheure Verschiebung im Gleichgewicht der Kräfte – und die Frage lautet: Wer wird die Arbeit kontrollieren? Im Grunde ist diese Verschiebung bereits im Gange; sie ist ein unbeabsichtigtes Nebenprodukt des Stellenabbaus. Überall auf der Welt können wir die Zunahme eines Phänomens beobachten, das Peter Drucker »Wissensarbeiter« nennt; das sind diejenigen von uns, die ihre Fachkenntnis von einem Arbeitsplatz zum anderen mitnehmen, ohne durch Werte an ein Unternehmen gebunden zu sein. Wenn eine Firma ihren Beschäftigten nicht mit unsicheren Arbeitsplätzen oder der Verweigerung von Aufstiegschancen drohen kann, verliert sie die Kontrolle – die dann auf uns übergeht. Sobald das eintritt, können wir die Bedingungen diktieren – und die heißen Balance, Würde und Anerkennung.

Diese Botschaft wird ihren scheinbar revolutionären und bedrohlichen Charakter erst verlieren, wenn das Zepter von der Generation, die sich noch immer von ihren Vorstellungen aus den fünfziger Jahren leiten läßt, auf die des Babybooms und die darauffolgende Generation übergegangen ist. Der Wandel hin zu einem Leben voller Sinn und Balance ist, wie Gloria Steinem aufgezeigt hat, ein Wandel des »Und«, nicht des »Entweder-Oder«. Doch zuvor müssen die Werte und Verhaltensweisen von Frauen und Männern sich ändern; erst dann werden die Strukturen um uns herum allmählich das widerspiegeln, was uns wichtig ist.

Warum das nicht nur für die Oberschicht von Bedeutung ist

Weiter vorn in diesem Buch habe ich mich einmal gefragt, ob der Zusammenhang zwischen Frauen und einem Wertekatalog der Arbeit wohl nur die Ober- und Mittelschicht betrifft – jene Frauen also, die mit dem Luxus einer Auswahl auf dem Stellenmarkt und der realen Chance, wenn nicht Gewißheit leben, keine wirtschaftliche Not leiden zu müssen. Da ich gerne ein Bild haben wollte, das über meine eigenen Erfahrungen hinausging, wandte ich mich an jene Frauen, von denen ich annahm, sie müßten einen Überblick darüber haben, welche Kreise diese Themen ziehen. Jede hatte zwar eine andere Sicht der Dinge, aber alle wiesen mit Nachdruck darauf hin, wie wichtig dieser Zusammenhang für alle Frauen ist.

»Wenn wir ein Wertsystem schaffen, das Leute nicht danach beurteilt, wie bedeutend sie in den Augen der Welt sind, fangen wir an, die Frauen zu unterstützen, die traditionell nicht geachtete Tätigkeiten verrichten«, erläuterte Marie Wilson. »Dadurch, daß wir unseren Wertekatalog neu zusammensetzen, nimmt das, was wir zu ändern versuchen, für Frauen, die keine ›Elitejobs‹ haben, eine eminente Bedeutung an. Wenn Arbeit nicht die Funktion hat, uns zu zeigen, wer wir in der Welt sind, können wir uns darüber Gedanken machen, wie man die Arbeit teilt und anders gestaltet. Für die Leute, deren Tätigkeit wir heute noch als weniger wertvoll betrachten, wird es eine Angleichung der Bezahlung geben, eine Nivellierung der unterschiedlichen Maßstäbe, nach denen Menschen für ihre Tätigkeit bezahlt werden. Die Idee hat etwas Utopisches, aber es wäre immerhin möglich, daß eine Arbeit, die weniger sexy ist, besser bezahlt wird.« Um das zu tun, fährt Wilson fort, müsse man die Dynamik der Identitäten durchbrechen. »Will man als Mensch in einer Welt leben, in der nicht allein die Arbeit zählt, wird man nach seiner Fähigkeit beurteilt, Freundschaft zu schließen und Teil einer Gemeinschaft zu sein, das muß deutlich gesagt werden. Ein Wert ist kein Wert, wenn er tot ist. Er ist nur dann ein Wert, wenn man die Leute sagen hört: ›Sieh dir Frau Soundso an, sie hat die Art, wie sie leben möchte, wirklich verändert. Das finde ich toll!‹ Wir müssen den Leuten einfach beibringen, es laut auszusprechen, denn wenn wir es nicht hören, ist es tot. Es schweigt und wird nie eine Veränderung bewirken. Hier und heute reden die Leute nicht darüber, und wir werden ihnen Mut machen müssen, diese Worte auszusprechen.«

Gloria Steinem hielt es keineswegs für ein klassenspezifisches Thema – sie hört die gleichen Anliegen von Fabrikarbeiterinnen und Müttern, die gerade oberhalb der Sozialhilfe liegen. Die Werte der Arbeitswelt stimmen für sie nicht, denn, wie Susan Faludi ausführte, »das Thema der Identität durch die Arbeit taucht auf jeder Ebene auf. Jeder Frau, ob Verkäuferin oder Sekretärin, ist ihre Arbeit wichtig. Es ist der gleiche Verlust. Und es geht nicht nur um den Gehaltsscheck. Sie können beides einfach nicht trennen. Ein Bestandteil ihrer Identität ist die Tatsache, daß sie für sich selbst sorgen können und daß sie Teil einer öffentlichen Welt sind und dafür entlohnt werden. Es gibt kleine Unterschiede zwischen den Klassen, aber das Thema ist doch das gleiche. Die Leute fühlen sich erledigt.«

Der Wunsch nach Anerkennung für das, was man ist und was man zum Ganzen beitragen kann, ist kein Phänomen der Mittelklasse, sondern ein allgemein menschliches. Dabei fällt es uns als Gruppe überwiegend weißer Collegeabsolventinnen leichter, auf Veränderungen in der Arbeitskultur zu drängen, weil wir uns den Luxus der Überzeugung erlauben können, wir würden im wesentlichen alle eine Stelle finden. Wir genießen das unbestreitbare Privileg, weit oberhalb des Existenzminimums zu leben. In den meisten Fällen steht unser Lebensstil – nicht unser Leben an sich – auf dem Spiel. Wenn wir anfangen, unserem Leben den gleichen Wert beizumessen wie unserem Lebensstil, werden die Veränderungen, um die wir uns heute bemühen, allen künftigen Frauengenerationen quer durch alle Klassen zugute kommen. Weil alle Frauen ihr Leben selbst in der Hand haben wollen. Alle Frauen wollen ihre ganze Persönlichkeit anerkannt wissen.

Unter den neu geschaffenen Stellen vereinigt der größte Teil die beiden erwiesenermaßen stärksten Auslöser von Streß am Arbeitsplatz: Wiederholung und geringen (oder gar keinen) Einfluß. Und die weit überwiegende Zahl dieser Stellen wird mit Frauen besetzt. Wenn die Frauen im oberen oder mittleren Management der Firmen, in denen solche Stellen geschaffen werden, die Unternehmenskultur so zu verändern versuchen, daß die Lebensumstände und Bedürfnisse von Frauen Anerkennung und Berücksichtigung finden, helfen sie damit vor allem den Frauen in diesen neuen, belastenden Jobs. Und später, in einer besseren Welt, werden womöglich auch die Jobs selbst neu strukturiert.

Fortsetzung folgt

Nun zum Traumaspekt der Geschichte: Als ich drei Viertel dieses Buches geschrieben hatte, hob ich den Blick von meinem Schreibtisch in dem kleinen gelben Zimmer, das versteckt hinter meiner Küche liegt, und machte mir klar, daß man das, was ich in den vorausgegangenen neun

Monaten gemacht hatte, Arbeit nannte. Wie irgendeine mir bis dahin bekannte Arbeit kam es mir allerdings nicht vor. Nachdem der Verleger und ich uns über den Umfang des Buches geeinigt hatten, lag es ganz allein an mir, was ich produzierte. Ich stellte mir selbst Aufgaben und entschied, wann ich was auf welche Weise machte. Das Schreiben, Recherchieren und Interviewen war etwas, was mich immer wieder faszinierte, anregte und mir neue Impulse gab, auch wenn es zuweilen schwierig und frustrierend war. Während dieser ganzen Zeit hatte ich nie Ärger mit Führungskräften, fühlte mich nie mißachtet oder verkannt. Fast ein Jahr lang war ich nicht gezwungen, hochhackige Schuhe oder Strumpfhosen anzuziehen oder mein Leben auf den Kopf zu stellen, wenn mein Kind eine Mittelohrentzündung bekam. Und ich wurde dafür bezahlt. Diese Erkenntnis überwältigte mich. Ich liebe meine Arbeit; sie ist genau richtig für mich.

Mein neuer Beruf hat eindeutig Kompromisse gefordert. Die Sicherheit eines alle zwei Wochen eintreffenden Gehaltsschecks habe ich gegen ein ungewisses, unregelmäßiges Einkommen getauscht. Natürlich konnte ich das Risiko auf mich nehmen, nicht zuletzt, weil ich einen Partner hatte, der mich unterstützte und die laufenden Zahlungen sicherstellen konnte. Wäre er aber nicht gewesen, hätte ich auf Ersparnisse zurückgreifen können, die ich mir genau für solche Notfälle beiseite gelegt hatte. Was ich noch aufgab, waren mein Prestige und mein sozialer Status, ein Spesenkonto und der tägliche Kontakt mit einer Gemeinschaft von Leuten, die ich respektierte und gerne um mich hatte. Was immer ich als Verlegerin an Einfluß besessen hatte, verschwand in dem Augenblick, als sich im Verlagsgebäude die Tür des Aufzugs hinter mir schloß. Es war erstaunlich, wie schnell das Telephon verstummte. Wenn etwas verschickt werden mußte, ging ich zur Post. Als mein Computer einhundert Interviews fraß, war ich, traurig, aber wahr, meine eigene Schreibkraft. In meinem neuen Leben traf ich keine strategischen Entscheidungen mehr und verteilte keine Budgets mehr. An manchen Tagen konnte ich nicht einmal mein Kind dazu bringen, einen Mittagsschlaf zu halten.

Ich brauchte eine Weile, um mich an die Veränderungen zu gewöhnen, aber nach einiger Zeit tat ich es doch. Womit ich ernsthafte Schwierigkeiten hatte, war der Verlust meiner alten Identität. Ironischerweise kam ich mir monatelang eher wie eine Versagerin vor als wie eine Frau, die selbst beschlossen hatte zu gehen. Trotz neuer Arbeit konnte ich mich nicht damit abfinden, daß ich in dem Bemühen, das zu erreichen, was ich zwanzig Jahre zuvor von mir erwartet hatte, irgendwie gescheitert war. Gescheitert deswegen, weil ich es nicht durchgezogen, es nicht perfekt gemacht hatte. Gescheitert auch, weil in meinem Leben, obwohl auf meiner Liste alle Punkte abgehakt waren, noch etwas Großes fehlte. Weil ich mir kein genügend dickes Fell zugelegt hatte, weil das Gleichgewicht sich nicht fassen ließ. Ich war gescheitert, weil ich nicht alles haben konnte, weil ich kein Erfolg war. Jedenfalls nicht in dem Sinne, wie ich ihn damals verstand. Obwohl ich arbeitete, mich engagierte, für meinen Lebensunterhalt aufkam und unabhängig war, fiel es mir sehr schwer, zu akzeptieren, daß das, was ich tat, seine Richtigkeit hatte. Ich machte den gleichen schmerzlichen Ablösungsprozeß durch wie die Frauen in diesem Buch. Wie sie mußte ich noch einmal zu meinen Annahmen darüber zurückkehren, was mich zu einem achtenswerten Menschen machte und was in meinen Augen zu einem erfolgreichen Leben gehörte. Zu ihnen zurückkehren und sie alle neu formulieren.

Als erstes machte ich mir klar, daß der Traum, in einer perfekten Welt alles auf einmal zu haben, nichts anderes war als das – ein Traum. Was noch wichtiger war: Ich hörte auf, mich damit zu vergleichen. Ich hatte viel zuviel Zeit damit verbracht, mein Leben an meinen Erwartungen zu messen statt an dem, was möglich war, hatte mein Bestmögliches mit dem verwechselt, was prinzipiell machbar war. Und solange mich dieses kaum faßbare Bild der Perfektion angetrieben hatte, war ich ständig auf der Jagd nach etwas gewesen, was immer knapp außerhalb meiner Reichweite geblieben war. Dadurch hatte mein Augenmerk immer auf meinen eigenen Mängeln gelegen statt auf denen der Welt, in der ich arbeitete. Solange ich das tat, blieb ich selbst das Problem.

Gegen Ende meiner Arbeit an diesem Buch stieß ich zufällig auf eine Rezension von Christopher Laschs letztem Werk. Darin wurde eine Beobachtung von Lasch zitiert, wonach »der amerikanische Traum immer stärker mit dem amerikanischen Lebensstandard in eins gesetzt«[5] worden ist. Und da diese Welt nicht mehr expandiert, war Lasch der Überzeugung, daß wir als Kultur in eine geistige Krise geraten sind. Im Rückblick fand er, daß der einzige »eindeutige Erfolg«, den er und seine Frau bei der Erziehung ihrer Kinder »in dieser unersättlichen Konsumgesellschaft verbuchen konnten, darin bestand, daß sie es ›nicht geschafft‹ hatten, sie zum Erfolg zu erziehen‹«.

Ich glaube nicht, daß mein Vater mir Schaden zugefügt hat, als er mich drängte, das zu tun, was ich tun wollte. Nicht eine Minute meines Lebens würde ich hergeben wollen. Ich denke, ich brauchte das alles, um die Bedingungen zu verstehen, unter denen ich zwanzig Jahre lang gearbeitet habe, und um die nächsten zwanzig selbst in die Hand zu nehmen. Allerdings machte ich eine tiefe seelische Krise durch, als ich mich offen mit dem wahren Hintergrund meiner Unzufriedenheit auseinandersetzte – als ich deutlich erkannte, in welchem Maße mein Ich von einer Arbeit abhing, auf die ich keinen Einfluß hatte. Die Tatsache, daß ich mitten im Leben lernte, die Verantwortung für meine neue Tagesordnung zu übernehmen und meine Werte neu zu definieren, kam mir ein bißchen vor wie der Versuch, ein Auto zu reparieren, das zwar nicht gerade in voller Fahrt, aber doch in Bewegung ist. Es gab viele Punkte, an denen ich nicht sah, wohin der Weg mich führte, oder mich fragte, ob es wirklich der richtige sei. In manchen Augenblicken wurde ich von Zweifeln und tiefer Trauer erfaßt. Verwirrung war eine ständige Begleiterin. Doch am Ende hörte ich auf, meine Entscheidungen mit denen anderer Frauen zu vergleichen, die ich bewunderte. Denn aus einem Vergleich folgte automatisch eine Bewertung. Und darin erkannte ich einen großen Teil meines Problems. Wir kommen aus einem System, in dem es um Erfolg und Versagen geht. Um Status. Um Macht. Um Hierarchie. Gerade das will ich hinter mir lassen. Welche Form meine Arbeit auch immer annimmt, ich möchte, daß sie mein ganzes Ich achtet und respektiert. Was für einen anderen Menschen richtig ist, muß nicht unbedingt für mich richtig sein. Arbeit, die rundherum stimmt, würdigt alle Entscheidungen ebenso wie alle verschiedenen Anteile unseres Lebens.

Ich sehe meinen Sohn an und frage mich: »Was bringe ich ihm über die Werte bei, die Leben, Arbeit, Freunde und Familie heißen?« Sieht er Balance im Leben meines Mannes? Heute vermutlich noch nicht. Und in meinem? Ich bin mir nicht sicher, aber schon mehr als früher. Genau wie mein Vater will ich das Beste für mein Kind, diesen jungen Menschen des einundzwanzigsten Jahrhunderts. Ich hoffe, daß der Wandel innerhalb der Arbeitskultur, den wir heute in

Gang setzen, es ihm erleichtern wird, ein erfolgreiches Leben unter seinen eigenen Bedingungen zu führen. Für mein Empfinden ist das der sicherste Weg zum Glück. Durch die Veränderung unserer Gegenwart können wir unseren Kindern eine von Balance und Sinn geprägte Zukunft schenken. Und das ist für mich letzten Endes das Urbild und der wahre Maßstab eines erfolgreichen, sinnvollen Lebens.

Danksagung

Mein Dank gilt den über zweihundert Frauen, die anonym und pseudonym in meinen kleinen Kassettenrecorder gesprochen, und den eintausend weiteren Frauen, die einen sehr umfangreichen Fragebogen ausgefüllt haben. Ohne Gegenleistung habt ihr vieles von euch gegeben, und ich hoffe, dieses Buch macht eurem Leben Ehre.

Jeder sollte einen Freund – oder Agenten – wie Richard Pine haben. Er und seine phänomenale Partnerin Lori Andiman ließen es nie an Klugheit, Unterstützung und Glauben an mich fehlen. Dieses Buch ist durchdrungen von ihrer Kenntnis des Verlagsgeschäfts und ihrer großen Lebenserfahrung. Nie werde ich gebührend zum Ausdruck bringen können, wieviel sie mir bedeuten und wie dankbar ich ihnen bin.

Ich habe das große Glück gehabt, bei Dell zu erscheinen, wo man sich meiner auf höchst professionelle Weise angenommen hat. Mein tiefempfundener Dank gilt meiner Freundin, der großen Lektorin und Verlegerin Leslie Schnur. Jackie Cantor war eine vor Ideen, Energie und Klugheit sprühende Lektorin. Mein Dank geht ferner an Carole Baron für ihre Freundlichkeit und ihren Glauben an mein Buch. Außerdem möchte ich, ebenfalls bei Dell,

Carissa Hayes, Tracy Locke und Karen Mender danken: Was für ein kompetentes, großartiges Team sie sind! Bei den exzellenten Werbemanagerinnen Lynn Goldberg und Camille McDuffie war ich in den allerbesten Händen. Meinen Freunden bei Bantam Doubleday Dell, Don Weisberg, Dave Lappin, Gail Browning, Mary Lange, Sally Johnson und allen meinen ehemaligen Kollegen im Vertrieb: danke, daß ihr mich noch einmal bei euch aufgenommen und mir zugehört habe. Dank auch Jack Hoeft, meinem großen Mentor und langjährigen Freund.

Wieviel Jane Isay zu diesem Buch beigetragen hat, ist unmöglich in Worte zu fassen. Unfehlbar erkennt sie die kürzeste Verbindung zwischen zwei strittigen Punkten und hält niemals mit der Wahrheit hinter dem Berg; sie ist eine großartige Freundin und geniale Lektorin. Ihre Brillanz ist diesem Buch zugute gekommen, und dafür bin ich ihr zutiefst dankbar. Ein herzliches Dankeschön auch an Marilyn Abraham, die weiß, was ein gutes Buch braucht, und die mir half, dahinterzukommen, was ich sagen wollte und wie ich es am besten sagte. Besonders dankbar bin ich auch Sue Wels, Adrian Allen, Christine Albertini, Lisa Queen, Stephanie Levi, Ann Patty, Hope Edelman, Susan Ginsberg, E. D. und Roger Straus III, die das Buch gelesen oder endlose Gespräche über das Thema ertragen haben.

Ein riesiges Dankeschön an Mark Levine, den EVP Director of Strategic Planning für Wunderman Cato Johnson, für seine unschätzbare und kritische Hilfe bei der Recherche für dieses Buch. Mein Dank geht auch an Michelle Smilek, die mir, weit über das Maß hinaus, zu dem sie verpflichtet gewesen wäre, persönliche und manchmal technische Unterstützung zukommen ließ.

Voller Dankbarkeit und Faszination denke ich an Anna Quindlen, Gloria Steinem, Letty Cottin Pogrebin, Janet

Andre, Lillian Rubin, Juliet Schor, Idelisse Malavé, Elizabeth Diebold, Marie Wilson, Shelly Lazarus, Shoya Zichy, Rosalind Barnett, Susan Faludy und Wendy Kaminer. Diese unglaublichen Frauen mit ihrem prallvollen Leben haben nie auch nur einen Moment gezögert, ihr Wissen und ihre Erfahrung mit mir zu teilen. Wenn alle Welt so handeln würde, hätte dieses Buch nicht geschrieben werden müssen. Sie sind wahrhaft inspirierend.

Mein Vater hat mich schreiben gelehrt. Nie werde ich ihm, dem scharfen Kritiker mit dem weichsten Herzen der Welt, genug für alles danken können, was er mir gegeben hat. Yuen Yee Kee, danke, daß du Teil unserer Familie warst, unseren Sohn geliebt und ihn deine Sanftheit des Herzens gelehrt hast. Und dir, David, danke ich dafür, daß du meinen Computer verschont und es mit deiner Mama ausgehalten hast, die sich manchmal für Stunden in ihrem Zimmer vergrub. Das nennt man Arbeit.

Mein zutiefst empfundener Dank gilt schließlich meinem Mann, der an mich glaubte, noch ehe ich selbst es tat, und ohne den dieses Buch nie geschrieben worden wäre. Ich bin die glücklichste aller Frauen.

Anmerkungen

Einleitung

1 Betsy Morris, »Executive Women Confront Midlife Crisis«, in: *Fortune*, 18. September 1995, S. 62.
2 Obwohl die meisten Frauen in der Studie im klassischen Babyboom-Alter – etwa zwischen fünfunddreißig und fünfzig – waren, sei hier darauf hingewiesen, daß die Frauen mit Ende Zwanzig, Anfang Dreißig sich sehr stark mit den Gefühlen und Situationen, die ihre älteren Geschlechtsgenossinnen beschrieben, identifizierten.

Kapitel 1

1 *Women: The New Providers, a Whirlpool Foundation Study*, Part One, by Families and Work Institute, 1995, S. 10.
2 Sara Ann Friedman, »Family Values Revisited«, in: *Barnard*, Frühjahr 1996, S. 56.
3 *Women at Work: Executive Summary*, eine von *Fortune* und Yankelovich durchgeführte Untersuchung, Oktober 1995, Tabelle 1.
4 Barbara Ehrenreich, »In Search of a Simpler Life«, in: *Working Woman*, Dezember 1995, S. 28f.

Kapitel 2

1 Es ist wichtig, auf die Aussage von Frauen hinzuweisen, die etwas jünger sind als diese Gruppe, nämlich fünfundzwanzig und darüber; obwohl sie zu einem Zeitpunkt in die Arbeits-

welt eintraten, als diese bereits von einem Schrumpfungsprozeß gekennzeichnet war, standen sie so im Bann des Leistungsdenkens, daß sie sogar im Angesicht dieses Antagonismus weiter vorwärtsstrebten. Eine zweiunddreißigjährige Architektin sagt dazu: »Wir lebten immer noch in dem uns eingetrichterten Bewußtsein, daß die Karriere alles und der Erfolg der Weg zur Erfüllung ist, doch der Lack blätterte schon ziemlich früh ab. Wenn Sie selbst oder eine ihrer Freundinnen erst einmal eiskalt entlassen worden sind, sieht der Arbeitsplatz nicht mehr so sehr nach Geborgenheit und Erfüllung aus. Viele von uns waren (und sind) jedoch zu eng mit der Erfolgskultur verbunden, um alles aufzugeben.«

Kapitel 3

1 Rosabeth Moss Kanter, *Men and Women of the Corporation*, New York 1977, 1993, S. 207.
2 Joseph B. White, Carol Hymowitz, »Broken Glass: Watershed Generation of Women Executives Is Rising to the Top«, in: *The Wall Street Journal*, 10. Februar 1997, S. A1.
3 Kanter, a.a.O., S. 214.
4 Susan Wittig Albert, *Work of Her Own: How Women Create Success and Fulfillment Off the Traditional Career Track*, New York 1992, S. 14f.
5 Kanter, a.a.O., S. 211.
6 Ebd., S. 228.
7 Elizabeth Debold / Marie Wilson / Idelisse Malavé, *Die Mutter-Tochter-Revolution*, Reinbek 1996.
8 München 1984.
9 Mary Pipher, *Pubertätskrisen junger Mädchen und wie Eltern helfen können*, Frankfurt am Main 1996, S. 46.
10 Ebd., S. 48.
11 Ebd.
12 *The A Capella Papers*, Canadian Teachers' Federation, Ottawa 1993.
13 Gina Maranto, »Delayed Childbearing«, in: *Atlantic Monthly*, Juni 1995, S. 65.
14 Arlie Hochschild, Anne Machung, *Der 48-Stunden-Tag*, München 1993, S. 26.

Kapitel 4

1 Kanter, a.a.O., S. 251.
2 T. E. Apter, *Working Women Don't Have Wives*, New York 1993, S. 31.
3 Gloria Steinem, *Was heißt schon emanzipiert*, Hamburg 1993, S. 32.

Kapitel 5

1 Anna Quindlen, *Thinking Out Loud: On the Personal, the Political, the Public, and the Private*, New York 1993, S. XXVIII.
2 *Catalyst*, New York 1996.
3 Albert, a.a.O., S. XVI.
4 Juliet Schor, *The Overworked American*, New York 1991, S. 23.
5 Virginia Woolf, »Professions for Woman«, in: Mitchell A. Leaska (Hrsg.), *The Virginia Woolf Reader*, New York 1984, S. 279.
6 Albert, a.a.O., S. 6.

Kapitel 6

1 *The 1990 Virginia Slims Opinion Poll: A Twenty Year Perspective of Women's Issues*, The Roper Organization, Storrs, Connecticut, S. 26.
2 *Yearning for Balance, Views of Americans on Consumption, Materialism, and the Environment*, eine Studie der Harwood Group für den Merck Family Fund, Takoma Park, Maryland 1995, S. 20.
3 Schor, a.a.O., S. 9.
4 Gary Belsky, »Women Worry More Than Men About Money«, in: *Money*, Juni 1996, S. 24.
5 Steven A. Holmes, »Income Disparity Between Poorest and Richest Rises«, in: *The New York Times*, 20. Juni 1996, S. 1.
6 Schor, a.a.O., S. 109.
7 Merck, a.a.O., S. 1.
8 Schor, a.a.O., S. 1.
9 Ebd., S. 20.
10 *Women's Voices: A Joint Project of the Ms. Foundation and the Center for Policy Alternatives*, New York/Washington 1992, S. 13.
11 *Yearning for Balance*, a.a.O., S. 14.

Kapitel 7

1 Pipher, a.a.O., S. 28.

Kapitel 8

1 Bill Carter, »A Farewell to ›ER‹, Blood, Guts, and Fame«, in: *The New York Times*, 21. November 1996, S. C15.
2 Ebd., S. C16.
3 Pipher, a.a.O., S. 28f.
4 Die Bienenkönigin, ein Persönlichkeitstyp, den Graham Staines, Carol Tavris und Toby Epstein Jayaratne in ihrem Artikel in *Psychology Today*, Januar 1974, beschrieben.
5 Lotte Bailyn, Rhona Rappoport, Deborah Kolb, Joyce Fletcher et al., *Re-Linking Work and Family*, Arbeitspapier der Alfred P. Sloan School of Management des Massachusetts Institute of Technology, 1996, S. 9.
6 National Foundation for Women Business Owners.

Kapitel 9

1 Warren Farrell, »The Human Lib Movement: I«, in: *The New York Times*, 17. Juni 1971, S. 41; Farrell zitiert eine Untersuchung des California Gender Identity Center.
2 Rosalind C. Barnett, Caryl Rivers, *She Works / He Works: How Two-Income Families Are Happier, Healthier, and Better Off*, San Francisco 1996, S. 5.
3 »A Matter of Honor«, in: *Newsweek*, 27. Mai 1996, S. 24.
4 Barnett, Rivers, a.a.O., S. 6.
5 Ebd., S. 49.
6 Ebd., S. 56.
7 Ebd., S. 57.
8 Ebd., S. 6.
9 Ebd.
10 *Women: The New Providers*, ebd., S. 33.
11 Kennedy Frasers Essay »Warmed Through and Through«, in: dies., *Ornament and Silence: Essays on Womens's Lives*, New York 1996, S. 74.
12 Barnett, Rivers, a.a.O., S. 144.

Kapitel 10

1 Sue Schellenbarger, »Work and Familiy«, in: *The Wall Street Journal*, 29. Januar 1997, S. B1.
2 Ebd.
3 Barnett, Rivers, a.a.O., S. 62, 65.
4 Ebd., S. 136.
5 Andrew Delbanco, »Consuming Passions«, in: *The New York Times Book Review,* 19. Januar 1997, S. 8. Der Autor bespricht das Buch von Christopher Lasch, *Women and the Common Life: Love, Marriage and Feminism,* hrsg. von Elisabeth Lasch-Quinn, New York 1997.